中華傳統文化核心讀本

余秋雨題

传承中华文化精髓

建构国人精神家园

六韬·三略·百战奇略

[西周] 姜尚 [西汉] 黄石公
[明] 刘基 / 著
陈伶 / 注译

天地出版社 | TIANDI PRESS

图书在版编目（CIP）数据

六韬·三略·百战奇略 /（西周）姜尚，（西汉）黄石公，（明）刘基著；陈伶注译. —成都：天地出版社，2020.5
（中华传统文化核心读本：精选插图版）
ISBN 978-7-5455-4860-0

Ⅰ.①六… Ⅱ.①姜… ②黄… ③刘… ④陈… Ⅲ.①兵法 – 中国 – 古代 Ⅳ.①E892.2

中国版本图书馆CIP数据核字（2019）第076170号

LIU TAO · SAN LÜE · BAI ZHAN QI LÜE
六韬·三略·百战奇略

出 品 人	杨　政
作　　者	［西周］姜　尚　［西汉］黄石公　［明］刘　基
注　　译	陈　伶
责任编辑	张秋红
装帧设计	思想工社
责任印制	葛红梅

出版发行	天地出版社
	（成都市槐树街2号 邮政编码：610014）
	（北京市方庄芳群园3区3号 邮政编码：100078）
网　　址	http://www.tiandiph.com
电子邮箱	tianditg@163.com
经　　销	新华文轩出版传媒股份有限公司

印　　刷	河北鹏润印刷有限公司
版　　次	2020年5月第1版
印　　次	2020年5月第1次印刷
开　　本	710mm×1000mm 1/16
印　　张	22.75
字　　数	530千字
定　　价	39.80元
书　　号	ISBN 978-7-5455-4860-0

版权所有◆违者必究

咨询电话：（028）87734639（总编室）
购书热线：（010）67693207（营销中心）

本版图书凡印刷、装订错误，可及时向我社营销中心调换

出版说明

中华文明历史悠久，源远流长。五千年的中华文明光辉灿烂，硕果累累，对后世产生了积极而深远的影响。作为华夏儿女，这是值得我们每一个人骄傲和自豪的地方。

中华传统文化，是中华文明在五千年的发展历程中诞生的成果之一，它以儒、道文化为主体，包含政治、经济、思想、艺术等各类物质和非物质文化。具体而言，中华传统文化包括诗、词、曲、赋、古文、书法、对联、灯谜、成语、中医、国画、传统节日、民族音乐等等，可谓博大精深，形式多样。

习近平总书记指出，中华优秀传统文化是我们最深厚的文化软实力，也是中国特色社会主义植根的文化沃土。中华优秀传统文化，滋养了中华民族的民族精神，赋予了中华民族伟大的生命力和凝聚力，是中华文明成果的创造力源泉。继承和发展中华优秀传统文化，学习、掌握其中的各种思想精华，不仅对我们树立正确的世界观、人生观、价值观大有裨益，而且也能为我们处理各种社会事务提供有益的启发和指导。

为弘扬中华优秀传统文化，满足广大读者对优秀传统文化的阅读需求，我们遴选了这套"中华传统文化核心读本·精选插图版"丛书。本丛书分"贤哲经典""历史民俗""文学菁华"三个系列，每个系列精选代表性的书目若干，基本涵盖了传统文化的各个类别。

为便于广大读者对传统经典的学习和吸收，本丛书对涉及古文的品种基本采用了注译和白话两种处理方式,以消除读者阅读的障碍。另外,本丛书每个品种都配有大量精美的古画插图,这些插图与内容互为补充,相得益彰,让读者在阅读中获得艺术的享受。

前言

所谓"六韬",即指六种秘密的谋略,亦即论述战争问题的六种韬略。全书分文韬、武韬、龙韬、虎韬、豹韬、犬韬六卷,共六十篇,以姜太公与周文王、周武王问对的形式,对经国治军的基本方略及指挥战争的具体战略战术进行阐述。其中文韬、武韬两卷主要论述战略问题,龙韬一卷论述将帅问题,虎韬、豹韬、犬韬三卷论述各种条件下的具体作战方法。

《六韬》通过周文王、周武王与姜太公对话的形式,论述治国、治军和指导战争的理论、原则,是一部具有重要价值的兵书,对后世产生了重大影响,受到历代兵家名将的重视。司马迁《史记·齐太公世家》称:"后世之言兵及周之阴权,皆宗太公为本谋。"北宋神宗元丰年间,《六韬》被列为《武经七书》之一,为武学必读之书。《六韬》在国外也有深远影响:16世纪传入日本,18世纪传入欧洲,现今已翻译成日、法、朝、越、英、俄等多种文字。

《三略》是一部专讲战略的兵书,以论述政治战略为主,兼及军事战略。该书问世以来,受到历代政治家、兵家和学者的重视。南宋晁公武称其为:"论用兵机之妙、严明之决,军可以死易生,国可以存易亡。"该书还先后传入日本和朝鲜,并产生了相当大的影响。

《三略》分上、中、下三篇,内容比较简略,主要阐述的是治国兴邦、统军驭将的政治方略,同时也涉及一些用兵打仗的具体计谋与方法。其思想体系不局限于一家,而是杂糅各家思想，尤以吸收儒、道两家学说为多。因此《三略》虽以兵书著称，也被视为一部政治谋略著作。

《百战奇略》原书名为《百战奇法》，全书共十卷，每卷十战，合计为百战，因此名为《百战奇法》，是我国古代论述作战原则和作战方法的兵书。但此书在很长时间内不大为人熟知，直到清代被更名为《百战奇略》之后，在社会上才广泛流传。所以，时至今日它仍以《百战奇略》为人所知。

据《百战奇法浅说》一书考证，此书成于宋代，作者不详。现存之书目最早著录《百战奇法》一书的是明朝正统六年（1441年）的《文渊阁书目》。其后，明代官私书目都有著录，到清咸丰三年（1853年）满人麟桂刊刻《水陆攻守战略秘书七种》时，《百战奇法》已被改为《百战奇略》，并署名为"明朝刘伯温"（刘基）作。由于刘基既是明朝的开国元勋，又被时人誉为可与诸葛亮媲美的人物，所以署名刘基的此书便广为流传。因此，现在我们依然按照《百战奇略》题名、刘基署名。

《百战奇略》一书收集了从先秦到五代史籍中的许多军事资料，按交战双方的军事、政治、经济、外交等各方面情况，划分为两两相对的百题分别加以论述。在阐述自己的军事思想时，作者常常引用《孙子兵法》《司马法》等著名兵书，在提出自己的用兵原则之后，大量选用与每题论点相符的古代战例加以印证。书中的内容虽然多为辑录而成，但由于作者有自己的独到见解，又对原材料进行了精心选择，因而形成一部别具特色的军事学著作。

《百战奇略》一书虽为专门兵书，但作者明确反对"好战"，主张为战不可"不慎"。他重视战争中人的作用，主张将领要爱护士兵，赏罚分明。在作战方法上强调多谋善交，提出"有备不败"等一系列主张，既具有战略眼光，又具有实际的操作性。

本书编排严谨，校点精当，并配以精美的插图，以达到图文并茂、生动形象的效果。此外，本书版式新颖，设计考究，双色印刷，装帧精美，除供广大读者阅读欣赏外，还具有极高的研究、收藏价值。

目录

六　韬

文　韬

文师第一 …………… 004
盈虚第二 …………… 009
国务第三 …………… 011
大礼第四 …………… 013
明传第五 …………… 015
六守第六 …………… 016
守土第七 …………… 018
守国第八 …………… 020
上贤第九 …………… 021
举贤第十 …………… 024
赏罚第十一 ………… 026
兵道第十二 ………… 027

武　韬

发启第十三 ………… 030

文启第十四 ………… 033
文伐第十五 ………… 036
顺启第十六 ………… 041
三疑第十七 ………… 043

龙　韬

王翼第十八 ………… 048
论将第十九 ………… 051
选将第二十 ………… 053
立将第二十一 ……… 055
将威第二十二 ……… 058
励军第二十三 ……… 059
阴符第二十四 ……… 060
阴书第二十五 ……… 062
军势第二十六 ……… 063
奇兵第二十七 ……… 066

五音第二十八 …………… 069
兵征第二十九 …………… 071
农器第三十 ……………… 073

虎韬

军用第三十一 …………… 078
三陈第三十二 …………… 084
疾战第三十三 …………… 085
必出第三十四 …………… 086
军略第三十五 …………… 089
临境第三十六 …………… 090
动静第三十七 …………… 091
金鼓第三十八 …………… 093
绝道第三十九 …………… 095
略地第四十 ……………… 097
火战第四十一 …………… 099
垒虚第四十二 …………… 101

豹韬

林战第四十三 …………… 104

突战第四十四 …………… 105
敌强第四十五 …………… 107
敌武第四十六 …………… 109
鸟云山兵第四十七 ……… 110
鸟云泽兵第四十八 ……… 112
少众第四十九 …………… 114
分险第五十 ……………… 115

犬韬

分合第五十一 …………… 118
武锋第五十二 …………… 119
练士第五十三 …………… 120
教战第五十四 …………… 121
均兵第五十五 …………… 123
武车士第五十六 ………… 125
武骑士第五十七 ………… 126
战车第五十八 …………… 127
战骑第五十九 …………… 130
战步第六十 ……………… 133

三 略

- 上 略 ……………………………… 137
- 中 略 ……………………………… 153
- 下 略 ……………………………… 159

百战奇略

第一卷

- 一、计战 …………………… 170
- 二、谋战 …………………… 173
- 三、间战 …………………… 175
- 四、选战 …………………… 176
- 五、步战 …………………… 178
- 六、骑战 …………………… 181
- 七、舟战 …………………… 183
- 八、车战 …………………… 184
- 九、信战 …………………… 187
- 十、教战 …………………… 188

第二卷

- 十一、众战 …………………… 192
- 十二、寡战 …………………… 193
- 十三、爱战 …………………… 195
- 十四、威战 …………………… 197
- 十五、赏战 …………………… 199
- 十六、罚战 …………………… 200
- 十七、主战 …………………… 202
- 十八、客战 …………………… 203
- 十九、强战 …………………… 205
- 二十、弱战 …………………… 207

03

第三卷

二十一、骄战 ………… 210
二十二、交战 ………… 213
二十三、形战 ………… 214
二十四、势战 ………… 216
二十五、昼战 ………… 219
二十六、夜战 ………… 220
二十七、备战 ………… 221
二十八、粮战 ………… 222
二十九、导战 ………… 223
三 十、知战 ………… 225

第四卷

三十一、斥战 ………… 228
三十二、泽战 ………… 229
三十三、争战 ………… 231
三十四、地战 ………… 232
三十五、山战 ………… 234
三十六、谷战 ………… 236
三十七、攻战 ………… 238
三十八、守战 ………… 239
三十九、先战 ………… 241

四 十、后战 ………… 242

第五卷

四十一、奇战 ………… 246
四十二、正战 ………… 248
四十三、虚战 ………… 249
四十四、实战 ………… 251
四十五、轻战 ………… 252
四十六、重战 ………… 253
四十七、利战 ………… 254
四十八、害战 ………… 255
四十九、安战 ………… 257
五 十、危战 ………… 259

第六卷

五十一、死战 ………… 264
五十二、生战 ………… 266
五十三、饥战 ………… 267
五十四、饱战 ………… 269
五十五、劳战 ………… 270
五十六、佚战 ………… 272
五十七、胜战 ………… 273
五十八、败战 ………… 275

五十九、进战 ········· 276
六 十、退战 ········· 278

第七卷

六十一、挑战 ········· 282
六十二、致战 ········· 283
六十三、远战 ········· 285
六十四、近战 ········· 286
六十五、水战 ········· 287
六十六、火战 ········· 289
六十七、缓战 ········· 290
六十八、速战 ········· 292
六十九、整战 ········· 293
七 十、乱战 ········· 294

第八卷

七十一、分战 ········· 298
七十二、合战 ········· 299
七十三、怒战 ········· 301
七十四、气战 ········· 302
七十五、逐战 ········· 303
七十六、归战 ········· 305
七十七、不战 ········· 306

七十八、必战 ········· 307
七十九、避战 ········· 310
八 十、围战 ········· 311

第九卷

八十一、声战 ········· 314
八十二、和战 ········· 315
八十三、受战 ········· 316
八十四、降战 ········· 318
八十五、天战 ········· 319
八十六、人战 ········· 320
八十七、难战 ········· 322
八十八、易战 ········· 324
八十九、离战 ········· 325
九 十、饵战 ········· 327

第十卷

九十一、疑战 ········· 330
九十二、穷战 ········· 331
九十三、风战 ········· 332
九十四、雪战 ········· 334
九十五、养战 ········· 336
九十六、畏战 ········· 338

九十七、书战……………… 339
九十八、变战……………… 341
九十九、好战……………… 343
一 百、忘战……………… 344

六韜

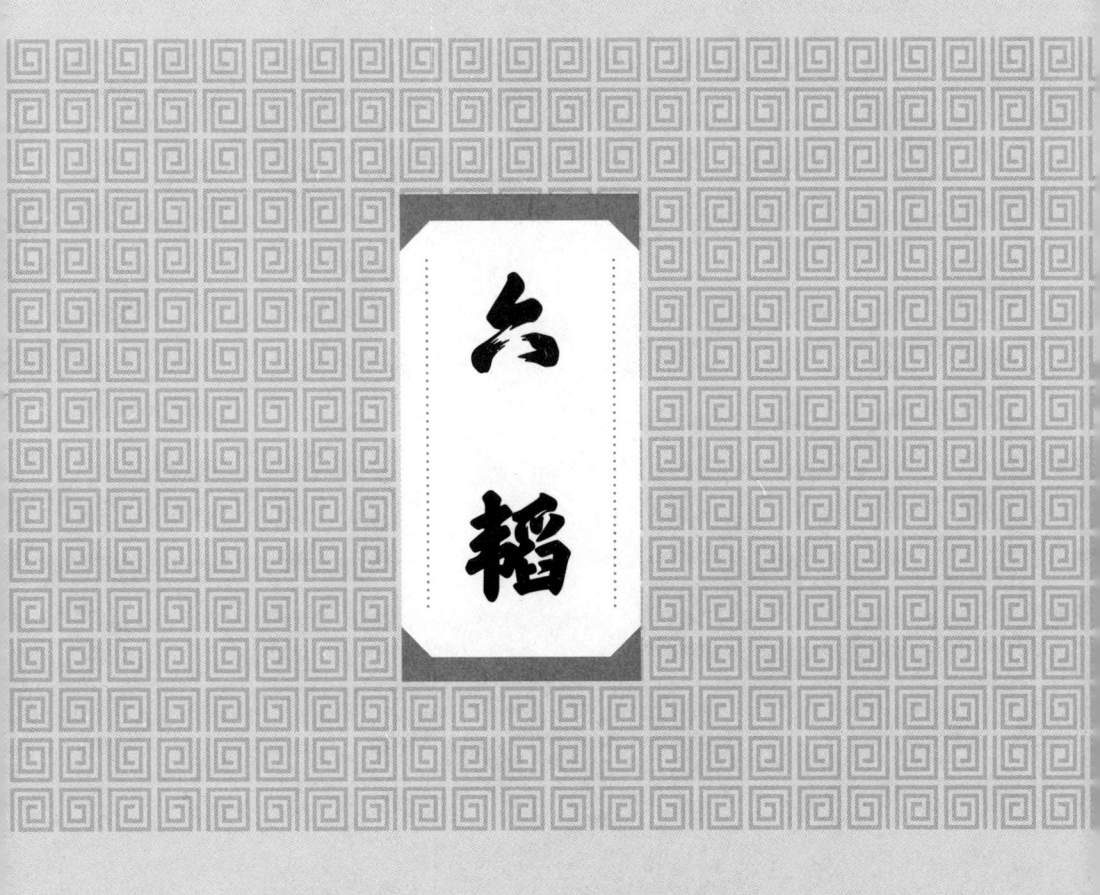

文韬

文师第一

【原文】

文王将田[1]，史编布卜曰[2]："田于渭阳[3]，将大得焉。非龙非彲[4]，非虎非罴[5]，兆得公侯[6]，天遗汝师[7]，以之佐昌，施及三王[8]。"

文王曰："兆致是乎？"

史编曰："编之太祖史畴，为禹占[9]，得皋陶[10]，兆比于此[11]。"

文王乃齐三日[12]，乘田车，驾田马，田于渭阳，卒见太公[13]，坐茅以渔。

【注释】

〔1〕文王：即周文王，姬姓，名昌。他广招天下贤士，励精图治，使国力强盛，为其子周武王灭商，建立西周王朝奠定了基础。田：田猎，打猎。

〔2〕史编：史官名，"史"为其官职，"编"为其名。布卜：占卜。

〔3〕渭阳：渭水北岸。古人以水北为阳、水南为阴。

〔4〕彲（chī）：通"螭"，传说中的一种无角龙。

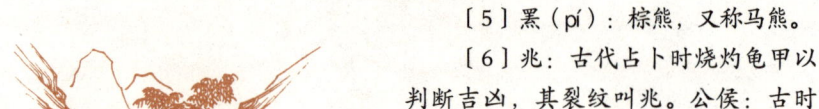

〔5〕罴（pí）：棕熊，又称马熊。

〔6〕兆：古代占卜时烧灼龟甲以判断吉凶，其裂纹叫兆。公侯：古时的高等爵位，此指有大才之人。

〔7〕遗（wèi）：赠予。

〔8〕施：蔓延，延续。三王：此指周文王的子孙后代。

〔9〕禹：即大禹，因治理洪水有功，继舜之后成为部落联盟的领袖。

〔10〕皋陶：传说中东夷族的首领，偃姓，先后辅佐舜和禹，执掌刑狱，以执法公正著称。

〔11〕比：类似。

〔12〕齐（zhāi）：通"斋"，斋戒。

〔13〕太公：即姜太公，姓姜，

名尚，字子牙，又叫吕子牙（一说尚）、姜子牙、太公望。商末周初人，先后辅佐周文王和周武王，为推翻商朝统治，建立西周王朝立下大功。

【译文】

周文王要出去狩猎，史官编为他占卜之后说："您这次到渭水北岸去狩猎，将会有很大的收获。所得到的既不是龙，也不是螭，既不是虎，也不是罴，根据卜兆，您将会得到一位辅佐您成就大业的公侯之才，上天派他来做您的老师，让他来辅佐您，周国将昌盛壮大，并将惠及您的子孙后代。"

周文王问道："占卜的征兆真有这么好的结果吗？"

史官编说："我的远祖史畴曾经为大禹占卜，卜兆预示会得到贤臣辅佐，后来果真得到了皋陶，当年的卜兆与今天的非常相似。"

周文王于是斋戒三天，然后乘着狩猎专用的猎车，驾着狩猎专用的猎马，来到渭河北岸一带狩猎，终于遇见姜太公，当时他正坐在河边的茅草丛中钓鱼。

【原文】

文王劳而问之曰[1]："子乐渔邪[2]？"

太公曰："臣闻君子乐得其志，小人乐得其事。今吾渔，甚有似也，殆非乐之也。"

【注释】

[1]劳：慰劳。

[2]子：古代对男子的尊称。

【译文】

周文王上前慰劳了姜太公，并问他说："您很喜欢钓鱼吗？"

姜太公回答："我听说君子以实现自己的抱负为乐，小人则以做好他的事为乐。我现在钓鱼，道理差不多如此，并非喜欢钓鱼。"

【原文】

文王曰："何谓其有似也？"

太公曰："钓有三权[1]：禄等以权[2]，死等以权，官等以权。夫钓以求得也，其情深，可以观大矣。"

【注释】

[1]权：权谋，权术。

[2]禄：俸禄，官禄。

【译文】

周文王问:"怎么说与钓鱼的道理相同呢?"

姜太公回答:"钓鱼时要运用三种权术,正像君主收罗人才一样。用高官厚禄吸引人才,用重赏收买死士,用不同的官爵职位授予各类人才。垂钓就是为了得到鱼,此事意义很深奥,从中可以悟出更大的道理。"

【原文】

文王曰:"愿闻其情。"

太公曰:"源深而水流,水流而鱼生之,情也;根深而木长,木长而实生之,情也;君子情同而亲合,亲合而事生之,情也。言语应对者,情之饰也[1];言至情者,事之极也。今臣言至情不讳[2],君其恶之乎[3]?"

【注释】

[1]饰:文饰。

[2]讳:避讳,隐讳。

[3]恶:厌恶。

【译文】

周文王说:"我很希望听听其中深奥的道理。"

姜太公说:"源泉深远,河水才能长流不息,河水畅流,鱼类才能生长繁衍,这是自然的情理;树根扎得很深,树木才能茂盛,树木茂盛,才会结出果实,这是自然的情理;君子志趣相同,情意相投,就会亲密合作,亲密合作就能同创伟业,这也是自然的情理。言语应对,这是真情的文饰;而吐露内心深层蕴藏的情感,才是事理的极致。现在我向您说的都是至情之言,毫不隐讳,您听了不会感到厌烦吧?"

【原文】

文王曰:"唯仁人能受至谏,不恶至情。何为其然?"

太公曰:"缗微饵明[1],小

鱼食之；缗调饵香[2]，中鱼食之；缗隆饵丰[3]，大鱼食之。夫鱼食其饵，乃牵于缗；人食其禄，乃服其君。故以饵取鱼，鱼可杀；以禄取人，人可竭[4]；以家取国，国可拔；以国取天下，天下可毕。呜呼！曼曼绵绵[5]，其聚必散，嘿嘿昧昧[6]，其光必远。微哉！圣人之德，诱乎独见。乐哉！圣人之虑，各归其次，而树敛焉。"

【注释】

〔1〕缗：鱼线。
〔2〕调：指鱼线长短合适。
〔3〕隆：粗长。
〔4〕竭：竭尽其力，竭尽其能。
〔5〕曼曼：长远。绵绵：延续不绝。
〔6〕嘿嘿：默默。昧昧：隐晦不明。

【译文】

周文王说："只要是有仁德的人，就能够接受严正的规劝，而不厌恶表达至情的逆耳之言。我怎么会那样呢？"

姜太公说："钓丝细微，鱼饵明显可见，小鱼就会来吞饵上钩；钓丝粗细适中，鱼饵香美，中鱼就会来吞饵上钩；钓丝粗长，鱼饵丰盛，大鱼就会来吞饵上钩。鱼儿吞食了鱼饵，就不免会被钓丝所牵；人若享用了俸禄，就要臣服于君主。故以鱼饵钓鱼，就可烹而食之；用爵禄来吸引人入仕，就可以使他竭忠尽力；以家作为基础而取国，国可取而有之；以国作为基础来谋取天下，就可以成就统一天下的大业。唉！殷商表面上看起来兴旺发达、绵延长远，但有聚必有散，终有衰败的一天；而周人默默无闻，韬光养晦，从不显露自己，一定会光照四方，传之久远。多么奇妙啊！圣人的道德无比高尚，能够引导人们领悟其创见。多么高兴啊！圣人的思虑，是依据事物的规律加以诱导，使人人各得其所，并建立各种收揽人心的方法。"

【原文】

文王曰："树敛何若而天下归之？"
太公曰："天下非一人之天下也，乃天下之天下也，同天下之利者，则得天下；擅天下之利者[1]，则失天下。天有时，地有财，能与人共之者，仁也。仁之所在，天下归之。免人之死，解人之难，救人之患，济人之急者[2]，德也。德之所在，天下归之。与人同忧同乐，同好同恶者，义也。义之所在，天下赴之。凡人恶死而乐生，好德而归利[3]，能生利者，道也。道之所在，天下归之。"

【注释】

〔1〕擅：独占。
〔2〕济：救济，帮助。
〔3〕德：通"得"，得到，获得。

【译文】

周文王问："应采取什么样的凝聚方法，才能使天下人诚心归顺呢？"

姜太公回答："天下不是一个人的天下，而是天下人共有的天下；能与天下人共享天下之利者，就可以取得天下；而想独占天下之利者，就会失去天下。天有四时变化，地有财货生长，能够与天下人共同享用的，就是仁君。仁君所在的地方，天下人就会归向那里。能够免除人们死亡的危险，消除人们的灾难，解救人们的危难，救济人们的急需，这就是有德之人。有德之人所在的地方，天下人就会归向那里。能够与人们同忧同乐、同好同恶，这就是有义之人。有义之人所在的地方，天下人就会赶赴而归向那里。凡是人，都厌恶死亡而乐于生存，喜好收获而趋向利益，能为天下人谋得利益的，即是有道之人。有道之人所在的地方，天下人都会归向那里。"

【原文】

文王再拜曰："允哉[1]，敢不受天之诏命乎[2]！"乃载与俱归，立为师。

【注释】

〔1〕允：恰当，正确。
〔2〕诏命：旨意。

【译文】

周文王再次拜谢，并说道："您讲得恰当啊！我怎敢不接受上天的旨意呢？"于是请姜太公登上自己的车子，一同回到都城，并拜姜太公为师。

盈虚第二

【原文】

文王问太公曰:"天下熙熙[1],一盈一虚[2],一治一乱,所以然者,何也?其君贤不肖不等乎?其天时变化自然乎[3]?"

【注释】

〔1〕熙熙:纷乱扰攘的样子。
〔2〕盈:充满,此处为强盛之意。虚:意谓衰弱。
〔3〕天时:这里指天命。

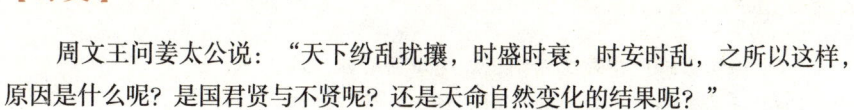

姬昌

【译文】

周文王问姜太公说:"天下纷乱扰攘,时盛时衰,时安时乱,之所以这样,原因是什么呢?是国君贤与不贤呢?还是天命自然变化的结果呢?"

【原文】

太公曰:"君不肖,则国危而民乱;君贤圣,则国安而民治。祸福在君,不在天时。"

文王曰:"古之贤君可得闻乎?"

太公曰:"昔者帝尧之王天下[1],上世所谓贤君也。"

【注释】

〔1〕帝尧:传说中的我国古代部落联盟的领袖。

【译文】

姜太公说:"君主不贤明,则国家危难,人民动乱;君主贤明,则国家太平,人民安定。国家的祸福取决于国君,而不是取决于天命。"

周文王说:"古代贤君的事迹,可以讲给我听听吗?"

姜太公说："从前帝尧治理天下，上古的人都称颂他是贤君。"

【原文】

文王曰："其治如何？"

太公曰："帝尧王天下之时，金银珠玉不饰，锦绣文绮不衣[1]，奇怪珍异不视，玩好之器不宝，淫佚之乐不听，宫垣屋室不垩，甍桷椽楹不斫[2]，茅茨遍庭不剪[3]。鹿裘御寒[4]，布衣掩形，粝粱之饭[5]，藜藿之羹[6]。不以役作之故，害民耕绩之时。削心约志，从事乎无为。吏忠正奉法者尊其位，廉洁爱人者厚其禄。民有孝慈者爱敬之，尽力农桑者慰勉之。旌别淑德[7]，表其门闾，平心正节，以法度禁邪伪。所憎者，有功必赏；所爱者，有罪必罚。存养天下鳏寡孤独，赈赡祸亡之家。其自奉也甚薄，其赋役也甚寡。故万民富乐而无饥寒之色，百姓戴其君如日月，亲其君如父母。"

文王曰："大哉！贤君之德也！"

【注释】

[1]锦绣文绮：指做工精细、漂亮华丽的丝织品。

[2]斫：大锄，引申为砍、削、斩，此处指雕琢。

[3]茨：蒺藜。

[4]鹿裘：用鹿皮做的衣服。平民所穿的衣服。

[5]粝：粗糙、劣质的米。

[6]藜藿：通指野生粗劣的菜蔬。

[7]旌别：识别，甄别。

【译文】

周文王说："帝尧是如何治理国家的呢？"

姜太公说："帝尧统治天下时，不用金银珠玉做装饰品，不穿精致华丽的衣服，不观赏珍贵稀奇的宝物，不珍藏古玩宝器，不听淫靡的音乐，不粉饰宫廷墙垣，不雕饰屋梁椽柱，不修剪庭院茅草。用鹿裘御寒，用粗布衣遮体，吃粗糙的饭食，喝野菜做的汤。不因劳役而妨害农时。抑制自己的欲望，约束自己的行为，奉行无为而治。官吏中凡是忠心耿耿、正直奉法的，就提升他的职位；凡是廉洁爱民的，就增加他的俸禄。百姓中孝顺父母、爱护幼小的，就敬重他；尽力从事农耕、发展蚕桑的，就慰劳勉励他。识别善恶，表彰良善的人家，以示崇敬，提倡心志公平，节操端正，以法制禁止邪恶虚伪。对自己厌恶的人，有功也同样给予奖赏；对自己喜爱的人，有了罪过同样进行惩罚。抚恤天下的鳏、寡、孤、独，救济遭受天灾人祸的家庭。帝尧自奉节俭，征用的赋税劳役也很少，所以天下百姓富足安乐而没有饥寒之苦。百姓爱戴他像景仰日月一样，亲近他就如亲近自己的父母一般。"

周文王说："贤君帝尧的德行真高尚啊！"

国务第三

【原文】

文王问太公曰："愿闻为国之大务。欲使主尊人安，为之奈何？"

太公曰："爱民而已。"

【译文】

周文王问姜太公说："我想请教一下治理国家的要务。如果想使君王受到百姓的爱戴，百姓又生活安定，应当怎么做呢？"

姜太公回答："只要爱民就可以。"

【原文】

文王曰："爱民奈何？"

太公曰："利而勿害，成而勿败，生而勿杀，与而勿夺，乐而勿苦，喜而勿怒。"

【译文】

周文王说："如何才叫爱民呢？"

姜太公回答："使百姓获得好处，而不加以损害；使百姓成就各自的事业，而不加以破坏；使百姓安居乐业，而不加重刑罚，滥杀无辜；多多给予人民实惠，而不去掠夺

他们；使人民生活安乐，而不使他们感到痛苦；使人民心情愉悦，而不使他们怨恨愤怒。"

【原文】

文王曰："敢请释其故[1]。"

太公曰："民不失务，则利之。农不失时，则成之。省刑罚[2]，则生之。薄赋敛，则与之。俭宫室台榭[3]，则乐之。吏清不苛扰，则喜之。民失其务，则害之。农失其时，则败之。无罪而罚，则杀之。重赋敛，则夺之。多营宫室台榭以疲民力，则苦之。吏浊苛扰，则怒之。故善为国者，驭民如父母之爱子[4]，如兄之爱弟，见其饥寒则为之忧，见其劳苦则为之悲，赏罚如加于身，赋敛如取己物。此爱民之道也。"

【注释】

〔1〕敢：恭敬、自谦之词。
〔2〕省：减轻。
〔3〕榭：建在台上的房屋。
〔4〕驭：驾驭，此指统御。

【译文】

周文王说："恕我冒昧，请您详细解释其中的缘由。"

姜太公说："使百姓不失去所从事的工作，就是使他们获取利益；使农民不耽误农时，就是帮助他们从事生产；减轻刑罚，就是保障百姓的生命；减轻赋税，解除各种负担，就是给予人民实惠；不轻易营建宫室台榭，就是使百姓生活安乐；官吏清正廉洁，不苛剥扰民，就是使百姓心情愉悦。反之，使百姓失去了自己的工作，也就是损害他们的利益；使农民失其农时，也就是破坏他们的生产；百姓无罪而对他们妄加惩罚，也就是伤害他们；加重赋税，横征暴敛，也就是去掠夺他们；大兴土木，营建宫室台榭，从而导致民力凋弊，也就是使百姓感到痛苦；官吏贪污，苛剥扰民，也就是使百姓心怀怨恨和愤怒。所以，善于治理国家的君主，统御臣民就如父母疼爱子女、兄长爱护弟弟一样，看到他们忍饥受寒就为之忧心，看到他们吃苦受累就为之悲伤，对他们施行赏罚就如同赏罚自己一样，向他们征收赋税，就如同索取自己的财产一样。这就是爱民的方法。"

大礼第四

【原文】

文王问太公曰:"君臣之礼如何[1]?"

太公曰:"为上唯临[2],为下唯沉[3]。临而无远,沉而无隐。为上唯周[4],为下唯定[5]。周则天也[6],定则地也。或天或地,大礼乃成。"

【注释】

〔1〕礼:指君臣之间的行为规范和准则。

〔2〕临:指君主俯身爱民。

〔3〕沉:指臣民潜心国事。

〔4〕周:周全,普遍,指君主的恩泽要普施于臣民。

〔5〕定:安定,稳定,这里指安分守己。

〔6〕则:效法。

【译文】

周文王问姜太公说:"君臣之间的礼法应如何处理呢?"

姜太公回答:"作为君主,需俯身亲民;作为臣民,需潜心国事。君主俯身亲民,才不会疏远臣民;臣民潜心国事,就不会欺蒙君主。作为君主,只要求他能普施恩惠;作为臣民,只要求他安分守己。普施恩惠,如阳光普照万物;臣民安分守己,如土地滋生万物。君主取法于天,臣民取法于地,君臣之间的礼法就形成了。"

【原文】

文王曰:"主位如何?"

太公曰:"安徐而静,柔节先定[1],善与而不争,虚心平志,待物以正。"

【注释】

〔1〕柔节:柔和而有节制。

【译文】

周文王又问:"如何才能当好君主呢?"

姜太公回答:"君主处理政务应做到:安详稳健,沉着冷静;柔和有节,成竹在胸;善于施加恩惠德泽,而不与臣民争利;虚心而公平无私;以公正的态度待人接物。"

【原文】

文王曰:"主听如何[1]?"

太公曰:"勿妄而许,勿逆而拒。许之则失守[2],拒之则闭塞。高山仰之,不可极也。深渊度之,不可测也。神明之德,正静其极[3]。"

【注释】

[1]听:此指听取臣下的意见。
[2]守:操守,原则。
[3]正静:公正宁静。

【译文】

周文王又问道:"君主应该怎样倾听臣下的意见呢?"

姜太公回答:"倾听时,不可轻易接受,也不可粗暴拒绝。轻率地接受,就会丧失原则;粗暴地拒绝,就会闭塞言路。君主要像高山一样,使臣民仰望而不见其极;应该像深渊一样,使臣民揣度而莫测其深。要养成神圣英明的君德,就需要把公正宁静作为最重要的准则。"

【原文】

文王曰:"主明如何?"

太公曰:"目贵明,耳贵聪,心贵智。以天下之目视,则无不见也;以天下之耳听,则无不闻也;以天下之心虑,则无不知也。辐辏并进[1],则明不蔽矣。"

【注释】

[1]辐辏:像车轮上的辐条一样会聚于轴心。

【译文】

周文王又问道:"君王怎样才能洞察一切呢?"

姜太公回答:"眼以视觉敏锐为贵,耳以听觉敏锐为贵,心以思虑周详为贵。君主如能以天下人的眼睛去看待事物，那么天下的事就会无所不见；如果能用天下所有人的耳朵去倾听，那么天下事就会无所不闻；如果能用天下所有人的心灵去思考，那么天下事就会无所不知。正如车子的辐条都集中于轴心一样，天下所有人的见闻和智慧都向君主那里汇集，君主自然就能像神明那样洞察一切，从而不受蒙蔽了。"

明传第五

【原文】

文王寝疾[1]，召太公望，太子发在侧[2]。曰："呜呼！天将弃予，周之社稷将以属汝[3]。今予欲师至道之言，以明传之子孙。"

太公曰："王何所问？"

文王曰："先圣之道，其所止，其所起，可得闻乎？"

太公曰："见善而怠，时至而疑，知非而处，此三者，道之所止也。柔而静，恭而敬，强而弱，忍而刚，此四者，道之所起也。故义胜欲则昌，欲胜义则亡；敬胜怠则吉，怠胜敬则灭。"

【注释】

〔1〕寝疾：卧病在床。

〔2〕太子发：即姬发，文王之次子，史称"武王"。

〔3〕社稷：代指国家。社，土神；稷，谷神。

【译文】

周文王卧病在床，召见姜太公，太子姬发在病床边。周文王叹息道："唉！我的病看来治不好了，周国的天下就交给你了。现在我想请您讲些先圣的至道之言，以便将它传授给子孙。"

姜太公说:"您要问哪方面的问题呢?"

周文王说:"先圣的治国之道,特别是他们废弃什么,提倡什么,可以说来听听吗?"

姜太公说:"见到善事而怠惰不做,时机到来而犹豫不决,知道错误所在却不去改正,这三种情况是先圣所废弃的。能宽柔而冷静地对待自己,能谦恭而礼貌地待人,能刚柔相济地处理事务,能忍耐而果断地行动,这四点是先圣所提倡的。因此,义理胜过私欲,国家就会昌盛;私欲胜过义理,国家就会衰亡;勤恳谦恭胜过怠惰,国家就会吉祥;怠惰胜过勤恳谦恭,国家就会灭亡。"

六守第六

【原文】

文王问太公曰:"君国主民者,其所以失之者何也?"

太公曰:"不慎所与也[1]。人君有六守[2]、三宝[3]。"

文王曰:"六守者何也?"

太公曰:"一曰仁,二曰义,三曰忠,四曰信,五曰勇,六曰谋,是谓六守。"

【注释】

〔1〕与:给予,托付。引申为任用人才的意思。

〔2〕六守:即六项用人的标准。

〔3〕三宝:指关系到国家经济命脉的三件大事。

【译文】

周文王问姜太公,说:"治理国家、管理万民的君主,为什么又会失去他的国家和人民呢?"

姜太公说:"这是由于用人不当。人君应当选拔具备六项德行标准的人才并抓住三件大事。"

周文王说:"六项标准指的是什么?"

姜太公说:"一是仁爱,二是正义,三是忠实,四是诚信,五是勇敢,六是谋略,这就是所说的六项用人标准。"

【原文】

文王曰："慎择六守者何？"

太公曰："富之而观其无犯[1]，贵之而观其无骄，付之而观其无转，使之而观其无隐，危之而观其无恐，事之而观其无穷。富之而不犯者，仁也；贵之而不骄者，义也；付之而不转者，忠也；使之而不隐者，信也；危之而不恐者，勇也；事之而不穷者，谋也。人君无以三宝借人，借人则君失其威。"

【注释】

[1]犯：侵犯，触犯。

【译文】

周文王说："怎样去选拔具有六项德行标准的人呢？"

姜太公说："使他富裕，看他是否触犯礼法；使他尊贵，看他是否骄横凌人；付与他重任，看他能否忠实地完成；委派他去处理棘手问题，看他是否隐瞒欺骗；使他身临危难，看他是否能临危不惧；令他处理突发事件，看他能否应变自如。富裕而不逾越礼法的，是仁爱的人；身居高位而不骄傲的，是正义的人；肩负重托而不改变自己志向的，是忠实的人；处理棘手问题而能不隐瞒欺骗的，是诚信的人；身处危难而不害怕的，是勇敢的人；处理复杂事务能应变自如的，是足智多谋的人。君主不要把处理三件大事的权力交给别人，如若将权力交给了别人，君主就会失去自己的权威。"

【原文】

文王曰："敢问三宝？"

太公曰："大农[1]、大工、大商，谓之三宝。农一其乡[2]，则谷足；工一其乡，则器足；商一其乡，则货足。三宝各安其处，民乃不虑。无乱其乡，无乱其族。臣无富于君，都无大于国[3]。六守长，则君昌；三宝完，则国安。"

【注释】

[1]大：重视、发展的意思。

[2]一：统一，这里引申为聚集、集结。乡：泛指城市郊外地区。

[3]都：大城市。国：国都。

【译文】

周文王问："请问三件大事是什么呢？"

姜太公说："重视农业、手工业与商业，就是我所说的三件大事。使农民聚集在一乡耕作，粮食就会充足；使工匠聚集在一处做工，器具就会充足；使商人集中到一处经营，货物就会充足。农、工、商三大行业的人都各安其业，百姓就会无忧无虑。不要打乱行业和地域的经济秩序，不要拆散他们的家族组织。臣民的财富不得富过君王，大城市的面积不得大于国都。六项德行标准如能长期施行，君主的事业就会昌盛；三件大事如能不断完善发展，国家就会长治久安。"

守土第七

【原文】

文王问太公曰："守土奈何[1]？"

太公曰："无疏其亲[2]，无怠其众，抚其左右[3]，御其四旁。无借人国柄，借人国柄，则失其权。无掘壑而附丘[4]，无舍本而治末[5]。日中必彗[6]，操刀必割，执斧必伐。日中不彗，是谓失时。操刀不割，失利之期。执斧不伐，贼人将来。涓涓不塞，将为江河。荧荧不救[7]，炎炎奈何。两叶不去[8]，将用斧柯。是故人君必从事于富，不富无以为仁，不施无以合亲。疏其亲则害，失其众则败。无借人利器[9]，借人利器则为人所害，而不终其正也。"

【注释】

〔1〕守土：指守卫国土。

〔2〕亲：君主的同族近亲，即宗室贵族。

〔3〕左右：指周边邻国。

〔4〕掘壑而附丘：比喻损害贫苦百姓的利益，增加尊贵富有者的权力和财富。

〔5〕舍本而治末：意即舍弃农业而发展商业。

〔6〕彗：曝晒。

〔7〕荧荧：微弱的光。

〔8〕两叶：刚长出来的小嫩叶。

〔9〕利器：指国家权力。

【译文】

周文王问姜太公说："怎样才能守卫好国土？"

姜太公回答："不要疏远宗室贵族，不要怠慢平民百姓，安抚周边的邻国，控制四方的诸侯。不要将治国的大权交予他人，不然就会失去自己的权威。不要像挖掘深谷中的土来加高山丘的高度一样，损下益上，不要舍弃农业而发展商业。太阳到了正午，就要抓紧时间晾晒东西；手中握着利刃，就要抓紧时间宰割；手中拿着利斧，就要抓紧时间征伐。太阳正午时不晾晒东西，就叫作丧失时机；手中握着利刃而不宰割，就丧失了有利的时机；手执利斧而不征伐，就会有贼人前来施暴。涓涓细流不被堵塞，将会逐步发展为大江大河。星星之火不去扑救，待酿成燎原大火又该怎么办呢？一颗种子萌发出小嫩芽，这时若不摘除，等到将来长成大树，我们也就只能用利斧来砍伐了。因此，君王须致力于国家富强，国家不富足，就无法广施仁政，不能广施惠政、慷慨施与，就无法团结宗室贵族。疏远了宗室贵族，就会导致祸害；失去了民众的诚心拥戴，就会导致失败。不要把治理国家的权力交给他人，把治理国家的权力交给他人，就会为人所害，使国家不能长久。"

【原文】

文王曰："何谓仁义？"

太公曰："敬其众，合其亲。敬其众则和，合其亲则喜，是谓仁义之纪[1]。无使人夺汝威，因其明，顺其常。顺者，任之以德；逆者，绝之以力[2]。敬之无疑，天下和服。"

【注释】

［1］纪：法则，准则。

［2］绝：灭绝，消灭。

【译文】

周文王又问："什么是仁义？"

姜太公回答："尊敬平民百姓，团结宗室贵族。尊敬广大百姓，则天下和顺；团结宗室贵族，则宗亲高兴，这就是施行仁义的准则。不要让别人夺去你的权威，要凭借自己的洞察力，依事物的常理行事。对顺从自己的人，要用德行去感化他而为我所用；对于反对自己的人，则要用武力去消灭他。如果能够谨遵上述准则，毫不犹豫地加以实施，那么天下自然也就和顺归服了。"

六韬

守国第八

【原文】

文王问太公曰:"守国奈何?"

太公曰:"斋,将语君天地之经[1],四时所生,仁圣之道,民机之情[2]。"

王即斋七日,北面再拜而问之[3]。

【注释】

〔1〕经:原则,通理,一般规律。

〔2〕机:事物变化的迹象、征兆。

〔3〕北面:指面朝北向太公行弟子礼。

【译文】

周文王问姜太公说:"如何才能保守国家政权呢?"

姜太公说:"请您先行斋戒,然后我将告诉您关于天地运行的规律,四季更替、万物生长的变化,圣贤君王的治国原则,以及民心变化的征兆和隐情。"

周文王于是斋戒了七天,行弟子敬师的礼节,拜了又拜后问姜太公。

【原文】

太公曰:"天生四时,地生万物,天下有民,仁圣牧之[1]。故春道生,万物荣;夏道长,万物成;秋道敛,万物盈;冬道藏,万物寻[2]。盈则藏,藏则复起,莫知所终,莫知所始。圣人配之[3],以为天地经纪。故天下治,仁圣藏;天下乱,仁圣昌,至道其然也。"

【注释】

〔1〕牧:指治理民众。

〔2〕寻:当作"隐",隐藏不动的意思。一说,寻当作"静"。

〔3〕配:相配,引申为参照仿效。

【译文】

姜太公说:"天有春夏秋冬四季的更替,地随之而滋生万物,天下有广大百姓，由圣明的君主来治理。春天的规律是生发，万物都生机勃勃；夏天的规律是成长，万物都繁荣茂盛；秋天的规律是收获，万物都成熟；冬天的规律是收藏，万物都隐藏不动。万物成熟就应收藏，来年春季又开始生长，如此周而复始，没有谁知道哪里是终点、哪里是开始。上古圣人参照仿效这些自然规律，作为治理天下的纲纪准则。所以天下太平，仁者圣人就隐而不露；天下大乱，仁者圣人就应时而起，发挥巨大作用。天地间最根本的道理就是这样。"

【原文】

"圣人之在天地间也，其宝固大矣[1]。因其常而视之，则民安。夫民动而为机，机动而得失争矣。故发之以其阴[2]，会之以其阳[3]，为之先唱，天下和之。极反其常，莫进而争，莫退而让。守国如此，与天地同光。"

【注释】

[1]宝：珍视，此指圣人珍视的自然规律。
[2]发：发动。阴：战争、刑罚等活动。
[3]会：凝聚。阳：仁义之举。

【译文】

"圣人在天地间，他们所珍视的规律是非常巨大的。依自然法则去对待百姓，百姓就会保持安定。民心浮躁就会发生动乱，动乱的征兆一旦出现，天下政权就有得失之争了。这时圣人就以发动兵刑来平息民乱，以普施恩泽来凝聚民心。圣人首先倡导除暴，天下纷纷响应。事情变化到了极点，必然走向它的反面，国家就会恢复常态。之后既不要进而争功，也不要退而让位。能这样保守国家政权，国家就能与天地一样久远了。"

上贤第九

【原文】

文王问太公曰："王人者何上何下[1]，何取何去，何禁何止？"

太公曰："王人者，上贤，下不肖，取诚信，去诈伪，禁暴乱，止奢侈。故王人者有六贼七害[2]。"

【注释】

〔1〕王：此处用为动词，意即统治。

〔2〕贼：指害人的人。

【译文】

周文王问姜太公说："作为君主，应该使什么人居于上位、使什么人居于下位？应该任用什么人、舍弃什么人？应该严禁什么事、抑止什么事？"

姜太公回答："作为君主，应该使德才兼备的贤士居于上位，使不肖之徒处于下位。应该任用诚实守信之人，排除奸诈虚伪的人。严禁暴乱的行为，抑止奢侈的风气。因此，对于君主而言，有所谓的六贼、七害，尤其应当警惕。"

【原文】

文王曰："愿闻其道。"

太公曰："夫六贼者：一曰，臣有大作宫室池榭，游观倡乐者，伤王之德；二曰，民有不事农桑，任气游侠，犯历法禁[1]，不从吏教者，伤王之化；三曰，臣有结朋党，蔽贤智，鄣主明者[2]，伤王之权；四曰，士有抗志高节[3]，以为气势，外交诸侯，不重其主者，伤王之威；五曰，臣有轻爵位，贱有司，羞为上犯难者[4]，伤功臣之劳；六曰，强宗侵夺，陵侮贫弱者[5]，伤庶人之业。

"七害者：一曰，无智略权谋，而以重赏尊爵之故，强勇轻战，侥幸于外，王者慎勿使为将；二曰，有名无实，出入异言，掩善扬恶，进退为巧，王者慎勿与谋；三曰，朴其身躬，恶其衣服，语无为以求名，言无欲以求利，此伪人也，王者慎勿近；四曰，奇其冠带，伟其衣服，博闻辩辞，虚论高议，以为容美[6]，穷居静处，而诽时俗，此奸人也，王者慎勿宠；五曰，谗佞苟得，以求官爵，果敢轻死，以贪禄秩，不图大事，得利而动，以高谈虚论说于人主[7]，王者慎勿使；六曰，为雕文刻镂，技巧华饰，而伤农事，王者必禁之；七曰，伪方异伎[8]，巫蛊左道[9]，不祥之言，幻惑良民，王者必止之。

【注释】

〔1〕犯：触犯。历：逾越。

〔2〕鄣：通"障"，障碍，遮蔽。

〔3〕抗志高节：指保持高尚的志向和节操。抗，高。

〔4〕犯难：冒险，不顾危难。

〔5〕陵：同"凌"，欺凌。

〔6〕容美：修饰、美化外表。

〔7〕说（yuè）：通"悦"，取悦。

〔8〕方：方术。

[9] 巫：巫术。蛊：能用咒语驱使其害人的毒虫。左道：邪门歪道。

【译文】

周文王说："我愿倾听其中的道理。"

姜太公回答："所谓六贼，第一，是臣子中有人大规模营造宫室、园池、台榭，游玩观赏，歌舞行乐，骄奢淫逸，这种人会损害君主的德行。第二，是百姓中有人不从事农桑生产，任性使气，游荡行侠，不惜触犯法律禁令，不服从官吏的管理教化，这种人会败坏君主的教化。第三，是大臣中有人结党营私，阻塞贤人智士的晋升之路，蒙蔽君主的知人之明，使君主不能洞察下情，这种人会损害君主的权威。第四，是士大夫中有人自以为具有高尚志向和节操，自负自大，气焰嚣张，结交各国诸侯，却不尊重本国的君主，这种人会损害君主的威严。第五，是大臣中有人轻视爵位，藐视官吏，耻于为君主挺身冒险，这种人会损害功臣的勋业和荣誉。第六，是强宗大族互相侵夺，欺凌侮辱贫穷势弱的人，这种人会损害平民百姓的生计。

"所谓七害，第一，是指没有智慧谋略，只因可得重赏和尊位，恃勇轻率赴战，企图侥幸取胜，立功于外，这种人，君主要谨慎小心，不能用来做将帅。第二，是指徒有虚名而无真才实学，当面一套，背后一套，掩盖别人的好事，宣扬别人的坏事，投机钻营取巧，这种人，君主要谨慎小心，切勿与他筹谋大计。第三，是指外表做出很朴素的样子，穿着粗糙低劣，口头讲着清静无为，却一心沽名钓誉，口头讲着无欲无争，却一味追求实利，这种人，是虚伪之人，君主要谨慎小心，切勿亲近他们。第四，是指穿着奇特，博闻善辩，高谈空论，美化自己的外表，自矜自傲，处于贫穷之境，居于僻静之地，而去诽谤时俗朝政，这种人是奸诈之人，君主要谨慎小心，切勿宠信他们。第五，是指用花言巧语献媚当权者，以求得更高的官爵，果断勇敢，轻视死亡，以贪求更丰厚的俸禄和官位，不为全局着想，只要有利可图便轻举妄动，以高谈空论说服和取悦君主，这种人，君主要谨慎小心，切勿任用他们。第六，是指用雕虫小技修饰各种建筑物和工艺华美的生活用品，从而妨害了农业生产，这种人，君主必须加以禁止。第七，是指以虚假骗人的方术，奇特诡异的技巧，各种符咒巫蛊，邪门歪道，蛊惑善良的百姓，这种人，君主必须加以禁止。"

【原文】

"故民不尽力，非吾民也。士不诚信，非吾士也。臣不忠谏，非吾臣也。吏不平洁爱人[1]，非吾吏也。相不能富国强兵，调和阴阳，以安万乘之主[2]，正群臣，定名实，明赏罚，乐万民，非吾相也。夫王者之道如龙首，高居而远望，深视而审听，示其形，隐其情，若天之高不可极也，若渊之深不可测也。故可怒而不怒，奸臣乃作[3]；可杀而不杀，大贼乃发[4]；兵势不行，敌国乃强。"

文王曰："善哉！"

【注释】

〔1〕平洁：公平廉洁。
〔2〕万乘：指拥有万乘兵车的诸侯国。
〔3〕作：兴，起。
〔4〕大贼：巨奸大盗。

【译文】

"所以说，百姓不尽力耕作，就不是国家的好百姓。士大夫如果不讲诚信，就不是国家的好士人。大臣们如果不能忠心进谏，就不是国家的栋梁。官吏如果不能公平廉洁、爱护人民，就不是国家的好官吏。宰相如果不能使国富兵强，阴阳协调，使君主安居太平；不能端正官场风气，综核名实，严明赏罚，使万民安乐，那就不是称职的宰相。君主的统御之道，就如神龙之首，高瞻远瞩，可观四方，洞察得深刻，听闻得周详，显示高大威仪的形象，却隐藏着自己的内心情思，就像天的崇高一样，不可穷极，就像渊的幽深一样，不可测度。所以，君主在应该发怒的时候不发怒，丧失了自己的威严，那么奸臣就会趁机而出，兴风作浪；君主如果对该杀的人不杀，就会丧失国法的威严，巨奸大盗就会僭越礼法，犯上作乱；军事气势不能行于远方、威慑四夷，那么敌国就会强大起来。"

周文王说："说得太深刻了！"

举贤第十

【原文】

文王问太公曰："君务举贤而不获其功[1]，世乱愈甚，以至危亡者，何也？"

太公曰："举贤而不用，是有举贤之名而无用贤之实也。"

文王曰："其失安在？"

太公曰："其失在君好用世俗之所誉[2]，而不得真贤也。"

【注释】

〔1〕务：致力于。
〔2〕世俗：指平常、凡庸的人。

【译文】

周文王问姜太公说："君主致力于选用贤才，而没有达到使国家昌盛的目的，社会混乱更加严重，以致国家陷于危亡，这是为什么呢？"

姜太公说："这是由于选拔了贤才却不任用，空有举贤的虚名，而没有用贤的实效。"

周文王说："造成这种过失的原因在哪里呢？"

姜太公说："过失在于君王喜欢用平常人所称赞的人，因而得不到真正的贤才。"

【原文】

文王曰："何如？"

太公曰："君以世俗之所誉者为贤，以世俗之所毁者为不肖，则多党者进[1]，少党者退。若是，则群邪比周而蔽贤[2]，忠臣死于无罪，奸臣以虚誉取爵位，是以世乱愈甚，则国不免于危亡。"

【注释】

〔1〕党：朋党，党羽。
〔2〕比周：串通勾结，结党营私。

【译文】

周文王说："此话怎讲？"

姜太公说："君王以平常人所称赞的人为才，以平常人所诋毁的人为不贤的人，那么朋党多的人就会得到赏识和重用，朋党少的人就会被排挤。这样，奸邪势力就会结党营私而埋没贤人，忠臣无罪而被处死，奸臣则以虚名取得爵位。因此，社会会更加混乱，国家也不免陷于危亡。"

【原文】

文王曰："举贤奈何？"

太公曰："将相分职，而各以官名举人[1]，按名督实[2]，选才考能，令实当其名，名当其实，则得举贤之道矣。"

【注释】

〔1〕以官名举人：根据不同职位标准去选用合适的人。
〔2〕按名督实：指按工作标准考察是否名实相符。

【译文】

周文王说："怎样才能选拔有德才的人呢？"

姜太公说："将和相彼此明确自己的职守，分别依据不同职位的用人标准去选用合适的人，再用各种官职所应具备的条件要求加以考核，以甄别其才智的高低，能力的大小，使其德才与官职相称，官德相当，这样就掌握了举贤的方法了。"

赏罚第十一

【原文】

文王问太公曰："赏所以存劝，罚所以示惩。吾欲赏一以劝百，罚一以惩众，为之奈何？"

太公曰："凡用赏者贵信，用罚者贵必。赏信罚必于耳目之所闻见，则所不闻见者，莫不阴化矣[1]。夫诚畅于天地，通于神明[2]，而况于人乎？"

【注释】

〔1〕阴化：暗中受到感化和触动。
〔2〕神明：神灵，神祇。

【译文】

周文王问姜太公说："奖赏是用来对有功之人进行勉励的，刑罚是用来对有罪之人进行惩罚的。我想奖赏一个人而使众人受到勉励，惩罚一个人而使众人受到警示，应该如何去做呢？"

姜太公回答："凡行奖赏，须恪守信用，施行惩罚，须言出必行。如果能在亲耳所听、亲眼所见的事情上做到行赏有信，惩罚能坚决执行，那么即使是不能亲耳所闻、亲眼所见的人也无不潜移默化受到感化了。诚信可与天地神灵通达，何况是人呢？"

兵道第十二

【原文】

武王问太公曰："兵道如何？"

太公曰："凡兵之道，莫过乎一[1]。一者能独往独来[2]。黄帝曰：'一者阶于道[3]，几于神[4]。'用之在于机，显之在于势，成之在于君。故圣王号兵为凶器，不得已而用之。

【注释】

〔1〕一：事权专一、指挥统一的意思。
〔2〕独往独来：用兵能够行动自由、无拘无束。
〔3〕阶于道：指进入灵活用兵的上乘境界。
〔4〕几于神：接近神秘莫测的境界。

【译文】

周武王问姜太公说："用兵的重要原则是什么？"

姜太公说："用兵的原则，莫过于统一指挥了。统一指挥了，才能使军队行动自由，无拘无束。黄帝说：'军队指挥统一了，用兵打仗就可达到灵活和神秘莫测的境界。'运用这一原则，关键在于把握战机，造成有利态势，而成功与否在于君主的决策。所以古代圣王把战争称为凶器，只在不得已时才使用它。

【原文】

"今商王知存而不知亡，知乐而不知殃。夫存者非存，在于虑亡；乐者非乐，在于虑殃。今王已虑其源，岂忧其流乎？"

武王曰："两军相遇，彼不可来，此不可往，各设固备，未敢先发，我欲袭之，不得其利，为之奈何？"

太公曰："外乱而内整，示饥而实饱，内精而外钝。一合一离，一聚一散，阴其谋，密其机，高其垒，伏其锐士，寂若无声，敌不知我所备。欲其西，袭其东。"

武王曰："敌知我情，通我谋，为之奈何？"

太公曰："兵胜之术，密察敌人之机而速乘其利，复疾击其不意。"

【译文】

"如今纣王只知道国家还存在，而不知国家将要灭亡，只知纵情享乐，而不知灾难即将到来。此时存在的国家并不一定能够长存，关键在于能否居安思危；此时似乎还在享乐的人，但不等于可以长久享乐，关键在于能否乐不忘忧。现在君王已考虑到安危存亡的根本，还忧虑什么枝节问题呢？"

周武王说："两军相遇，敌方不能来进攻我，我军也不能去进攻敌人，双方均设置坚固的守备，谁也不能率先发动进攻。我想袭击对方，又不具备更多的有利条件，应该怎么办？"

姜太公说："可使我军表面上装出散乱的样子，而内部严整；外表缺粮，而实际给养充足；外表装备残破，士气低落，而实际装备精良，兵强马壮。让士卒忽离忽合，忽聚忽散，以示混乱。隐匿自己的计谋，深藏自己的企图，高筑壁垒，埋伏精锐。阵地内士兵寂若无声，敌人不知道我军的虚实和企图。本来想进攻敌军西侧，却先袭击敌军东侧。"

周武王问："敌人如果知道我军的情况，又通晓我军的计谋，又该如何呢？"

姜太公说："作战取胜的方法，在于周密地查明敌情，迅速抓住有利战机，出其不意，攻其不备。"

武韜

发启第十三

【原文】

文王在酆[1]，召太公曰："呜呼！商王虐极，罪杀不辜，公尚助予忧民[2]，如何？"

【注释】

〔1〕酆：古都邑名，在今陕西省西安市西南。
〔2〕公尚：即姜太公。

【译文】

周文王在都城酆召见姜太公说："唉！商纣王的暴虐已达到了极点，任意滥杀无辜，你也许可以帮我筹谋拯救天下百姓，你看该如何呢？"

【原文】

太公曰："王其修德以下贤[1]，惠民以观天道[2]。天道无殃[3]，不可先倡；人道无灾[4]，不可先谋。必见天殃，又见人灾，乃可以谋。必见其阳，又见其阴，乃知其心；必见其外，又见其内，乃知其意；必见其疏，又见其亲，乃知其情。

【注释】

〔1〕下贤：礼贤下士。
〔2〕天道：古人指各种天象吉凶。
〔3〕殃：指水灾、旱灾、日食、月食等灾异和自然现象。
〔4〕人道：人事，人世间的事物。

【译文】

姜太公回答："君王要修养德行，礼贤下士，对人民实施恩惠，观察天象吉凶。如上天没有降临祸殃的征兆，就不可先倡导讨伐之议；如人间还没有出现灾难的征兆，就不可先筹兴师之谋。必须出现天灾又出现人祸，才可以筹划兴师讨伐之事。一定要既看到商王公开的言行举动，又看到其暗中的所作所为，才能够弄清其内心的秘密；一定要既看到对方表面的行动，又看到其内部的筹谋，才能了解其真实意图；一定要既看到他疏远哪些人，又看到他亲近哪些人，才能把握其真实的感情。

【原文】

"行其道，道可致也。从其门，门可入也。立其礼，礼可成也。争其强，强可胜也。全胜不斗[1]，大兵无创[2]，与鬼神通。微哉！微哉！与人同病相救，同情相成，同恶相助，同好相趋。故无甲兵而胜，无冲机而攻[3]，无沟堑而守[4]。

【注释】

[1] 全胜：完胜，己方不受损失而取得胜利。
[2] 大兵：强大的军队。
[3] 冲机：古代一种用于攻城的战车。
[4] 沟堑：古代城市的防御设施。

【译文】

"行吊民伐罪之道，这个正道就可以得到。遵循天下的常理行动，就可获取天下。只要决心树立礼制，这种礼制就可以形成。只要决心与敌军进行争胜，就可以战胜强大的敌人。获得全面胜利的军队往往不用进行战斗，强大的军队可凭其威名使敌人屈服，而自己丝毫无损，这其中的奥妙可与鬼神相比拟。真是太妙了！真是太妙了！如果对别人的病痛感同身受，就会互相救治；如果自己怀有与别人同样的心情，就会互相成全；如果自己与别人有同样的憎恶对象，那么大家就会共同克服它；如果自己同别人有同样的爱好，双方就会结合在一起。因此，只要有共同的目标，即使没有甲胄兵器，也可以战胜敌人；即使没有冲机，也可以攻破敌军的城池；即使没有防御设施，也可使阵地牢不可破。

【原文】

"大智不智，大谋不谋，大勇不勇，大利不利。利天下者，天下启之[1]；害天下者，天下闭之[2]。天下者，非一人之天下，乃天下之天下也。取天下者，若逐野兽，而天下皆有分肉之心。若同舟而济，济则皆同其利，败则皆同其害。然则皆有启之，无有闭之也。无取于民者，取民者也。无取于国者，取国者也。无取于天下者，取天下者也。无取民者，民利之。无取国者，国利之。无取天下者，天下利之。故道在不可见，事在不可闻，胜在不可知。微哉！微哉！鸷鸟将击，卑飞敛翼；猛兽将搏，弭耳俯伏[3]；圣人将动，必有愚色。

【注释】

〔1〕启：开启，引申为接纳、欢迎。
〔2〕闭：关闭，引申为拒绝、抗拒。
〔3〕弭：平息，引申为收敛、服帖。

【译文】

"真正有大智慧的人，其智慧运用于无形之中，所以人们往往看不出他的智慧；运筹重大计谋的人，别人往往看不出他有计谋；非常勇敢的人，不炫耀他的勇敢；获取最大利益的人，别人看不到他们获得的利益。对能给天下人带来利益的人，天下人就会竭诚地欢迎他。对使天下人都受其害的人，天下人就会与他对抗。天下不是某一个人的天下，而是天下人共有的天下。争夺天下就如追逐野兽一样，所有的人都有分食兽肉的要求。就好像同舟渡河一样，顺利渡过，大家都能得到一份利益；如若渡河不成，大家就会一起遭殃。能这样与天下人相处的人，天下人就会真诚地欢迎他。否则，天下人就会将他拒之门外。不向百姓索取，就会得到百姓的拥护；不向国家索取，就能获得国家；不向天下索取，就会得到天下人的拥护。因此，智慧的人运用的战胜敌人的策略妙不可见，其进行的活动也人所不闻，制胜的方法也人所不知。这真是太微妙了！太微妙了！猛禽在将要猎获食物的时候，一定是先低飞并将双翼收起；猛兽捕获食物之前，一定是先收敛双耳，俯伏在地上；圣人要采取行动的时候，必定是大智若愚，不引人注意。

【原文】

"今彼殷商，众口相惑，纷纷渺渺[1]，好色无极，此亡国之征也。吾观其野，草菅胜谷[2]；吾观其众，邪曲胜直；吾观其吏，暴虐残贼[3]，败法乱刑。上下不觉，此亡国之时也。大明发而万物皆照[4]，大义发而万物皆利，大兵发而万物皆服。大哉！圣人之德。独闻独见，乐哉！"

【注释】

〔1〕纷纷渺渺：纷乱不已的样子。
〔2〕草菅：野草。
〔3〕残贼：残忍狠毒。
〔4〕大明：指日月。

【译文】

"现在在那个殷商国度，民众相互猜疑，一切杂乱无章，商王好色而无止境，这是亡国的征兆。我观察那里的田地，杂草比五谷长得还茂盛；我观察那个国家的百姓，邪恶不正之人超过了正直善良的人；我看那里的官吏，比盗贼还要残忍狠毒；法纪败坏，刑罚混乱，而君臣上下竟然不知。这正是亡国的时候。日月一出，天下万物都被照耀；正义的事情一开始，天下万物都可以因此而获利；正义的大军发动，天下万物都会被降服。圣人的道德太伟大了！只有他能达到这种先知先觉的境界。这真是快乐的事情！"

文启第十四

【原文】

文王问太公曰："圣人何守？"

太公曰："何忧何啬[1]，万物皆得；何啬何忧，万物皆适[2]。政之所施，莫知其化；时之所在，莫知其移。圣人守此而万物化。何穷之有？终而复始。

【注释】

[1]何忧何啬：意谓既不忧虑什么，又不吝啬什么，一切听其自然。
[2]遒：强劲，强壮，此处指繁荣滋长。

【译文】

周文王问姜太公说："圣人治理天下应遵循什么原则？"

姜太公说："圣人无须忧虑什么，无须吝啬什么，天下万物都各得其所；圣人不吝啬什么也不忧虑什么，万物自然会繁荣滋长。政令施行，没有人知道它潜移默化的作用；时间的推移，没有人知道它是如何更替的。圣人遵守这一规律（无为而治）办事，万事万物自然会潜移默化。如此循环往复，永无穷尽。

【原文】

"优之游之[1]，展转求之[2]；求而得之，不可不藏；既以藏之，不可不行；既以行之，勿复明之。夫天地不自明，故能长生；圣人不自明，故能名彰[3]。

【注释】

〔1〕优之游之：悠闲自得的样子。
〔2〕展转求之：形容翻来覆去，反复以求。
〔3〕彰：明显，鲜明。

【译文】

"圣人优游自如，无为而治的治国之道，应当孜孜不倦地去探求；求索到了，须藏之于心；既然已藏于心中，那就不可不去施行；既然已经施行，那也无须将其中的奥秘昭告天下。天地并不宣告自己的运行规律，而万物自会按其规律生长发育；圣人不炫耀其功德，而声名自然可以卓著。

【原文】

"古之圣人，聚人而为家，聚家而为国，聚国而为天下，分封贤人以为万国，命之曰大纪。陈其政教，顺其民俗，群曲化直[1]，变于形容[2]。万国不通[3]，各乐其所，人爱其上，命之曰大定。呜呼！圣人务静之[4]，贤人务正之。愚人不能正，故与人争。上劳则刑繁，刑繁则民忧，民忧则流亡。上下不安其生，累世不休，命之曰大失。

【注释】

〔1〕曲：邪僻，奸邪不正。
〔2〕变于形容：这里是移风易俗的意思。
〔3〕通：即"同"，统一、一致的意思。
〔4〕静：清静。

【译文】

"古时的圣人治理国家时，将许多人聚在一起组成家庭，聚集许多家庭组成邦国，聚集许多邦国组成天下，分封贤人为各国诸侯，把这一切称为统驭天下的纲纪。圣人要宣扬圣贤的政教，顺应民俗，变邪僻之风为正直的风气，以实现移风易俗。各诸侯国习俗虽然不同，但百姓都能安居乐业，人人都敬爱君上，这叫作'大定'，意思是天下太平。啊！圣人用清静无为来治理天下，贤君用正己正人来治理天下，愚昧的君主不能正己也不能治人，所以与民相争。君主政令繁多，就要使用多种刑罚；刑罚过多，人民就会忧惧；人民忧惧就会流散逃亡。如果达到了上下不安的地步，并持续几代人的时间，这叫作'大失'，政令就会造成重大失误。

【原文】

"天下之人如流水，障之则止[1]，启之则行，静之则清。呜呼，神哉！圣人见其所始，则知其所终。"

【注释】

[1]障：阻碍，阻塞。

【译文】

"天下人心所向，如流水一样，阻塞它，它就会停止，引导它，它就会畅通，使它静下来，它就会清澈不浊。啊！真是神秘莫测！圣人只要看到它的开始，就能预知它的结局。"

【原文】

文王曰："静之奈何？"

太公曰："天有常形[1]，民有常生[2]，与天下共其生，而天下静矣。太上因之，其次化之，夫民化而从政[3]，是以天无为而成事，民无与而自富，此圣人之德也。"

文王曰："公言乃协予怀，夙夜念之不忘，以用为常[4]。"

【注释】

[1]常形：指春生、夏长、秋收、冬藏等恒久不变的现象。
[2]常生：指最基本的、恒久不变的生计活动。
[3]从政：服从政令。
[4]常：基本原则。

【译文】

周文王说："如何才能使天下清静呢？"

姜太公说："天有其运行的法则，百姓也有正常的生产、生活准则，能与天下百姓一道遵循繁衍生息的准则，天下就会清静了。最好的方法是顺应天道人心来治理人民，其次是教化百姓从善。百姓接受教化就会服从政令，所以天道'无为'却能成就万事万物，百姓不需施舍，也自然会富足。这就是圣人治理天下的德政。"

周文王说："你说的正合我意，我将朝思夜想，永志不忘，把它作为治理天下的基本准则。"

文伐第十五

【原文】

文王问太公曰:"文伐之法奈何[1]?"

太公曰:"凡文伐有十二节:

【注释】

〔1〕文伐:以非军事手段对敌人进行打击。

【译文】

周文王问姜太公说:"应如何以非军事手段打击敌人?"

姜太公回答:"用非军事手段打击敌人的方法共有十二种:

【原文】

"一曰,因其所喜,以顺其志,彼将生骄,必有奸事[1]。苟能因之,必能去之。

【注释】

〔1〕奸:原文作"好",据《武经七书汇解》改。

【译文】

"第一,依敌国君主的喜好,顺从他的要求。这样,敌国君主就会放松警惕,滋生骄纵情绪,必然做出邪恶不轨的事。如果利用这种形势,必能消灭敌国。

【原文】

"二曰,亲其所爱,以分其威。一人两心,其中必衰[1]。廷无忠臣,社稷必危。

【注释】

〔1〕中:指内心的忠诚。衰:削弱,减弱。

【译文】

"第二，设法拉拢、亲近敌国君主的宠臣，以削弱敌国君主的权威。宠臣一旦怀有二心，那么他对国君的忠诚必然会逐渐减少。敌国的朝廷中若没有了忠臣，国家也就很危险了。

【原文】

"三曰，阴赂左右，得情甚深，身内情外，国将生害。

【译文】

"第三，暗中贿赂敌国君主的近臣，全面而深入地掌握他们的情况，使这些人身在敌国国内而心向国外，敌国必将遭受祸害。

【原文】

"四曰，辅其淫乐[1]，以广其志，厚赂珠玉，娱以美人。卑辞委听[2]，顺命而合。彼将不争，奸节乃定[3]。

【注释】

〔1〕辅：辅助，助长。
〔2〕卑辞：谦卑的言辞。委听：委曲听从。
〔3〕奸节：迫害我方的险恶意图。

【译文】

"第四，助长敌国国君纵情于声色，以扩大他的生活欲望，送给他大量的珠宝玉石，再送给他供娱乐的美女。与他交往时，使用谦卑恭维的辞令，顺从他的意思，听候他的命令，迎合他的心意，这样，他将会松懈与我们相争的斗志，迫害我们国家的险恶意图就会停歇。

【原文】

"五曰，严其忠臣[1]，而薄其赂，稽留其使[2]，勿听其事。亟为置代[3]，遗以诚事[4]，亲而信之，其君将复合之。苟能严之，其国可谋。

【注释】

〔1〕严：尊重。
〔2〕稽留：拖延时间。使：使者。
〔3〕亟(jí)：尽快，马上。置代：替代，替换。

[4]遗(wèi)：赠予，本篇指告诉，透露。

【译文】

"第五，表面上尊敬敌国的忠臣，却只给他微薄的礼物。如果他作为使臣出使我国，就故意拖延时间，不予答复，使他不能完成君主交给他的使命。敌国国君就会尽快地派遣别的使者来替代他，对新来的使者，要告诉他一些真实情况，以示友好，诚心结交，使他得以完成使命，而且下次谈判时，敌国国君一定还会派他来。这样，敌国的国君就会疏远自己的忠臣，我们就可以伺机夺取他的国家了。

欲锢其心，必厚赂之

【原文】

"六曰，收其内[1]，间其外[2]，才臣外相[3]，敌国内侵，国鲜不亡。

【注释】

[1]内：指朝中的大臣。
[2]外：指出征或驻守在外的大臣。
[3]相：帮助，协助。

【译文】

"第六，拉拢、收买敌国朝廷中的大臣，离间君主与外臣的关系，使敌国君臣内外离心，有才能的大臣都为外国出力，敌对国家又要侵袭，这样的国家没有不灭亡的。

【原文】

"七曰，欲锢其心[1]，必厚赂之，收其左右忠爱，阴示以利，令之轻业[2]，而蓄积空虚。

【注释】

[1]锢：抑制，此指控制。
[2]轻业：忽视生产。

【译文】

"第七,要想牢牢控制敌国君主的思想,就必须以重礼贿赂他,同时还要收买他的左右近臣,在暗中给他们种种好处,这样就使敌国的君臣只贪图我们的礼物,而忽视国内的各种生产,以形成国库空虚的局面。

【原文】

"八曰,赂以重宝,因与之谋,谋而利之。利之必信,是谓重亲[1],重亲之积,必为我用。有国而外,其地大败[2]。

【注释】

[1] 重亲:加深彼此的情谊。
[2] 败:衰败。

【译文】

"第八,用价值连城的宝物贿赂敌国的君主,以获取他的信任,趁机同他筹划,并使计划对他有利。他得到好处后,会对我们更加信任,这就能加深彼此的亲密关系。亲密关系不断加深,敌君必定会为我所利用。敌君的国家大权为我国所利用,那么这个国家必定会受到非常严重的削弱。

【原文】

"九曰,尊之以名,无难其身,示以大势,从之必信。致其大尊,先为之荣,微饰圣人[1],国乃大偷[2]。

【注释】

[1] 微饰:假装恭维。
[2] 偷:懈怠,懒惰。

【译文】

"第九,维护敌国国君的形象,使他在虚荣心方面得到满足,使他觉得拥有了至高无上的权势,顺从他并装出诚心诚意的样子,再把最尊贵的名号送给他,又事先对他大加吹捧,假装恭维他是圣人,他就会懈怠国事。

【原文】

"十曰,下之必信[1],以得其情。承意应事[2],如与同生。既以得之,乃微收之[3]。时乃将至,若天丧之。

【注释】

〔1〕下：降低身份，以示谦卑。
〔2〕承意：秉承其意图。
〔3〕收：控制，夺取。

【译文】

"第十，对敌国国君态度谦卑，这样才能得到他的信任，并按照他的意图办事，和他如兄弟般亲密无间，在取得敌国君主的信任以后，要慢慢地加强对他的控制，待时机成熟，我们就可以上天的名义将其灭亡。

【原文】

"十一曰，塞之以道[1]。人臣无不重富与贵，恶死与咎，阴示大尊，而微输重宝，收其豪杰。内积甚厚，而外为乏。阴纳智士，使图其计。纳勇士，使高其气[2]。富贵甚足，而常有繁滋[3]。徒党已具，是谓塞之。有国而塞，安能有国？

【注释】

〔1〕塞：闭塞，隔绝。
〔2〕气：士气，斗志。
〔3〕繁滋：繁衍滋生，引申为发展壮大。

【译文】

"第十一，设法闭塞敌国国君的信息来源，使他不知道真实情况。作为人臣，没有不贪图富贵而害怕灾祸与死亡的。暗中推崇敌国国君的名望，再用一些珍宝去收买敌国的豪杰志士。国内积蓄大量的财富，而对外又要显得物用匮乏。私下里招纳智谋之士，让他们为自己出谋献策。再招纳英勇之士，使他们斗志高昂。让这些人拥有财富和地位，力量不断壮大，在我国和敌国都有愿意为我们效力的人，就能堵塞敌国国君的信息来源。这样，敌国国君虽然统治着这个国家，但他耳目闭塞，怎么还能维持下去呢？

【原文】

"十二曰，养其乱臣以迷之[1]，进美女淫声以惑之[2]，遗良犬马以劳之，时与大势以诱之，上察而与天下图之[3]。

【注释】

〔1〕乱臣：祸乱朝政的奸臣。
〔2〕淫声：使人意志消沉的音乐。
〔3〕上察：观察天时，把握时机。

【译文】

"第十二，扶植、支持敌国的奸邪之臣，以迷乱敌国君主的心智，进献美女淫乐以迷惑敌国国君的意志，再送给他良犬骏马，使他因过分贪玩而体力疲劳，经常夸赞其权势无比，然后看准时机，我们与天下人一起将其消灭。

【原文】

"十二节备，乃成武事。所谓上察天，下察地，征已见[1]，乃伐之。"

【注释】

〔1〕见（xiàn）：同"现"。

【译文】

"这十二种非军事手段都能成功地运用，就可以进一步采取军事行动了。这就是经常说的上察天时、下察地利，待天时地利同时显现，就可以出兵征伐了。"

顺启第十六

【原文】

文王问太公曰："何如而可为天下[1]？"

太公曰："大盖天下[2]，然后能容天下；信盖天下，然后能约天下；仁盖天下，然后能怀天下；恩盖天下，然后能保天下；权盖天下，然后能不失天下；事而不疑，则天运不能移[3]，时变不能迁。此六者备，然后可以为天下政。

【注释】

〔1〕为：此指治理。

〔2〕大：此指气量、心胸。盖：覆盖，包容。
〔3〕天运：即天命，气数。

【译文】

周文王问姜太公说："如何才能治理好天下？"

姜太公回答："气量能够覆盖天下，然后才能容纳整个天下；用诚信覆盖整个天下，然后才能管理天下；用仁爱覆盖整个天下，然后才能使众心归服；用恩惠覆盖整个天下，然后才能保有天下；用权势覆盖整个天下，然后才能保证不会丢失天下；遇事果断，那么天命和时势都无法改变。这六个方面的条件都具备了，就可以治理天下政事了。

【原文】

"故利天下者，天下启之；害天下者，天下闭之；生天下者，天下德之；杀天下者，天下贼之[1]；彻天下者[2]，天下通之；穷天下者，天下仇之；安天下者，天下恃之；危天下者，天下灾之。天下者非一人之天下，唯有道者处之。"

【注释】

〔1〕贼：除掉。
〔2〕彻：显明。

【译文】

"所以，为天下人谋利的，天下人都会推崇他；凡是使天下人遭受损害的，天下人就会反对他；凡是能够使天下人生活富足安定的，天下人就会对他感恩戴德；凡是要杀戮天下人的，天下人就会除掉他；凡是能够使天下人明晰表达见识的，天下人就会在事业上支持他，使他畅通无阻；凡是使天下人走投无路的，天下人就会与他作对，把他当作仇敌；凡是能使天下百姓安居乐业的人，天下百姓就会依靠他；凡是对天下人造成危害的，天下人就会把他视为灾星，如同躲避灾害一样避开他。天下并不是一个人的天下，只有得道的人才能治理好天下。"

三疑第十七

【原文】

武王问太公曰："予欲立功，有三疑：恐力不能攻强、离亲、散众[1]，为之奈何？"

太公曰："因之[2]，慎谋，用财。夫攻强，必养之使强，益之使张[3]，太强必折，太张必缺。攻强以强，离亲以亲，散众以众。

【注释】

〔1〕散众：指分化、瓦解敌人的民众。
〔2〕因之：意谓因势利导。因，顺应，利用。
〔3〕张：此处用于比喻骄傲自满、忘乎所以。

【译文】

周武王问姜太公说："我想建功立业，只是有三点疑虑：恐怕力量不足以进攻强敌、不能离间敌国军臣关系、不能瓦解敌人的民众，对此我该怎么办呢？"

姜太公说："一是因势利导，二是慎用计谋，三是巧用钱财。要进攻强敌，必先助长他的骄横凶蛮，使它更加骄横张狂。过于强横，必遭挫折；过于张狂，必然失败。要进攻强大的敌人，必先助长它的强大；要离间敌人的亲信，必先收买敌人的亲信；要涣散敌国的军心，必先利用敌国的民众。

【原文】

"凡谋之道，周密为宝。设之以事[1]，玩之以利[2]，争心必起。

"欲离其亲，因其所爱[3]，与其宠人。与之所欲，示之所利，因以疏之[4]，无使得志。彼贪利甚喜，遗疑乃止。

【注释】

〔1〕设：此处是施行、安排的意思。
〔2〕玩：玩弄，这里引申为引诱、操纵。
〔3〕因：依靠，凭借。爱：爱好，兴趣。
〔4〕因以疏之：他们进谗言使敌君疏远忠臣。

【译文】

"运用谋略,最重要的是考虑周到、保守秘密,安排一些事来误导敌人,以利益引诱敌人,敌人内部争权夺利的欲望必定被挑起。

"要想离间敌国君臣,必须依靠敌国君主所宠爱的佞臣,送给这些宠臣想得到的东西,许给他们以丰厚的利益,使这些人去离间敌国君主和贤臣的关系,不让敌国的贤臣得志。他们贪得这些利益后十分高兴,对于投靠我们的顾虑,也就打消了。

【原文】

"凡攻之道,必先塞其明,而后攻其强,毁其大,除民之害。淫之以色[1],啖之以利[2],养之以味,娱之以乐。

"既离其亲,必使远民,勿使知谋,扶而纳之[3],莫觉其意,然后可成。

【注释】

[1]淫:迷惑,惑乱。色:女色,美色。
[2]啖:吃,喂,此处引申为引诱。
[3]扶而纳之:指用各种方式促使敌人入我们的圈套。

【译文】

"攻击强敌的方法,首先须闭塞敌国君主的耳目,然后进攻他强大的军队,摧毁他庞大的国家,为民众除害。可用美色迷惑他,用厚利引诱他,用美味供养他,用靡靡之音迷乱他。

"已经离间了敌国君主同他的亲信大臣的关系,还必须使他疏远民众,但不要使他知道这是我们的离间计,诱使他进入我们的圈套,没有谁察觉我们的意图,然后大事就可以成功了。

【原文】

"惠施于民,必无忧财,民如牛马,数餧食之[1],从而爱之。

"心以启智[2],智以启财,财以启众,众以启贤,贤之有启,以王天下。"

【注释】

[1]餧(wèi):同"喂"。古代兵家视民众如牛羊,所以这么说。
[2]启:发动,疏通,这里可理解为开启。

【译文】

"对广大百姓要施以恩惠,不要吝惜财物。百姓如牛马一样,经常喂养他们,就能使他们顺从、亲近。

"用心思考探求,就能启迪智慧。有了智慧,就可积累财富。财富可以养育民众,民众中可以涌现贤才。贤才涌现出来,就可以辅佐君王统一天下了。"

龙韬

王翼第十八

周武王

【原文】

武王问太公曰:"王者帅师,必有股肱羽翼[1],以成威神,为之奈何?"

太公曰:"凡举兵帅师,以将为命[2]。命在通达,不守一术。因能受职[3],各取所长,随时变化,以为纲纪,故将有股肱羽翼七十二人,以应天道。备数如法,审知命理[4],殊能异技,万事毕矣。"

【注释】

〔1〕股:大腿。肱(gōng):手臂从肘至肩的部分。股肱羽翼:比喻得力的辅佐和帮手。

〔2〕命:命脉,关键,司命。

〔3〕受:通"授"。

〔4〕命理:使命和事理。

【译文】

周武王问姜太公说:"国君统帅军队,身边必定要有一些将官来辅佐,使君王威严且至高无上,应该怎么去施行呢?"

姜太公回答:"大凡统兵兴师,必须把将领当成主宰军队命运的关键,作为一军的统帅,应该精通各种知识,而不只精通某一种知识。作为一军的统帅,应该善于选拔和发现人才,并根据他们的能力授予合适的职务,充分地使他们发挥自己的长处,并依据形势的变化做及时的调整,以此作为用人的准则。所以,在主将手下需有七十二位参谋作为辅佐人员,这样正与天道相对应。把编制确定下来,又清楚地明白将领的使命,将有特殊才能和技艺的人聚集在自己身边,这样,一切都具备了。"

【原文】

武王曰："请问其目[1]。"

太公曰："腹心一人，主潜谋应卒，揆天消变[2]，总揽计谋，保全民命。

"谋士五人，主图安危，虑未萌，论行能，明赏罚，授官位，决嫌疑，定可否。

"天文三人，主司星历，候风气[3]，推时日，考符验[4]，校灾异，知人心去就之机。

"地利三人，主三军行止形势，利害消息，远近险易，水涸山阻，不失地利。

"兵法九人，主讲论异同，行事成败，简练兵器，刺举非法。

"通粮四人，主度饮食蓄积，通粮道，致五谷，令三军不困乏。

"奋威四人，主择材力，论兵革[5]，风驰电击，不知所由。

"伏鼓旗三人，主伏鼓旗，明耳目；诡符节，谬号令，暗忽往来，出入若神。

"股肱四人，主任重持难，修沟堑，治壁垒，以备守御。

"通材三人，主拾遗补过[6]，应偶宾客[7]，论议谈语，消患解结。

"权士三人，主行奇谲，设殊异，非人所识，行无穷之变。

"耳目七人，主往来听言视变，览四方之士[8]、军中之情。

"爪牙五人，主扬威武，激励三军，使冒难攻锐，无所疑虑。

"羽翼四人，主扬名誉，震远方，摇动四境，以弱敌心。

"游士八人，主伺奸候变，开阖人情[9]，观敌之意，以为间谍。

"术士二人，主为谲诈，依托鬼神，以惑众心。

"方士二人，主百药，以治金疮[10]，以痊万病。

"法算二人，主计会三军营壁[11]、粮食、财用出入。"

【注释】

〔1〕目：指详细情况。

〔2〕揆（kuí）：观测，揣度。天：天象，天意。变：上天所警示的灾异现象。

〔3〕候：观察，占验。风气：指古代一种占候之法。

〔4〕符验：指上天的预兆与人事是否相符。

〔5〕论：通"抡"，选择。兵革：兵器和盔甲。

〔6〕拾遗：指出尊长者的疏漏和失误。

〔7〕应偶：应对，应酬。宾客：指敌国或盟国的使者。

〔8〕士：通"事"。

〔9〕开阖：开启与关闭，此指人心向背。

［10］金疮：金属兵器所造成的创伤。
［11］计会（kuài）：计算，核算。

【译文】

周武王接着问："请允许我询问一下这方面的详细情况。"

姜太公回答："挑选一人作为心腹，他负责在暗中帮助统帅进行策划，应付各种突变，测度天象，消除灾异，掌握全军的策略变化，以保全百姓的生命安全。

"选取谋士五人，他们主要负责谋划如何才能保证全军的安全，避免处于危险境地，提前对将要发生的事情进行考虑，并且评议诸位将领和士兵的能力，说明统帅对部属赏罚的标准，授予相应的官职，帮助主将解决疑难问题，确定计划方案的可行与否。

"选通晓天文者三人，他们负责天文历法，观测风云气象，推算日期时辰的吉凶，考察验证人事是否与天意相合，研究灾异发生的原因，窥测人们内心发生变化的原因。

"选通晓地理者三人，他们负责行军路线的确定和掌握三军驻扎的地理形势，说明各种地势的利害关系，是远是近，是险要还是平坦，在哪些地方军队容易缺水，在哪些地方行军有高山阻拦。这样我们就不会失去在地理上的优势。

"选精通兵法者九人，他们负责研究各种兵法有何异同，在各种形势下，知道各种兵法获得成功或者失败的原因，并且根据兵法精心选择兵器，还要检举揭发军中的违法乱纪行为。

"选通粮者四人，他们负责计划饮食供给，筹备积蓄，并保证粮道的畅通无阻，使粮食按时送到军中，保证军队粮食的充足供应。

"选择四人任奋威，他们负责选拔具有勇往直前精神的人，选择使用最有利的兵器，保证军队出击的风驰电掣，使军队出乎敌人意料之外。

"选择三人熟练地掌握旗鼓变化的方法，他们能使全军按照旗鼓的变化统一行动，使全军进退起伏有序；故意发布一些假的传达命令的凭证和一些错误的军中号令，让敌军感受到我军突然变化、神出鬼没。

"选择股肱四人，他们负责重点工程的规划，主持修建战地工事，挖掘战壕，营建壁垒，作为防御敌军之用。

"选三人任通才，他们负责提出和解决将帅疏漏了的事项，应对其他国家的使者宾客并进行谈判，以消除外交隐患，解决纠纷。

"选权士三人，他们负责策划一些高妙的计谋，使别人看不出统帅的意向，这样，就可以随心所欲地进行权变。

"选七人任耳目，他们负责探听各种消息和变化，搜集四面八方的情况，以及敌军军队内部的事情。

"选五人担任爪牙，他们负责使军威雄壮强大，鼓励士兵，使全军将士面对强敌而毫无畏惧，勇往直前。

"选四人做羽翼，他们负责宣扬我军的威名，使远方震惊，动摇敌方军心，削弱敌军斗志。

"选游士八人，他们负责侦察敌方派出的间谍，观察敌军内部发生的变化，观察敌人的意图，担任我方的间谍。

"选两人做方术之士，他们负责做一些怪异、依托鬼神之事，以迷惑敌方军心。

"选方士两人，他们负责药物的管理，治疗兵器造成的外伤，医治好各种病症。

"选法算两人，他们主要负责核算军队的营房、粮食、财物等收支账目。"

论将第十九

【原文】

武王问太公曰："论将之道奈何？"

太公曰："将有五材、十过[1]。"

武王曰："敢问其目[2]？"

太公曰："所谓'五材'者，勇、智、仁、信、忠也。勇则不可犯[3]，智则不可乱，仁则爱人，信则不欺，忠则无二心。

【注释】

[1]五材、十过：指将帅的五种优秀才能和十种致命过错。

[2]目：细节，细目。

[3]犯：凌侮，侵犯。

【译文】

周武王问姜太公："评论将帅的标准是什么？"

姜太公说："将帅应具备五种优秀才能，警惕十种致命的缺点。"

周武王说："请问具体内容又是什么呢？"

姜太公说："所谓五种美德，即勇敢、明智、仁慈、诚信、忠实。勇敢就不会被侵犯，明智就不会被扰乱，仁慈就会爱人，诚信就会表里如一，忠实就不会怀有二心。

【原文】

"所谓'十过'者,有勇而轻死者,有急而心速者,有贪而好利者,有仁而不忍人者[1],有智而心怯者,有信而喜信人者,有廉洁而不爱人者,有智而心缓者,有刚毅而自用者[2],有懦而喜任人者[3]。

【注释】

[1] 仁而不忍人者:指将帅过于仁慈而对军队中各种不良现象流于姑息。
[2] 自用:自以为是,刚愎自用。
[3] 任人:没有主见,依赖别人。

【译文】

"所谓十种缺点是:勇猛而轻于冒险不爱惜生命,暴躁而急于求成,贪婪而好利,仁慈而姑息养奸,聪明而胆力不足,诚信而轻信于人,廉洁而刻薄,多谋而犹豫不决,坚强而刚愎自用,懦弱而依赖他人成事。

【原文】

"勇而轻死者,可暴也[1];急而心速者,可久也[2];贪而好利者,可遗也[3];仁而不忍人者,可劳也;智而心怯者,可窘也[4];信而喜信人者,可诳也[5];廉洁而不爱人者,可侮也;智而心缓者,可袭也;刚毅而自用者,可事也;懦而喜任人者,可欺也。

【注释】

[1] 暴:突然,急速,此处指突然袭击。
[2] 久:这里指持久作战,以消磨敌人的锐气。
[3] 遗:贿赂,收买。
[4] 窘:困窘,此处是胁迫、使之屈服的意思。
[5] 诳:欺骗,欺诈。

【译文】

"勇敢而轻率赴死的人,可以突然袭击他;暴躁而急于求成的人,可用持久战拖垮他;贪婪而好利的人,可以贿赂他;仁慈而流于姑息的人,可以使他疲惫;聪明而胆小怕事的人,可以胁迫他;诚实而轻信别人的人,可以欺骗他;廉洁而近于刻薄的人,可以轻侮他;多谋却犹豫不决的人,可以偷袭他;坚强而刚愎自用的人,可以用言辞奉承他,骄纵他;懦弱而好依赖别人的人,可以哄骗他。

【原文】

"故兵者，国之大事，存亡之道，命在于将。将者，国之辅，先王之所重也，故置将不可不察也。故曰：兵不两胜[1]，亦不两败[2]。兵出逾境，期不十日，不有亡国，必有破军杀将。"

武王曰："善哉！"

【注释】

[1] 两胜：双方都得到胜利。
[2] 两败：双方均告失败。

【译文】

"战争是国家的大事，关系到国家的生死存亡，军队的命运就掌握在将帅手里。将帅就是国家的辅佐，先王所重视的，所以任用将帅须特别慎重、仔细考察。所以，战争的双方不可能都胜利，也不可能都失败。只要军队越出国境，不超过十天，不是某个国家被灭亡了，就是自己的军队被打败、将帅被杀头了。"

周武王说："您讲得太深刻了！"

选将第二十

【原文】

武王问太公曰："王者举兵，欲简练英雄[1]，知士之高下，为之奈何？"

太公曰："夫士外貌不与中情相应者十五[2]：有严而不肖者，有温良而为盗者，有貌恭敬而心慢者，有外廉谨而内无至诚者，有精精而无情者[3]，有湛湛而无诚者[4]，有好谋而不决者，有如果敢而不能者，有悾悾而不信者[5]，有恍恍惚惚而反忠实者[6]，有诡激而有功效者[7]，有外勇而内怯者，有肃肃而反易人者[8]，有嗃嗃而反静悫者[9]，有势虚形劣而外出无所不至、无所不遂者。天下所贱，圣人所贵，凡人莫知，非有大明，不见其际[10]，此士之外貌不与中情相应者也。"

欲简练英雄，知士之高下，为之奈何

【注释】

〔1〕简：选择。练：磨炼。
〔2〕中情：内情，指内在品质。
〔3〕精精：指精明强干的样子。
〔4〕湛湛：水清澈貌。此处引申为敦厚老实的样子。
〔5〕悾悾：形容诚恳真挚的样子。
〔6〕恍恍惚惚：知觉迷乱精神恍惚之貌，可理解为犹豫动摇。
〔7〕诡激：奇异激烈。
〔8〕肃肃：严正之貌。
〔9〕嗃嗃：严厉，冷酷貌。悫：诚恳。
〔10〕其际：这里是"实情"的意思。

【译文】

周武王问姜太公说："君王举兵兴师，要细心挑选品行、才能出众的人为将帅，想知道德才的高下，应该怎么办？"

姜太公说："将领的外表和内在品质不一致的情况有十五种：有的表面上看德才兼备，实则不肖；有的外貌看似善良而实为盗贼；有的外似恭敬而内实傲慢；有的外貌廉谨而内心不真诚；有的外表看起来精明而内无真才实学；有的外表敦厚而内心并不诚实；有的外表看似多智谋而内却不善决断；有的外表好像果敢而实际上并非如此；有的外表看似很老实而实则无信用；有的外表犹豫动摇但行动起来却忠实可靠；有的言辞过激而做事却有功效；有的貌似勇敢而实际上怯懦；有的外表严肃而实际上轻蔑他人；有的外貌严厉而内心却温和诚恳；有的外表虚弱，相貌丑陋，受命出使却没有到不了的地方、没有办不成的事。被普通人所瞧不起的人，圣明的君主却器重他们，这是一般人所不能知道的，如果没有特殊的眼光，就不能看清他们的实情，这就是将领的外表和内在品质不一致的种种情况。"

【原文】

武王曰："何以知之？"

太公曰："知之有八征[1]：一曰问之以言，以观其辞；二曰穷之以辞，以观其变[2]；三曰与之间谋，以观其诚；四曰明白显问，以观其德；五曰使之以财，以观其廉；六曰试之以色，以观其贞；七曰告之以难，以观其勇；八曰醉之以酒，以观其态。八征皆备，则贤不肖别矣。"

【注释】

〔1〕八征：八项考验人才的方法。

〔2〕变：指随机应变的能力。

【译文】

周武王说："怎样才能知道这些人的真实品性呢？"

姜太公说："了解他们可通过以下八种考验方法：一是提出问题，看他是否解释得清楚；二是详尽追问，看他的应变能力；三是派人私下为他谋利，观察他是否忠诚；四是明白直接地问，看他有无隐瞒，借以考察他们的品德；五是令他管理财物，看他是否廉洁；六是用女色考验他，看他是否具备严正操守；七是把困难和危险告诉他，看他是否有冒险犯难的勇气；八是让他醉酒，看他是否能保持常态。用这八种方法考验后，一个人是贤还是不贤，就可以十分清楚了。"

立将第二十一

【原文】

武王问太公曰："立将之道奈何？"

太公曰："凡国有难，君避正殿，召将而诏之曰：'社稷安危，一在将军[1]，今某国不臣，愿将军帅师应之。'

"将既受命，乃命太史卜，斋三日，之太庙，钻灵龟[2]，卜吉日。以授斧钺[3]。

【注释】

〔1〕一：都，全。

〔2〕钻灵龟：古人在龟甲上用烧红的铜棍钻孔，烧灼龟壳，然后观察其裂开的纹路，以判定吉凶。

〔3〕斧钺（yuè）：古代军中的两种兵器，是军队权力的象征。

【译文】

周武王问姜太公说："任命将帅的方式是怎样的？"

姜太公回答："当国家遇到危难时，国君应该离开正殿，在偏殿召见大将，向他发诏令道：'国家的安危全在将军一人了。现在有某国不肯归顺，挑

起了战争，希望将军统率军队征伐它。'

"主将既已接受了诏命，国君就令太史占卜，接着国君要斋戒三天，然后到太庙主持立将仪式，通过卜卦选择吉利的日子，将斧钺授予主将。

【原文】

"君入庙门，西面而立；将入庙门，北面而立。君亲操钺持首[1]，授将其柄，曰：'从此上至天者，将军制之。'复操斧持柄，授将其刃，曰：'从此下至渊者，将军制之。见其虚则进，见其实则止。勿以三军为众而轻敌，勿以受命为重而必死，勿以身贵而贱人[2]，勿以独见而违众[3]，勿以辩说为必然。士未坐勿坐，士未食勿食，寒暑必同。如此，则士众必尽死力。'

"将已受命，拜而报君曰：'臣闻国不可从外治，军不可从中御。二心不可以事君，疑志不可以应敌[4]。臣既受命，专斧钺之威[5]，臣不敢生还。愿君亦垂一言之命于臣[6]。君不许臣，臣不敢将。'君许之，乃辞而行。

【注释】

〔1〕首：钺的头部。
〔2〕贱人：轻贱他人。
〔3〕独见：一己之见，个人意见。违众：违背众人的意见。
〔4〕疑志：指主将受到君主的干预，心存疑虑而不敢决断。
〔5〕专斧钺之威：指主将一人全权指挥军队。专：专权。
〔6〕垂：降，此指颁布诏命。

【译文】

见其虚则进，见其实则止

"国君进入太庙正殿大门，处东向西而立。将军进入庙门，处南向北而立。国君亲自执钺，握着钺的头部，将钺柄授予主将，说道：'自今日以后，上至于天，军中之事全由将军掌握。'再用手握住斧柄，让主将接住斧刃说：'从今以后，下至于渊，军中的一切军务交由将军处置。看到敌军薄弱环节就进攻；遇到敌人的强大之处就停止进攻；不要以为我方人数多就轻视敌军；不要以为肩负的使命重大而决计以死殉国；不要以为自己身份地位高贵就轻贱他人；不要以为自己见解独到就违

背众人的意见；不要把一切巧辩之词当作一定正确的理论。士卒未坐，你不可以先坐；士卒未食，你不可以先食。不分严寒酷暑，都必须和士卒同甘苦、共患难。只有这样，全军将士才会尽死力听命于你。'

"主将接受了国君的任命，然后下拜回答国君：'臣听说，国家不让境外的人进行统治，军队在外作战，也不应该由朝内的人来控制。作为臣子，如果怀有二心，就不可能忠心耿耿地侍奉国君；作为主将如果心存疑虑而不敢决断，就不能抵御敌军。臣既然已接受了君命，执掌斧钺，拥有军权，就不敢留有从战场上生还的念头，只希望国君您能授予我全部的权力。如果君主不应允，臣不敢担任主将职务。'君主应允了主将的要求，主将立即拜辞远征。

【原文】

"军中之事，不闻君命，皆由将出[1]。临敌决战，无有二心。若此，则无天于上[2]，无地于下[3]，无敌于前[4]，无君于后[5]。是故智者为之谋，勇者为之斗，气厉青云[6]，疾若驰鹜[7]，兵不接刃，而敌降服。战胜于外，功立于内，吏迁士赏，百姓欢悦，将无咎殃。是故风雨时节，五谷丰熟，社稷安宁。"

武王曰："善哉！"

【注释】

[1]出：指发号施令。
[2]无天于上：不受天时、气候等因素的制约。
[3]无地于下：不受地形、地貌等因素的制约。
[4]无敌于前：不受制于敌，掌握战场的主动权。
[5]无君于后：即不受君主的干预。
[6]厉：高昂。
[7]驰鹜：奔驰的群马。

【译文】

"凡军中事务，可以不听从君主的命令，全部由主将来发号施令。临敌决战，上下一心。如此，就可做到既不受天时、气候等因素的制约，也不受地形、地貌等因素的制约；前无敌军敢于抵挡，后无君主随意干预。足智多谋之士为主将出谋献策，勇敢无畏的将士为主将奋战，气势上冲云天，行动如奔马一样迅速，不等两军交战，敌人就降服了。军队在境外获胜，建功勋于国内，军吏加官晋级，士卒获得赏赐，百姓欢乐，主将没有祸灾。国家因此风调雨顺，五谷丰登，江山社稷也就安宁了。"

周武王说："您说得真是太好了！"

将威第二十二

【原文】

武王问太公曰:"将何以为威?何以为明?何以为禁止而令行?"

太公曰:"将以诛大为威[1],以赏小为明[2],以罚审为禁止而令行[3]。故杀一人而三军震者,杀之;赏一人而万人悦者,赏之。杀贵大,赏贵小。杀及当路贵重之臣[4],是刑上极也;赏及牛竖[5]、马洗[6]厩养之徒,是赏下通也。刑上极,赏下通,是将威之所行也。"

【注释】

[1]诛大:诛杀地位尊贵的人。
[2]赏小:赏赐地位低微的人。
[3]审:详明,审慎,这里为慎重。
[4]当路:即当途,指身居要职,执掌大权。
[5]牛竖:牧牛的童仆。
[6]马洗:马夫。

【译文】

周武王问姜太公说:"主将用什么方法树立威信?用什么方法体现贤明?用什么方法来实现令行禁止呢?"

姜太公说:"将帅用诛杀地位尊贵之人来树立威信,以奖赏地位低下的人来体现贤明,以赏罚严明来实现令行禁止。因此,杀一人能震慑三军,就杀掉他;奖赏一人能使万人悦服,就奖赏他。诛杀,贵在诛杀地位高的人;奖赏,贵在奖赏地位卑微的人。诛杀身居要职影响很大的人物,说明刑罚能及于最上层人士;奖赏牧牛喂马的奴仆,说明赏赐能达到卑贱阶层。刑罚能及于最上层人士,赏赐能达到卑贱阶层，将帅的权威也就树立了。"

励军第二十三

【原文】

武王问太公曰："吾欲令三军之众，攻城争先登，野战争先赴，闻金声而怒[1]，闻鼓声而喜[2]，为之奈何？"

太公曰："将有三胜。"

武王曰："敢问其目？"

【注释】

[1]金：军中的指挥工具，击之以发出停止进攻的命令。

[2]鼓：即战鼓，古代将领以擂鼓传达发起进攻的命令。

【译文】

周武王问姜太公说："我想让三军将士，攻城时争先恐后地登城，在野外作战时争先冲锋，听到退兵的鸣金声就愤怒，听到进攻的战鼓声就高兴，应如何去做呢？"

姜太公回答："将帅有三种方法。"

周武王又问："这三种方法的具体内容是什么呢？"

【原文】

太公曰："将，冬不服裘，夏不操扇，雨不张盖，名曰礼将。将不身服礼[1]，无以知士卒之寒暑。出隘塞，犯泥涂[2]，将必先下步，名曰力将。将不身服力，无以知士卒之劳苦。军皆定次[3]，将乃就舍，炊者皆熟，将乃就食，军不举火，将亦不举，名曰止欲将。将不身服止欲，无以知士卒之饥饱。将与士卒共寒暑、劳苦、饥饱，故三军之众，闻鼓声则喜，闻金声则怒。高城深池，矢石繁下，士争先登。白刃始合[4]，士争先赴。士非好死而乐伤也，为其将知寒暑、饥饱之审，而见劳苦之明也。"

【注释】

[1]身：亲身，亲自。服：服习，习惯。

知士卒之劳苦

〔2〕犯：到达，进入。泥涂：泥泞的道路。

〔3〕次：临时驻扎和住宿。

〔4〕白刃：兵器的锋刃。合：交，接触。

【译文】

姜太公回答："作为主将，冬日再冷也不穿皮衣，夏日再热也不拿扇子，下雨天不撑伞，这就叫作礼将。主将不以身作则，不习惯于遵守军中之礼，就不了解士卒的冷热。通过狭窄险要的地段，进入泥泞沼泽之地，主将必定要率先下马步行，这就叫作力将。主将不亲自去体味艰辛，就不能了解士兵的劳苦。全军都安顿宿营了，主将才能入营帐休息，全军饭菜全部熟了，主将才去进餐，军中不点火烧饭，主将也绝不点火做饭，这就叫作止欲将。主将不亲自体会克制私欲的滋味，就不知士兵的饥饱。主将能与士卒同甘共苦，因此，全军将士听到进军的战鼓声则高兴，听到鸣金之声就愤怒。这样，即使城墙再高、护城河再深、箭石再密集，全军将士也会争先恐后地奋勇直前。双方刀枪相接，士卒奋力冲杀，并非愿意死亡、乐意受伤，而是因为他们觉得主将知道他们的寒暑饥饱，知道他们的劳苦。"

阴符第二十四

【原文】

武王问太公曰："引兵深入诸侯之地，三军卒有缓急，或利或害，吾将以近通远[1]，以中应外，以给三军之用，为之奈何？"

【注释】

〔1〕通：贯通，这里指通知、联络。

【译文】

周武王问姜太公说："率军进入诸侯国境内作战，主力部队遇到紧急情况,战事或有利,或失利。我想通过捷径与前方联络,从国内策应国外,来满足军队作战的需要,应该怎么办?"

吾将以近通远,以中应外,以给三军之用,为之奈何

【原文】

太公曰:"主与将有阴符[1],凡八等:有大胜克敌之符,长一尺;破军擒将之符,长九寸;降城得邑之符,长八寸;却敌报远之符,长七寸;警众坚守之符,长六寸;请粮益兵之符,长五寸;败军亡将之符,长四寸;失利亡士之符,长三寸。诸奉使行符,稽留若符事闻[2],泄者、告者皆诛之。八符者,主将秘闻,所以阴通、言语不泄、中外相知之术。敌虽圣智,莫之能识。"

武王曰:"善哉!"

【注释】

〔1〕阴符:古代传达命令或征调军队用的凭证。君主与将领各执一半,以验真假。

〔2〕稽留:停留,耽误。

【译文】

姜太公说:"君主与将帅之间有阴符秘密联系,共分八种:有我军大胜、全歼敌人的阴符,长一尺;有击破敌军、擒获敌将的阴符,长九寸;有敌军投降献城、占领城邑的阴符,长八寸;有击退敌人、通报远方的阴符,长七寸;有警告将士民众坚守的阴符,长六寸;有请求送粮食、增加兵力的阴符,长五寸;有军队战败、将领伤亡的阴符,长四寸;有报告战斗失利、士兵伤亡的阴符,长三寸。凡是奉命传递阴符的人,如果延误报告时限,或泄露了机密,听到机密和泄露机密的人都要处死。这八种阴符,只能由君主和将帅秘密掌握,是一种暗中通报消息、不泄露内外机密的通信方法,敌人即使聪明绝顶,也不能识破阴符的秘密。"

周武王说:"您讲得真好啊!"

阴书第二十五

诸有阴事大虑，当用书不用符

【原文】

武王问太公曰："引兵深入诸侯之地，主、将欲合兵[1]，行无穷之变[2]，图不测之利[3]，其事烦多，符不能明，相去辽远，言语不通，为之奈何？"

【注释】

〔1〕合兵：此指不同部队配合作战。
〔2〕无穷之变：指灵活多变的战略战术。
〔3〕不测之利：出乎敌人意料之外地取胜。

【译文】

周武王问姜太公说："率兵深入敌境作战，如国君和主将打算集结不同部队配合作战，运用灵活多变的作战手段，取得敌人无法预料的胜利。但由于其间需要联系的事情很多，而仅凭阴符又很难准确地表达，两军相距甚远，不能直接进行交流，这时，应该如何处理呢？"

【原文】

太公曰："诸有阴事大虑，当用书不用符。主以书遗将，将以书问主。皆'一合而再离，三发而一知'。'再离'者[1]，分书为三部；'三发而一知'者[2]，言三人，人操一分，相参而不相知情也[3]。此谓阴书。敌虽圣智，莫之能识。"

武王曰："善哉！"

【注释】

〔1〕再离：两次裁开，即分为三部分。
〔2〕三发：分三次发出。一知：合而为一，才能知道阴书的内容。
〔3〕相参：指三部分阴书的文字相互掺杂错乱。

【译文】

姜太公回答:"那些需要保密的计谋和重大决策,应使用书信而不用阴符。君主通过文书传达给将领,主将也以文书请示君主。所传递的书信都是'一合而再离,三发而一知'。所谓'再离',就是将一封信分成三部分;所谓'三发而一知',就是说三封信由三人传递,每人只拿其中一份,内容相互掺杂,即使送信的人也不了解实情。这就叫作阴书。即使敌人聪明绝顶,也不能识破阴书的秘密。"

周武王说:"您讲得真是太好了!"

军势第二十六

【原文】

武王问太公曰:"攻伐之道奈何?"

太公曰:"势因敌家之动,变生于两陈之间,奇正发于无穷之源[1]。故至事不语,用兵不言。且事之至者,其言不足听也;兵之用者,其状不足见也[2]。倏而往[3],忽而来,能独专而不制者,兵也。夫兵,闻则议,见则图,知则困,辨则危。故善战者,不待张军;善除患者,理于未生[4];善胜敌者,胜于无形;上战,无与战。故争胜于白刃之前者,非良将也;设备于已失之后者,非上圣也;智与众同,非国师也;技与众同,非国工也[5]。事莫大于必克,用莫大于玄默,动莫神于不意,谋莫善于不识。夫先胜者,先见弱于敌而后战者也,故事半而功倍焉。

【注释】

〔1〕无穷之源:智慧无穷无尽。
〔2〕其状不足见:用兵的手段不曾显露。
〔3〕倏:极快,迅速。
〔4〕理于未生:指防患于未然。
〔5〕国工:一国的能工巧匠。

【译文】

周武王问姜太公说:"进攻作战应遵循什么原则呢?"

姜太公说:"作战的态势是依敌人的行动而不断变化的,临机应变必须依交

未见形而战，虽众必败

战双方阵势的变化而变化，奇兵和正兵的熟练运用来源于将帅的无穷智慧。所以军事机密不能泄露，用兵的谋略不可言传。况且军队的指挥谋略，仅凭语言描述是不足以听信的；用兵的手段也无法凭借一时的观察完全掌握。迅速而来，突然而去，独断专行而不受制于人，这是用兵的重要原则。敌人探听到我军兴兵，就会研究对付我军的策略；敌人发现了我军的行动，就会图谋歼灭我军；敌人了解了我军的部署，就会对我军进行干扰；敌人辨明了我军的虚实和动向，就会给我军带来很大的危害。所以，善于用兵的人，取胜于敌军展开阵势之前；善于消除祸患的人，能够制止祸患于萌芽之前；善于打胜仗的人，能让敌人看不见他取胜的痕迹；最高明的战法是不战而屈人之兵。所以，用拼死力战，在白刃战中取胜的将领不是最好的将领；在失利后再设防加强守备的人，不是最聪明的人；智谋一般的人，不能称为国师；技艺与一般人相同的人，不能称为国家的能工巧匠。军事上最重要的莫过于克敌制胜；指挥上最重要的莫过于严守军事机密；行动上最重要的莫过于出其不意；谋略上最重要的莫过于不被敌人识破。凡是先胜的，都是先示弱于敌，而后攻敌，这样就可以事半功倍。

【原文】

"圣人征于天地之动[1]，孰知其纪[2]。循阴阳之道而从其候，当天地盈缩[3]，因以为常。物有死生，因天地之形[4]。故曰，未见形而战，虽众必败。

【注释】

[1]征：应验、验证的意思。
[2]孰：即"熟"，熟悉、熟习，此处指反复探索。
[3]天地盈缩：指自然界盛衰变化，如四季的更替、日升月落等。
[4]形：指盈缩变化的征兆。

【译文】

"圣人观察天地的变化，来验证自己的决策，熟悉其中的规律，凭借阴阳的相互转化、季节的变化、昼夜的长短相机而动；能够以日月、天地运行的规律作为用兵的依据；万物的生灭，是随着天地的变化而变化的。所以，没有见到天地万物变化征兆就去贸然作战的国家，即使兵多将广，也必定要失败。

【原文】

"善战者，居之不挠，见胜则起，不胜则止。故曰，无恐惧，无犹豫。用兵之害，犹豫最大。三军之灾，莫过狐疑。善战者见利不失，遇时不疑。失利后时，反受其殃。故智者从之而不释[1]，巧者一决而不犹豫。是以疾雷不及掩耳，迅电不及瞑目。赴之若惊，用之若狂，当之者破，近之者亡，孰能御之？

【注释】

[1]释：放开，放弃。

【译文】

"善于用兵作战的人，能坚持自己的主见不会为表象所干扰，看到有利的战机就立即出兵，没有取胜的把握就立即停止。所以，与敌军作战无所畏惧、无所犹豫。用兵的害处，犹豫最大。三军的灾祸，莫过于狐疑。善于用兵作战的人，看到有利的战机不会放过，遇到有利的时机不会迟疑。如果放过有利战机再采取行动，反而会使自己遭殃。因此，明智的将帅抓住战机就不放过，灵巧的将帅一旦决定就不犹豫。这样的军队行动起来才能像迅雷使人来不及掩耳，像闪电使人来不及闭上眼睛。军队赴前线时如同惊马奔驰，打起仗来好似狂暴之士；阻挡它前进的被击破，接近它的必遭灭亡，谁能抵御得了这样的军队呢？

【原文】

"夫将有所不言而守者，神也[1]；有所不见而视者，明也。故知神明之道者，野无衡敌[2]，对无立国。"

武王曰："善哉！"

【注释】

[1]守：镇静自守，这里有老谋深算的意思。
[2]衡（hèng）：通"横"，强横。

【译文】

"将帅有所不言而镇静自守的，可称为'神'，一般人尚未发现的规律他能看出端倪的，可叫作'明'。将帅能明白神明之道，在他面前就既没有强横的敌人，也没有敢于与之对抗的敌国了。"

周武王说："您说得真是太深刻了。"

奇兵第二十七

【原文】

武王问太公曰："凡用兵之道，大要何如？"

太公曰："古之善战者，非能战于天上，非能战于地下，其成与败，皆由神势[1]。得之者昌，失之者亡。

"夫两陈之间，出甲陈兵，纵卒乱行者，所以为变也。深草蓊翳者，所以逃遁也。溪谷险阻者，所以止车御骑也。隘塞山林者，所以少击众也。坳泽窈冥者，所以匿其形也。清明无隐者，所以战勇力也。疾如流矢、如发机者，所以破精微也。诡伏设奇，远张诳诱者[2]，所以破军擒将也。四分五裂者[3]，所以击圆破方也[4]。因其惊骇者，所以一击十也。因其劳倦暮舍者，所以十击百也。奇伎者[5]，所以越深水、渡江河也。强弩长兵者，所以逾水战也。长关远候[6]，暴疾谬遁者[7]，所以降城服邑也。鼓行喧嚣者，所以行奇谋也。大风甚雨者，所以搏前擒后也。伪称敌使者，所以绝粮道也。谬号令[8]与敌同服者，所以备走北也。战必以义者，所以励众胜敌也。尊爵重赏者，所以劝用命也。严刑罚者，所以进罢怠也[9]。一喜一怒，一与一夺，一文一武，一徐一疾者，所以调和三军，制一臣下也。处高敞者，所以警守也。保险阻者，所以为固也。山林茂秽者[10]，所以默往来也[11]。深沟高垒，积粮多者[12]，所以持久也。

【注释】

〔1〕神势：指神秘莫测的战争形势。

〔2〕远张：指虚张声势。诳诱：诓骗引诱。

〔3〕四分五裂：指分散兵力，毫无章法。

〔4〕圆：圆形军阵。方：方形军阵。

〔5〕奇伎：指各种奇妙的渡河手段。伎：通"技"。

〔6〕长关：在远方要害处设置的关卡。远候：派出远程侦察人员。

〔7〕暴疾：指军队行动迅速。谬遁：佯装撤退。

[8] 谬号令：使用虚假的号令。
[9] 罢（pí）：通"疲"。
[10] 茂秽：草木丛生之地。
[11] 默：隐蔽。往来：指军队的行动。
[12] 积：原文脱，据《武经七书直解》补。

【译文】

周武王问姜太公说："大凡用兵的原则，有哪些要旨呢？"

姜太公回答："古时善于用兵的将领，并非能够上天入地地去作战。在战争中失败或胜利，取决于能否适应神秘莫测的战争态势。能掌握这种战争态势的，就能作战胜利；不能掌握这种战争态势的，就会作战失利。

"两军对峙之时，阵前故意随意放置盔甲兵器，使士卒故意乱行，队列不整，用以迷惑敌人，以便采取出其不意的行动。把军队布置在繁密的深草之中，是为了便于后退撤走。把军队布置在深谷险阻之地，是为了防御敌人车兵和骑兵的进攻。把军队布置在道路狭隘的山林之中，是为了以少胜多。把军队布置在地势低洼昏暗之处，是为了隐蔽军队的阵列。将军队暴露在外，没有任何隐蔽，是为了同敌人展开搏斗。军队发起攻击，像流矢一样迅速，打击敌人如扣动弩机的节奏，如此，是为了打破敌人的精妙布置。巧妙地设下埋伏，设置奇兵，虚张声势，诱使敌军上当，是为了击破敌军擒其将帅。将军队分成许多部分，是为了击破敌军的方阵或圆阵。乘敌人受惊、心神不定的时候发动进攻，就可以做到以一击十。趁敌人困倦、宿营时发动进攻，就可以做到以十击百、以少胜多。用各种精妙的渡河手段，也就是为了涉过深水、江河。使用强有力的弓弩和长兵器，是为了渡河与敌人作战。在距离防守敌军较远处设置封锁路口的关卡，派人侦察探视，然后假装急速退兵，使敌军判断失误，这样我军就可以攻破敌城，迫使敌军投降。行军时虚张声势，用于迷惑敌人，是为了施行巧计。疾风暴雨交加之时向敌军进攻，表面上是攻其正面，实际上另派奇兵袭击敌人后部。派人假扮敌军官吏，深入敌人后方，是截断敌人粮道的方法。诈用敌人的号令，穿敌人的衣服，是为了准备退走。战争用正义的旗号，这样能够激励全军鼓起士气来战胜敌人。对立功的人给予重赏，是为

其成与败，皆由神势，得之者昌，失之者亡

了激励那些听命效力的人。对违法之人进行严惩，是为了警戒那些疲怠怠惰的将士，促其上进。时而喜悦，时而愤怒；时而乐于施给，时而残酷掠取；时而宽松，时而威猛；时慢时快，这样做是为了使全军行动协调一致。把军队驻扎在高阔平整的地区，是为了警戒方便。把军队驻扎在地形险要的地方，是为了便于坚固防守。把军队驻扎在草木繁茂的山林之中，是为了使军队便于暗中往来，秘密调动。挖掘壕沟，修筑高墙，积存粮草，是用来准备持久作战的。

【原文】

"故曰，不知战攻之策，不可以语敌。不能分移[1]，不可以语奇。不通治乱[2]，不可以语变。故曰，将不仁，则三军不亲。将不勇，则三军不锐。将不智，则三军大疑。将不明，则三军大倾[3]。将不精微，则三军失其机。将不常戒，则三军失其备。将不强力，则三军失其职。故将者，人之司命，三军与之俱治，与之俱乱。得贤将者，兵强国昌，不得贤将者，兵弱国亡。"

武王曰："善哉！"

【注释】

〔1〕分移：分散机动，此泛指机动灵活地指挥军队。
〔2〕治乱：军纪严整与混乱涣散，此泛指治军方法。
〔3〕倾：倾倒，此指失败。

【译文】

"所以说，如主将不明白作战进攻的策略，就不值得同他商讨对敌的办法；如果主将不懂得机动灵活地指挥军队，就不足与他商议出奇制胜之策；如果主将不能掌握治军的方法，就不足与他商议权变之策。因此，如果主将不仁爱，那么三军将士就不会关系亲密；如果主将不勇敢，那么全军就全无锐气，丧失战斗力；如果主将缺少智谋，那么全军将士就会军心不稳；如果主将不能明察是非，那么全军就会遭遇大败；如果主将在战略上不精细微妙，那么全军就会坐失战胜敌人的良机；如果主将不时常戒备，那么全军就会丧失警备；如果主将没有威严魄力，那么全军将士就会懈怠，职守不严。所以，主将是掌握全军命运的人，三军的治乱安危是与主将的能力联系在一起的。国君如能得到贤将，军事就会强大，国力就会增强；国君如不能得到贤将，国家就会灭亡。"

周武王说："您说得真是太深刻了！"

五音第二十八

【原文】

武王问太公曰:"律音之声,可以知三军之消息[1]、胜负之决乎?"

太公曰:"深哉!王之问也。夫律管十二[2],其要有五音:宫、商、角、徵、羽[3],此其正声也,万代不易。五行之神,道之常也,可以知敌。金、木、水、火、土,各以其胜攻之。

【注释】

[1]消息:消长,盛衰。

[2]律管十二:古代正音的乐器,用竹、玉或铜制成,共十二管,按音阶由高到低依次为黄钟、大吕、太簇、夹钟、姑洗、仲吕、蕤宾、林钟、夷则、南吕、无射、应钟。

[3]宫、商、角、徵、羽:我国古代的五个音阶。

【译文】

周武王问姜太公说:"从音乐的声音中,可以知晓军队的盛衰,判断战争的胜负吗?"

姜太公说:"君王您问的这个问题深奥啊!十二律音主要有五个基本音阶:宫、商、角、徵、羽,这是音律中的纯正之声,千年万代也不会改变的。五行相生相克,神妙无比,是天地变化的自然法则,由此可以推知敌情的变化。金、木、水、火、土,各以其相互生克取胜。

五行之神,道之常也,可以知敌

【原文】

"古者三皇之世，虚无之情[1]，以制刚强。无有文字，皆由五行。五行之道，天地自然。六甲之分[2]，微妙之神。其法：以天清静，无阴云风雨，夜半，遣轻骑往至敌人之垒，去九百步外，偏持律管当耳，大呼惊之，有声应管，其来甚微。角声应管，当以白虎[3]；徵声应管，当以玄武[4]；商声应管，当以朱雀[5]；羽声应管，当以勾陈[6]；五管声尽不应者宫也，当以青龙[7]。此五行之符，佐胜之征，成败之机。"

武王曰："善哉！"

太公曰："微妙之音，皆有外候。"

武王曰："何以知之？"

太公曰："敌人惊动则听之。闻枹鼓之音者，角也；见火光者，徵也；闻金铁矛戟之音者，商也；闻人啸呼之音者，羽也；寂寞无闻者，宫也。此五者，声色之符也。"

【注释】

[1] 虚无：清静无为，以无为致无不为。

[2] 六甲：指甲子、甲戌、甲申、甲午、甲辰、甲寅六个以甲为首的地支。

[3] 白虎：中国古代神话中的西方庚申金星神。

[4] 玄武：中国古代神话中的北方壬癸水星神。

[5] 朱雀：中国古代神话中的南方丙丁火星神。

[6] 勾陈：中国古代神话中的中央戊己土星神。

[7] 青龙：中国古代神话中的东方甲乙木星神。

【译文】

"古时三皇用清静无为克制刚强。那时没有文字，一切都以五行相生相克行事。五行生克的法则是天地演变的自然法则。六甲干支之分是非常深奥玄妙的。其方法是：当天气晴朗、没有阴云风雨的时候，半夜派遣轻骑前往敌人营垒，距敌九百步外，侧拿着律管对准耳朵，对敌营大声疾呼，以惊动敌人。会有从敌方传来的声音反应到管中，发出很微弱的声音。如果有角声回应于律管中，白虎神当位，就应从西方去攻打敌人；如果有徵声回应于律管中，玄武神当位，就应从北方去攻打敌人；如果有商声回应于律管中，朱雀神当位，就应从南方去攻打敌人；如果有羽声回应于律管中，勾陈神当位，就应从中央去攻打敌人；所有律管都没有回声是宫声的反应，青龙神当位，就应从东方去攻打敌人。这是五行相生相克、辅助制胜的象征，兵家胜败的关键。"

周武王说："太妙了！"

姜太公说："微妙的律音，都有流露于外的关于敌情的征兆！"

周武王说："如何才能知晓呢？"

姜太公说："当敌人受到惊动时，就细心听。听到鼓声，就是角声的反应；见到火光，就是徵声的反应；听到金属矛戟撞击的声音，就是商声的反应；听到敌人呼啸的声音，就是羽声的反应；敌人寂静无声，就是宫声的反应。这五种情形说明五种音律与外在的音色是相符合的。"

兵征第二十九

【原文】

武王问太公曰："吾欲未战先知敌人之强弱，预见胜负之征，为之奈何？"

太公曰："胜负之征，精神先见，明将察之，其败在人。谨候敌人出入进退，察其动静，言语妖祥[1]，士卒所告。凡三军悦怿，士卒畏法，敬其将命，相喜以破敌，相陈以勇猛，相贤以威武，此强征也；三军数惊，士卒不齐，相恐以敌强，相语以不利，耳目相属[2]，妖言不止，众口相惑，不畏法令，不重其将，此弱征也；三军齐整，陈势已固，深沟高垒，又有大风甚雨之利，三军无故[3]，旌旗前指，金铎之声扬以清，鼙鼓之声宛以鸣[4]，此得神明之助，大胜之征也；行陈不固，旌旗乱而相绕[5]，逆大风甚雨之利，士卒恐惧，气绝而不属[6]，戎马惊奔，兵车折轴，金铎之声下以浊，鼙鼓之声湿如沐[7]，此大败之征也。

【注释】

〔1〕妖祥：意为凶兆与吉兆。

〔2〕耳目相属：指士兵相互探听消息。

〔3〕无故：平静无事，这里指不待命令而行动。

〔4〕鼙：小鼓。鼓：大鼓。

〔5〕乱而相绕：指旌旗纷乱，相互缠绕。

〔6〕不属：不相连接，引申为涣散。

〔7〕湿如沐：指战鼓被淋湿后声音沙哑低沉。

胜负之证，精神先见

【译文】

周武王问姜太公说:"我要在尚未交战时,知晓敌人的强弱,预见胜败的征兆,应该怎么办?"

姜太公说:"胜败的征兆,首先是从两军官兵的精神上表现出来的。明智的将帅能够察觉它,但能否根据征兆打败敌人,则在于人的主观观察。谨慎地侦察敌人出入进退的情况,观察它的动静,考察其言语所预示的吉兆、凶兆,分析士卒们相互议论的事情。凡是三军上下喜悦,士卒畏惧执法,尊敬将帅,相互间为破敌而高兴,相互传颂勇猛杀敌的事迹,赞美威武勇敢的将士,都是军队战斗力强的征兆。三军不断地受惊吓,将士军容不整,相互以敌人的强悍来恐吓,相互传播不利于战斗的消息,相互探听消息,谣言不止,将士互相欺蒙,不畏惧法令,不尊重将帅,这是军队虚弱无力的征兆。三军上下步调一致,阵势坚固,深沟高垒,又在大风大雨中处于有利地势,三军不待命令而旌旗前指,金铎之声高扬而清晰,鼙鼓之声婉转而响亮,这些都是得到神明的帮助,将要取得大胜的征兆。行阵不稳固,旌旗纷乱且互相缠绕,又逆着暴风骤雨的不利条件,士卒恐惧,士气衰竭,精神涣散,战马四处乱跑,兵车折断了车轴,金铎之声低沉而浑浊,鼙鼓之声沉闷而不响,这是军队大败的征兆。

【原文】

"凡攻城围邑:城之气色如死灰,城可屠;城之气出而北,城可克;城之气出而西,城必降;城之气出而南,城不可拔;城之气出而东,城不可攻;城之气出而复入,城主逃北[1];城之气出而覆我军之上,军必病;城之气出高而无所止,用日长久。凡攻城围邑,过旬不雷不雨,必亟去之,城必有大辅。此所以知可攻而攻,不可攻而止。"

武王曰:"善哉!"

【注释】

[1]城主:指守城的主将。

【译文】

"攻城围邑的主要征兆是:城上的云气是死灰色,说明城可被毁灭;城上的云气出城北走,说明该城可以攻破;城上的云气出城西走,说明城中敌人必定投降;如城中的云气出而向南,城就坚不可破;如果城上的云气出而向东,说明该城不可进攻;如果城上的云气出而又入,守城的主将必然逃跑;城上的云气出而覆盖我阵地之上,对我军必定不利;城上的云气高升而不停止,是战争旷日持久的征兆。凡攻城围邑,如果超过十天不打雷下雨,就应迅速撤去，因为这表明城中必定有高明的人辅佐。这就是知道可以攻就攻、不可攻就停止的道理了。"

周武王说："您讲得真是太深刻了！"

农器第三十

【原文】

武王问太公曰："天下安定，国家无事[1]，战攻之具[2]，可无修乎[3]？守御之备，可无设乎？"

【注释】

〔1〕事：指战事，战争。
〔2〕战攻之具：进攻作战的武器装备。
〔3〕修：修造，整治。

【译文】

周武王问姜太公说："天下安定，国家没有战事，那么作战时所用的各种进攻器械，可以不进行整治吗？用于防守抵御的各种武器装备，可以不用筹备了吗？"

【原文】

太公曰："战攻守御之具，尽在于人事。耒耜者[1]，其行马蒺藜也[2]；马牛车舆者，其营垒蔽橹也[3]；锄、耰之具[4]，其矛戟也；蓑薛簦笠者[5]，其甲胄干楯也；镢锸斧锯杵臼[6]，其攻城器也；牛马，所以转输粮用也；鸡犬，其伺候也；妇人织纴[7]，其旌旗也；丈夫平壤，其攻城也；春铍草棘[8]，其战车骑也；夏耨田畴[9]，其战步兵也；秋刈禾薪，其粮食储备也；冬实仓廪[10]，其坚守也；田里相伍[11]，其约束符信也；里有吏[12]，官有长，其将帅也；里有周垣[13]，不得相过，其队分也[14]；输粟收刍[15]，其廪库也；春秋治城郭、修沟渠，其堑垒也。

【注释】

〔1〕耒耜（lěi sì）：中国最古老的农具之一，其状似犁，可以用来翻土，

耒是其柄，耜是其铲，后世亦用耒耜代指所有农具。

[2]行马：亦名拒马，用来阻止敌方车骑冲击的防御器具。蒺藜：用来阻塞道路、设置障碍的一种防御器具。

[3]蔽橹：盾牌之类的遮蔽器具。

[4]耰（yōu）：古代用来碎土平田的一种农具。

[5]蓑（suō）薜：即蓑衣，草编的雨衣。簦（dēng）笠：古代的雨具，簦是有柄的笠，即后代的雨伞，笠就是斗笠。

[6]钁（jué）：大锄。锸（chā）：锹。杵：捣物的棒槌。臼：舂米的器具，中间凹进。

[7]纴（rén）：织布。

[8]钹（pō）：一种割草的农具，此处用为动词，意为割草。

[9]耨（nòu）：锄草。畴：农田。

[10]廪：粮仓。

[11]田里：本篇指农家。相伍：五家为伍。这里指用军队编制来管理农户。

[12]里：古代居民基层行政单位。

[13]周垣（yuán）：四周的围墙。

[14]队分：各部队驻扎和分管的区域。

[15]刍：饲养牲口的草料。

【译文】

姜太公回答："野战、攻城、防守的器械，可在平时结合农事准备。打起仗来，用来翻土的耒耜，可当作抵御敌军的行马和木蒺藜。牛车、马车，可当作营垒和遮掩防身的大盾牌。锄头和耰，可当作矛和戟。蓑衣、雨伞和斗笠，可当作护身服、头盔和盾。钁头、铁锹、斧、锯和杵臼，都可当作攻城时使用的武器。牛马，可用来转运军粮。鸡犬，可用来报时和警戒。妇女从事纺织的手艺，可用于制造旌旗。男人对土地进行平理修整的技术，可用于战时攻城。春天时铲除杂草荆棘，等于同兵车骑兵作战。夏天时除去田地中的野草，可运用于步兵作战。秋天时收割庄稼与砍伐柴木，等于军队中的粮草储备。冬天时要充实粮仓，等于准备好进行长期的坚固防守。农户要编制户籍，进行管理，组织起来，就相当于军队的编制，并使用号令统一行动。每一里

战攻守御之具，尽在于人事

设有吏，上面还设有官长，他们就相当于军队中的将帅。每一里的周围建有低矮的墙，它们之间的界线不可随意越过，相当于军队中分配不同的编制，不得相互混淆。输送粮食，储藏草料，相当于充实粮仓府库。春秋之时修筑城墙，疏通沟渠，相当于战时的修壁垒壕沟。

【原文】

"故用兵之具，尽在于人事也。善为国者，取于人事。故必使遂其六畜，辟其田野，安其处所，丈夫治田有亩数[1]，妇人织纴有尺度[2]。其富国强兵之道也。"

武王曰："善哉！"

【注释】

[1]治田：耕田，种田。
[2]尺度：规定的长度数量。

【译文】

"所以说用兵的器械，都可在平时结合农事准备。善于管理国家的，就充分利用农户所从事的日常劳动。所以必须保证人民喂养的六畜能够顺利生长，必须保护人民适时地开垦田地，必须为人民规划好居住的场所。男子耕种田地有额定亩数，妇女纺织布帛有额定尺数。这些都是富国强兵的根本方法。"

周武王说："您讲得真是太好了！"

虎韜

军用第三十一

攻守之具，各有科品，兵之大威

【原文】

武王问太公曰："王者举兵，三军器用，攻守之具，科品[1]众寡，岂有法乎？"

太公曰："大哉！王之问也。夫攻守之具，各有科品，此兵之大威也。"

【注释】

[1]科品：种类。

【译文】

周武王问姜太公说："国君发动战争，全军所用的武器，攻守的各种器械，种类与数量，是不是有一定的标准？"

姜太公回答："您问的这个问题十分重要！军队中用来攻守的器械，种类各样，这关系到全军的战斗力。"

【原文】

武王曰："愿闻之。"

太公曰："凡用兵之大数，将甲士万人，法用武冲大扶胥三十六乘[1]，材士强弩矛戟为翼，一车二十四人推之。以八尺车轮，车上立旗鼓，兵法谓之震骇，陷坚陈，败强敌。武翼大橹矛戟扶胥七十二具[2]，材士强弩矛戟为翼，以五尺车轮，绞车连弩自副[3]，陷坚陈，败强敌。提翼小橹扶胥一百四十具[4]，绞车连弩自副，以鹿车轮[5]，陷坚陈，败强敌。

【注释】

[1]武冲大扶胥：大型战车，左右装有防护盾牌。

[2]武翼大橹矛戟扶胥：装备大型防护盾牌及矛戟等兵器的战车。

[3]绞车：一种以机械力张开强弩的器械。连弩：可连续发射的弓弩。

〔4〕提翼小橹扶胥：装备小型防护盾牌的战车。
〔5〕鹿车：以人力推拉的独轮车。

【译文】

周武王说："我愿意听您详加陈述。"

姜太公回答："大凡用兵作战，所使用的武器装备是有一个标准的，以统率甲士万人的标准核定，应该有如下标准。三十六辆武冲大扶胥，由勇敢精锐的兵士持强弩和矛戟在两侧进行护卫，每车有二十四人推行，高达八尺的车轮需使用人力推动，车上置有旗鼓，便于进行指挥，兵法中称这类兵车为震骇，可用它攻取坚固的阵地，打败凶猛的敌人。七十二辆武翼大橹矛戟扶胥，两侧也是由勇猛精锐的兵士持强弩和矛戟进行护卫，车轮五尺高，车上配有作为辅助装备的绞车和连弩，可用来攻破坚固的阵地，打败凶猛的敌人。一百四十辆提翼小橹扶胥，车上设有绞车、连弩作为辅助装备，装独轮，也可用来攻破坚固的阵地，击败强大的敌人。

【原文】

"大黄参连弩大扶胥三十六乘[1]，材士强弩矛戟为翼，飞凫、电影自副[2]。飞凫赤茎白羽，以铜为首；电影青茎赤羽，以铁为首。昼则以绛缟，长六尺，广六寸，为光耀；夜则以白缟，长六尺，广六寸，为流星。陷坚阵，败步骑。大扶胥冲车三十六乘，螳螂武士共载[3]，可以击纵横，可以败敌。辎车骑寇[4]，一名电车，兵法谓之电击，陷坚阵，败步骑寇夜前来[5]。矛戟扶胥轻车一百六十乘，螳螂武士三人共载，兵法谓之霆击，陷坚阵，败步骑。

【注释】

〔1〕大黄参连弩大扶胥：装备有大黄和连弩的大型战车。大黄：强弩名。参：掺和，掺杂。
〔2〕飞凫、电影：两种旗帜的名称。
〔3〕螳螂武士：勇武之士的称呼，谓如螳螂般奋勇无畏。
〔4〕辎车骑寇：一种轻快的车骑部队。辎：疑当作"轻"，因形近而误。骑寇：指乘夜偷袭劫营的轻骑部队。
〔5〕寇夜前来：疑为衍文。

【译文】

"三十六辆大黄参连弩大扶胥战车，由勇猛精锐的兵士持强弩和矛戟在两侧进行护卫，车上设置了'飞凫''电影'两种旗帜。飞凫，红杆白缨，用铜作杆头。电影，青杆红缨，用铁作杆头。白天车上飘着红绢，长六尺，宽六寸，称作'光耀'；夜晚车上飘着长六尺、宽六寸的白绢，称作'流星'。可用来攻取牢固的阵地，击败强大的步兵和骑兵。三十六辆大扶胥冲车，车上配有威猛的'螳螂武士'，这种车可以横冲直撞，击败强大的敌人。'辎车骑寇'这种战车又叫'电光'，兵法上称之为'电击'，可用来攻破牢固的阵地，击败夜晚前来偷袭的敌方步兵和骑兵。一百六十辆矛戟扶胥轻车，车上有三名威猛的'螳螂武士'，兵法上称这种车为'霆击'，可用来攻破牢固的阵地，击败敌军的步兵和骑兵。

【原文】

"方首铁棓维盼[1]，重十二斤，柄长五尺以上，千二百枚，一名天棓；大柯斧[2]，刃长八寸，重八斤，柄长五尺以上，千二百枚，一名天钺；方首铁锤，重八斤，柄长五尺以上，千二百枚，一名天锤。败步骑群寇。飞钩[3]长八寸，钩芒长四寸[4]，柄长六尺以上，千二百枚，以投其众。

【注释】

〔1〕棓（bàng）：通"棒"。盼（bān）：通"颁"，大头状。
〔2〕柯：斧柄。大柯斧：长柄大斧。
〔3〕飞钩：古兵器名，有铁索相连，可投入敌群，钩击敌人。
〔4〕芒：锋芒，此指钩刃。

【译文】

"方头大铁棒，十二斤重，柄长五尺以上，有一千二百枚，又称'天棓'；大柄的斧子，斧刃长八寸，八斤重，柄长五尺以上，总共一千二百把，又称'天越'；方头的铁锤，八斤重，柄长五尺以上，总共一千二百把，又称作'天锤'。这些武器可以用来击败敌人成群的步兵和骑兵。飞钩，长八寸，钩芒长四寸，柄长六尺以上，可以通过投掷来击伤敌兵。

【原文】

"三军拒守，木螳螂剑刃扶胥[1]，广二丈，百二十具，一名行马，平易地，以步兵败车骑。木蒺藜，去地二尺五寸，百二十具，败步骑，要穷寇，遮走北。轴旋短冲矛戟扶胥[2]，百二十具，黄帝所以败蚩尤氏[3]，败步骑，要穷寇，遮走北。狭路微径，张铁蒺藜，芒高四寸，广八寸，长六尺以上，千二百具，败步骑。突暝前来促战[4]，白刃接，张地罗[5]，铺两镞蒺藜[6]，参连织女[7]，芒间相去二寸，万二千具。旷野草中，方胸铤矛[8]，千二百具。张铤矛法，高一尺五寸，败步骑，要穷寇，遮走北。狭路微径地陷，铁械锁参连，百二十具，败步骑，要穷寇，遮走北。

【注释】

〔1〕木螳螂剑刃扶胥：一种用于防御的战车，装有尖刃向前，如螳螂举臂，可防止敌骑兵冲突。

〔2〕轴旋短冲矛戟扶胥：一种便于旋转装有冲角和矛戟的战车，用于防御。

〔3〕蚩尤氏：传说中九黎部族的首领，在与黄帝部落争夺中原的战争中，被黄帝战败。

〔4〕暝（míng）：晦暝，日落天黑。

〔5〕地罗：安设在地上的网状障碍物。

〔6〕两镞蒺藜：带两个尖刺的铁蒺藜。镞：箭头。

〔7〕参连织女：将许多蒺藜连缀在一起的障碍物。织女：蒺藜的一种。

〔8〕方胸：谓柄与头的结合处为方形。铤：短柄小矛。

狭路微径地陷，铁械锁参连

【译文】

"军队中用来御敌坚守的器械有如下几种。木螳螂剑刃扶胥，有两丈宽，共一百二十辆，又称为'行马'，在宽阔的平地上，用它来击毁挫败敌军的兵车和骑兵。木蒺藜，设置这种障碍物时要让它高于地面二尺五寸，共一百二十具，可用来打败敌军的步兵和骑兵，拦截穷途末路、奔走逃窜的敌人。轴旋短冲矛戟扶胥，共一百二十辆，当年黄帝就是用它来大败蚩尤氏的，它能够用来击败步兵和骑兵，阻挡、攻击穷途末路、奔走逃窜的敌人。作战时，遇上狭窄道路，铺设铁蒺藜，刺长四寸长，宽达八寸，铁蒺藜的长度达到六尺，总共一千二百具，可用来打败步兵和骑兵。天黑之时敌人前来交战，敌我双方白刃相接，可在此时铺设地网，放置两镞蒺藜，织女也置于其间，刺之间的距离为两寸，共一万二千个。在空旷广阔的原野上，适合使用方胸铤矛，一共一千二百支。放置铤矛的方法，是使矛尖距离地面一尺五寸，可用来打败步兵和骑兵，阻拦、攻击穷途末路、奔走逃窜的敌人。在狭窄的小道上，可设置铁械锁参连，一共一百二十条错节相连的锁链，可用来打败步兵和骑兵，拦截、攻击穷途末路、奔走逃窜的敌人。

【原文】

"垒门拒守[1]，矛戟小橹十二具[2]，绞车连弩自副。三军拒守，天罗虎落锁连[3]，一部广一丈五尺，高八尺，百二十具。虎落剑刃扶胥[4]，广一丈五

尺，高八尺，五百二十具。

【注释】

〔1〕垒门：营门。
〔2〕矛戟小橹：配备有矛、戟和小型盾牌的防御性战车。
〔3〕天罗：悬挂于空中、上有钩刺的网。虎落：竹篱笆。锁连：即锁链。
〔4〕虎落剑刃扶胥：四周有遮蔽、上装剑刃向外的防御性战车。

【译文】

"在营房门口用于御敌防守的兵械有如下几种：十二辆矛戟小橹，附设绞车、连弩。军队驻守时，可配备：宽为一丈五尺，高为八尺的天罗虎落锁链，共一百二十具；还可配置宽为一丈五尺，高达八尺的虎落剑刃扶胥，共一百二十辆。

【原文】

"渡沟堑，飞桥[1]，一间广一丈五尺，长二丈以上，着转关辘轳八具[2]，以环利通索张之[3]。渡大水，飞江[4]，广一丈五尺，长二丈以上，八具，以环利通索张之。天浮铁螳螂[5]，矩内圆外，径四尺以上，环络自副，三十二具。以天浮张飞江，济大海[6]，谓之天潢[7]，一名天舡。

【注释】

〔1〕飞桥：可架设于壕沟之上的折叠渡桥。
〔2〕转关辘轳：可将飞桥拉起或放下的起重装置。
〔3〕环利通索：即连环的铁锁链。
〔4〕飞江：可架设于江河之上的浮桥。
〔5〕天浮：助浮器材。铁螳螂：连接和固定浮桥的装置。
〔6〕大海：疑为"大江"之误。
〔7〕天潢：星宿名，此指大船。

【译文】

"渡沟堑器具：飞桥，宽为一丈五尺，长两丈以上，配备转关辘轳八架，可使用连环铁锁链架设。渡大江大河时，应配备：飞江浮桥，宽为一丈五尺，长达二丈以上，一共八架，可使用连环铁锁链架设。天浮与铁螳螂，为内方外圆形，直径四尺以上，置有铁环绳索等辅助装置，一共三十二具。用天浮铁螳螂连接飞江，能渡过大江，称作'天潢'，又叫作'天舡'。

【原文】

"山林野居，结虎落柴营[1]，环利铁锁，长二丈以上，千二百枚。环利大通索，大四寸，长四丈以上，六百枚。环利中通索，大二寸，长四丈以上，二百枚。环利小徽缧[2]，长二丈以上，万二千枚。天雨盖重车上板，结枲钼铻[3]，广四尺，长四丈以上，车一具，以铁杙张之[4]。伐木大斧，重八斤，柄长三尺以上，三百枚。棨钁[5]，刃广六寸，柄长五尺以上，三百枚。铜筑固为垂[6]，长五尺以上，三百枚。鹰爪方胸铁杷[7]，柄长七尺以上，三百枚。方胸铁叉，柄长七尺以上，三百枚。方胸两枝铁叉，柄长七尺以上，三百枚。芟草木大镰[8]，柄长七尺以上，三百枚。大橹刀[9]，重八斤，柄长六尺，三百枚。委环铁杙[10]，长三尺以上，三百枚。椓杙大锤[11]，重五斤，柄长二尺以上，百二十具。

【注释】

〔1〕虎落柴营：有栅栏等掩护物围绕的军营。

〔2〕缧（léi）：绳索，此指铁索。

〔3〕结枲钼铻：似指将麻丝捆扎在大木板上，呈栉齿状，制成覆盖战车的遮雨板，麻不易腐蚀，且可防裂。枲（xǐ）：麻。钼铻：排列成栉齿状。

〔4〕铁杙（yì）：铁桩。

〔5〕棨钁（qǐ jué）：大锄。

〔6〕筑：杵。垂：环，耳。

〔7〕鹰爪：谓耙头如鹰爪。杷：耙。

〔8〕芟（shān）：割草。

〔9〕大橹刀：大砍刀。

〔10〕委环铁杙：带环的铁桩。

〔11〕椓杙大锤：用来钉铁桩子的大锤。椓（zhuó）：击。

【译文】

"军队在山林野外露营，应构筑虎落柴营，所需器具为环利铁锁，长二丈以上，共一千二百条。环利大通索，宽四寸，长四丈以上，共六百条。环利中通索，宽两寸，长四丈以上，共二百条。环利小徽缧，长二丈以上，共一万两千条。天雨盖，也就是在重型兵车顶上覆盖木板，再盖上麻绳结成的帆布，排列为齿状，立于营房前，每块板宽四尺，长四丈以上，每辆兵车上一块，用铁桩子固定。伐木大斧，重达八斤，柄长三尺以上，一共三百把。棨钁，刃宽六寸，柄长五尺以上，一共三百把。铜筑固为垂，长为五尺，一共三百个。鹰爪方胸铁杷，柄长为七尺以上，一共三百把。方胸铁叉，柄长为七尺以上，一共三百把。方胸两枝铁叉，柄长为七尺以上，一共三百把。用于清除草木用的大镰，柄长为七尺以上，一共三百把。大橹刀，重八斤，柄长为六尺，一共三百把。上连有铁环的铁桩子，长三尺以上，一共三百个。砸击木桩用的大锤，重五斤，柄长二尺以上，一共一百二十把。

【原文】

"甲士万人，强弩六千，戟楯二千，矛楯二千[1]。修治攻具，砥砺兵器[2]巧手三百人。此举兵军用之大数也。"

武王曰："允哉！"

【注释】

[1]楯（dùn）：大盾。

[2]砥砺（dǐ lì）：磨刀石，本篇指使兵器锋利，磨砺，磨快。

【译文】

"甲士万人的部队，配备六千张强弩，两千套戟橹，另外两千套矛和盾。而且，修理工具和磨快兵器的工匠三百名。我以上所说的这些，就是兴兵打仗时所需各种兵械的大致数目。"

周武王说："确实是这样啊！"

三陈第三十二

【原文】

武王问太公曰："凡用兵为天陈[1]、地陈[2]、人陈[3]，奈何？"

【注释】

[1]天陈：依照天象布列阵势。

[2]地陈：依照地形布列阵势。

[3]人陈：根据人事为阵。

【译文】

周武王问姜太公说："用兵布阵时所谓的天阵、地阵、人阵，是怎么回事呢？"

【原文】

太公曰："日月、星辰、斗杓[1]，一左一右，一向一背，此谓天陈；丘陵水泉，亦有前后左右之利，此谓地陈；用车用马，用文用武[2]，此谓人陈。"

武王曰："善哉！"

【注释】

〔1〕斗杓：即斗与杓，斗即斗魁，杓即斗柄。这是对北斗星形状的描绘。
〔2〕用文用武：指或斗计谋，或拼勇力。

【译文】

姜太公说："天上有日月星辰，以北斗星可辨明方向，以它们在我军的前后左右运行情况及相互关系来布阵的，就叫作天阵；以丘陵、水泉及前后左右的地形条件来布阵，就叫作地阵；以所使用的兵种，是用计谋还是用勇力的不同来布阵，就叫作人阵。"

周武王说："您讲得太妙了！"

疾战第三十三

【原文】

武王问太公曰："敌人围我，断我前后，绝我粮道，为之奈何？"

太公曰："此天下之困兵也[1]。暴用之则胜[2]，徐用之则败。如此者，为四武冲陈[3]，以武车骁骑[4]惊乱其军而疾击之，可以横行。"

武王曰："若已出围地，欲因以为胜，为之奈何？"

太公曰："左军疾左，右军疾右，无与敌人争道，中军迭前迭后。敌人虽众，其将可走。"

【注释】

〔1〕困兵：指处境困难的军队。
〔2〕暴：迅速勇猛。
〔3〕四武冲陈：四面都用戎车部队进行警戒的战斗阵形。武冲，即前《军用》篇所提到的武冲大扶胥。
〔4〕武车：指各类兵车。骁骑：勇猛善战的骑兵。

左军疾左，右军疾右，无与敌人争道

【译文】

周武王问姜太公说："敌人从四面八方包围我军，切断我军的联系，断绝了我军的粮道，该如何处置呢？"

姜太公说："这是处境最困难的军队。此时，鼓足勇气、急速行动，就能突围并取得胜利，行动迟缓就会失败。像这样的处境，要把军队布置成'四武冲阵'，前后左右都布置戎车做护卫，先用强大的战车和骁勇的骑兵，打乱敌军的部署，然后迅速突击，这样就可以畅行无阻，突破包围。"

周武王说："如果我军已突出重围，想要乘势击败敌军，取得胜利，该怎么办呢？"

姜太公说："应以我之左军迅速向左发起攻击，我之右军向右发起攻击，不可与敌人争夺道路，并用中军做主力向敌军轮番突击，或击敌前，或抄敌后。这样敌军虽多，也能打败它，使其主将败逃。"

必出第三十四

【原文】

武王问太公曰："引兵深入诸侯之地，敌人四合而围我，断我归道，绝我粮食。敌人既众，粮食甚多，险阻又固。我欲必出，为之奈何？"

太公曰："必出之道，器械为宝，勇斗为首。审知敌人空虚之地，无人之处，可以必出。将士持玄旗[1]，操器械，设衔枚[2]，夜出。勇力、飞足、冒将之士居前，平垒为军开道[3]，材士强弩为伏兵居后，弱卒车骑居中。陈毕徐行，慎无惊骇。以武冲扶胥前后拒守，武翼大橹以备左右[4]。敌人若惊，勇力、冒将之士疾击而前，弱卒车骑以属其后，材士强弩隐伏而处。审候敌人追我，伏兵疾击其后，多其火鼓[5]，若从地出，若从天下。三军勇斗，莫我能御。"

【注释】

〔1〕玄旗：黑旗。夜战用黑旗，便于隐蔽行动。
〔2〕枚：状如筷子，两端有带，可系于颈上。衔枚：士兵口中衔枚，以保持行动隐蔽。
〔3〕平垒：平毁营垒。
〔4〕武翼大橹：战车名，即武翼大橹矛戟扶胥。
〔5〕多其火鼓：此指多点火把，大声鼓噪，以迷惑、震吓敌人。

【译文】

周武王问姜太公说："率领军队深入敌境，敌人从四面将我军合围，并将我军的退路切断，隔断我军的军粮供给。敌军兵多粮足，并且占据险要地势设置了牢固的阵地。此时，我军若想成功突围，该怎么办呢？"

姜太公回答："成功突围的方式，关键在于准备好器械，而以英勇奋战最为重要。若能细心地观察并找到敌人设防薄弱、没人守护的地方，突围成功就可实现。突围时，军中将士都要手拿黑旗，携带器械，嘴里衔枚以禁喧哗，乘夜突围。应挑选那些勇猛威武、腿脚麻利、勇于冒险的士兵充当先锋军，荡平壁垒，为我大军开道，充当伏兵的精兵持强弩位于队伍后部，队伍中间安排疲弱兵士和兵车、骑军。阵列摆好之后，缓缓地开始行动，要谨慎，避免自己队伍中发生混乱。队伍前后都以武冲大扶胥做拒守之用，左右以武翼大橹进行防御。敌人如果被惊动了，发现了我军的意图，先锋军的勇猛威武、富有冒险精神的士兵就应迅速出击，老弱兵士与兵车、骑兵应紧跟随其后，持强弩的精兵隐藏埋伏起来。确实发现敌军前来追击，伏兵就从后面迅速袭击他们的尾部，并且都拿着火把、击起战鼓，使敌军产生我方人数众多的错觉，好像大军突然从地下钻出来，又好像从天而降一样，全军奋力拼杀，这种攻势谁也无法抵挡。"

【原文】

武王曰："前有大水、广堑、深坑，我欲逾渡，无舟楫之备。敌人屯垒[1]，限我军前，塞我归道，斥候常戒[2]，险塞尽守[3]。车骑要我前，勇士击我后，为之奈何？"

太公曰："大水、广堑、深坑，敌人所不守。或能守之，其卒必寡。若此者，以飞江、转关与天潢以济吾军，勇力材士，从我所指[4]，冲敌绝陈，皆致其死[5]。先燔吾辎重，烧吾粮食，明告吏士，勇斗则生，不勇则死。已出者，令我踵军设云火远候[6]，必依草木、丘墓、险阻，敌人车骑必不敢远追长驱。用以火为记，先出者令至火而止，为四武冲陈。如此，则吾三军皆精锐勇斗，

三军皆精锐勇斗，莫我能止。"

武王曰："善哉！"

【注释】

〔1〕屯垒：屯兵于军垒之中，以固守。

〔2〕斥候：警戒、侦察人员。

〔3〕守：原文作"中"，从《武经七书直解》改。

〔4〕从我所指：按命令行动。

〔5〕致其死：拼死作战。

〔6〕踵军：随先头部队或主力部队之后跟进的部队，有时也超越而前，起前后策应作用。云火：烟火。远候：远出的警戒、侦察人员。

【译文】

周武王接着问："如突围时前方有大河、广堑、深坑，我军想要渡过去，又没有准备船只。敌军用于防守的壁垒拦截在前方，又切断了我军退路，敌军的侦察人员时时保持高度警戒，险要之处也都派人把守。他们的兵车、骑兵阻拦我军，派勇士袭击我军后部。遇到这种情况，该怎么办呢？"

姜太公回答："大河、广堑、深坑这些地方，一般是敌人不注意防守的地方，即使设防，人数也不多。遇到这种情况，我军可借助飞江、转关和天潢渡过去。勇猛善战的精兵按照军令指示，径直冲入敌阵，都要竭尽全力决一死战。先焚烧我军的辎重和粮草，明确地告知全军将士，军情紧迫，将士必须英勇作战，才可生存，将士若不英勇作战，必将是死路一条。先头部队脱离险境之后，就命令跟随主力的后继部队燃起大火堆，派人远远地侦察敌情，军队必须利用草木、坟墓等险要地势来打击敌人。敌军派来追击的兵车和骑兵，必定不敢再长驱直追。继而我军就用火堆作为标记，让率先突围的军队到火堆旁就停下，组成四武冲阵。假如能做到这些，只要我三军将士都精锐勇斗，敌人就无法阻止我们突围。"

周武王说："您讲得太深刻了！"

军略第三十五

【原文】

武王问太公曰："引兵深入诸侯之地，遇深溪、大谷、险阻之水，吾三军未得毕济，而天暴雨，流水大至，后不得属于前，无有舟梁之备[1]，又无水草之资[2]。吾欲必济，使三军不稽留，为之奈何？"

【注释】

〔1〕梁：桥梁。
〔2〕水草：此处指用以堵塞水流的稻草。

【译文】

武王问姜太公说："率军深入敌国境内作战，遇到深山险谷中难以通过的河流，我军没有完全渡过时，可是天却降暴雨，洪水大涨，后边的军队与前军被水隔断，而我们既没有船只、桥梁，又没有堵水用的草料物资。我们想要渡过去，使三军将士不滞留在险境，应如何处置呢？"

【原文】

太公曰："凡帅师将众，虑不先设，器械不备，教不素信，士卒不习，若此，不可以为王者之兵也。凡三军有大事，莫不习用器械。攻城围邑，则有轒辒、临冲[1]；视城中，则有云梯、飞楼[2]；三军行止，则有武冲[3]、大橹，前后拒守；绝道遮街，则有材士强弩，卫其两旁；设营垒，则有天罗、武落[4]、行马、蒺藜；昼则登云梯远望，立五色旗旌；夜则设云火万炬，击雷鼓[5]，振鼙铎，吹鸣笳；越沟堑，则有飞桥、转关、辘轳、钽锘；济大水，则有天潢、飞江；逆波上流，则有浮海、绝江[6]。三军用备，主将何忧？"

【注释】

〔1〕临冲：攻城器具名，临车为从上视下的车辆，冲车为冲撞城门之车。
〔2〕飞楼：攻城用的楼车。
〔3〕武冲：即武冲大战车。
〔4〕武落：即虎落，绳索与木桩。

三军用备，主将何忧

［5］雷鼓：古时祭天的鼓，此处指军中使用的大鼓。

［6］浮海、绝江：均为古代的渡河器材。

【译文】

姜太公说："凡将帅统率军队出征，如计划不事先制订，器械不预先准备，平时不训练精良，士卒使用武器不够熟练，这样的军队是不能称为王者之师的。凡军队在重大行动的时候，士卒都要事先学会使用各种器械。如果要攻城围邑，就要用轒辒、临车、冲车；要观察敌人城内的情况，就要用云梯、飞楼；军队进驻、休整，就要用武冲、大橹等战车在前后掩护；断绝交通、阻断街道，就要让勇士持强弩，控制、守卫两侧；设置营垒，就要在四周布设天罗、武落、行马、蒺藜等障碍器材。白天登上云梯远望，设五色旌旗报告敌情；夜晚燃起众多冲天火炬，并击雷鼓，敲动鼙鼓，摇动大铎，吹响胡笳；越沟堑，就要用飞桥、转关、辘轳、钽铻；渡大河，就要用天潢、飞江；逆流而行，就要用浮海、绝江等器材。如果上述军队所需的器械都齐备了，主将还有什么可忧虑的呢！"

临境第三十六

【原文】

武王问太公曰："吾与敌人临境相拒，彼可以来，我可以往，陈皆坚固，莫敢先举。我欲往而袭之，彼亦可来，为之奈何？"

太公曰："分兵三处，令我前军，深沟增垒而无出，列旌旗，击鼙鼓，完为守备；令我后军，多积粮食，无使敌人知我意。发我锐士潜袭其中，击其不意，攻其无备，敌人不知我情，则止不来矣。"

武王曰："敌人知我之情，通我之谋，动而得我事，其锐士伏于深草，要隘路，击我便处，为之奈何？"

太公曰："令我前军，日出挑战，以劳其意；令我老弱，曳柴扬尘[1]，鼓呼而往来[2]，或出其左，或出其右，去敌无过百步，其将必劳，其卒必骇。如此，则敌人不敢来。吾往者不止，或袭其内，或击其外，三军疾战，敌人必败。"

【注释】

[1]曳柴扬尘：拖曳柴草使尘土飞扬，用以迷惑敌人。
[2]鼓呼：擂鼓呐喊，以壮大声势，震慑敌人。

【译文】

周武王问姜太公说："我国与敌人在国境线上相互对阵，敌人可以来攻我军，我军也可以去攻敌军。彼此的阵地都很牢固，谁也不敢贸然发起进攻，我想去袭击敌人，但又顾虑敌人前来袭击我军，这种情况应该怎么办？"

姜太公说："把我军分为前、中、后三部分，命令前军深挖沟堑，高筑壁垒，不可出战，布列旌旗，敲响鼙鼓，做好周密的准备；命令后军多积粮食，不要让敌人知道我军企图；调发精锐部队，偷袭敌人内部，攻击它没有想到的地方，攻打它没有防备之处，敌人不了解我军情况，就不敢前来进攻了。"

周武王又问："敌人已经得知我军情况，明白我军意图，我军一有行动，敌军就知道我军要干什么。敌人的精锐士卒埋伏于深草之中，拦截我军必经的险要路段，袭击我军防备不周的地方，对此又该如何对付呢？"

姜太公说："遇到这种情况，令我军前锋每天都去向敌军挑战，以消磨敌人的斗志；命令我军中的老弱士卒，拖曳柴草，扬起灰尘，击鼓呐喊，往来不停，有时出现在敌人左边，有时出现在敌人右边，距离敌人不要超过百步。如此反复，敌人的将帅必定产生疲劳，敌兵必会产生恐惧。这样，敌人就不敢前来了。我军不停地袭扰敌人，或袭击其内部，或打击其外部，全军迅猛发起攻击，敌人必定失败。"

动静第三十七

【原文】

武王问太公曰："引兵深入诸侯之地，与敌人之军相当[1]，两陈相望，众寡强弱相等，未敢先举。吾欲令敌人将帅恐惧，士卒心伤[2]，行陈不固[3]，后陈欲走，前陈数顾[4]，鼓噪而乘之，敌人遂走。为之奈何？"

太公曰："如此者，发我兵去寇十里而伏其两旁，车骑百里而越其前后，多其旌旗，益其金鼓。战合，鼓噪而俱起，敌将必恐，其军必骇，众寡不相救，贵贱不相待[5]，敌人必败。"

【注释】

〔1〕相当：此指相遇，相持。

〔2〕心伤：此指挫伤士气，丧失斗志。

〔3〕行：行列，队列。行陈：军阵。

〔4〕数顾：频频回顾，指士卒军心不稳，随时准备逃跑。

〔5〕贵贱：指军队中等级悬殊的军官和士卒。

【译文】

周武王问姜太公说："率领军队深入诸侯国境内，敌我双方势均力敌，两军对垒，多少强弱相等，因而都不敢首先进攻。我想使敌军统帅恐惧，让他们的士兵心怀悲伤而削弱士气，从而无法排成坚固的行列与阵势，使其队伍后列的士兵想趁机逃走，前列的士兵不时地回头张望，我军趁着鸣鼓号呼之时发动进攻，于是敌人败阵而逃，应该如何处置呢？"

姜太公回答："遇到这种情形，我军就应派一队步兵，埋伏在距敌人十里的道路两侧，还须派兵车和骑兵赶到距离敌人百里的地方，忽然出现在敌人前方或忽然迂回到敌人后方，要多备旌旗，多备金鼓。敌对双方一交战，我军击鼓呐喊，各部队同时展开攻击，敌军将帅必定害怕，士兵也必定惧怕，敌军兵力不论多少，均不能相互援救，将士彼此不能相互照应，敌人必遭失败。"

【原文】

武王曰："敌之地势，不可以伏其两旁，车骑又无以越其前后。敌知我虑，先施其备，我士卒心伤，将帅恐惧，战则不胜，为之奈何？"

太公曰："微哉！王之问也。如此者，先战五日，发我远候，往视其动静，审候其来，设伏以待之，必于死地[1]。与敌相避[2]，远我旌旗，疏我行陈，必奔其前[3]，与敌相当。战合而走，击金止，三里而还，伏兵乃起，或陷其两旁[4]，或击其前后，三军疾战，敌人必走。"

武王曰："善哉！"

【注释】

〔1〕死地：兵家术语，指没有退路、非力战不能求生之地。
〔2〕避：避开。
〔3〕奔：指迅速行动。前：阵前。
〔4〕陷：进攻。

【译文】

周武王说："敌方的地势不利于我军在其两旁设伏，我们的兵车和骑兵也不能在敌军面前前后运动。敌军了解到我军的策略，提前准备好一切。这使得我军士兵悲伤忧虑、将帅恐慌，此时若与敌人交锋，是无法取胜的。这又该如何处理呢？"

姜太公回答："君主您问的这个问题真是微妙啊！在这种情况下，在双方交战前五日，就应先派出侦察兵，打探敌人动静。确实观察到敌人在向我军行进，就要埋伏好，等候敌军的到来，设伏应在对敌军不利的地方。我军须避开敌人，远远竖立起旌旗，布置的行列和阵势要稀疏。前军必须要迅速地冲锋在前，与敌军接触，交火后就鸣金收兵，立即伪装败逃而撤退，后退到三里的时候，再调头进行回攻，与此同时，伏兵也发起进攻，有从敌人两侧攻击的，有从正面和背面攻击的。全军将士英勇作战，敌人必定溃逃。"

周武王说："您讲得真是太深刻了！"

金鼓第三十八

【原文】

武王问太公曰："引兵深入诸侯之地，与敌相当，而天大寒甚暑[1]，日夜霖雨，旬日不止，沟垒悉坏，隘塞不守，斥候懈怠，士卒不戒，敌人夜来，三军无备，上下惑乱，为之奈何？"

【注释】

〔1〕甚暑：酷暑。甚，很，厉害。

【译文】

周武王问姜太公说:"率领军队深入诸侯境内,两军实力旗鼓相当,适值严寒或酷暑季节,或者日夜大雨,十几天不停,致使沟垒崩塌,山险要塞失去守御,侦查人员麻痹懈怠,士卒疏于警戒,敌人乘夜来袭,我军毫无防备,上下乱作一团,应该如何处置呢?"

【原文】

太公曰:"凡三军以戒为固,以怠为败。令我垒上,谁何不绝[1],人执旌旗,外内相望,以号相命[2],勿令乏音,而皆外向[3]。三千人为一屯[4],诫而约之,各慎其处。敌人若来,视我军之警戒,至而必还。力尽气怠,发我锐士,随而击之。"

【注释】

[1] 谁何:指以口令相问答。
[2] 以号相命:通过号令以相联络,传达命令。
[3] 外向:指担任警戒任务的士卒,始终高度警惕地面向敌方。
[4] 一屯:即为一个驻军单位。

【译文】

姜太公说:"大凡军队有了戒备,就能牢不可破;若懈怠,就会失败。命令我军垒营哨兵大声喝问口令,查问来人,人人手执令旗,前后相望,再以号令相传送,金鼓之声不可断绝,对外表示已做好战斗准备。每三千人编为一屯,谆谆告诫,严加约束,使各自谨慎守备。敌人如果来犯,看到我军戒备森严,即使来到我军阵前,也必会退去。这时,敌军精疲力竭、精神松懈,派遣精锐的士卒紧随敌后猛击敌人。"

【原文】

武王曰:"敌人知我随之,而伏其锐士,佯北不止,过伏而还,或击我前,或击我后,或薄我垒[1],吾三军大恐,扰乱失次,离其处所,为之奈何?"

太公曰:"分为三队,随而追之,勿越其伏。三队俱至,或击其前后,或陷其两旁,明号审令,疾击而前,敌人必败。"

【注释】

[1] 薄:逼近,逼迫,此处指军队进攻。

【译文】

周武王问:"敌人知道我军追击,而埋伏精锐士卒,然后佯装败退不止,当我军进入敌人设伏的区域后,敌人就回过头来,与我军迎战。伏兵四起,有的攻打我军前锋部队,有的攻打我军的后队,有的从正面逼近我军营垒,从而使我军大为恐慌,自相惊扰,行列混乱,个个擅自离开在阵中的位置,对此应该怎么办?"

姜太公说:"这种情况下应将三军分作三队,分头跟踪追击敌人,但不要进入敌人的设伏区,三队要赶在到达敌人的设伏区之前同时追到敌人,有的攻击敌人的前后,有的攻击敌人的两侧,要严明号令,迅速出击,这样敌人必定失败。"

绝道第三十九

【原文】

武王问太公曰:"引兵深入诸侯之地,与敌相守,敌人绝我粮道,又越我前后[1]。吾欲战则不可胜,欲守则不可久,为之奈何?"

【注释】

[1]越我前后:指敌人在我军的侧面和后面进行夹击。

【译文】

周武王问姜太公说:"领兵深入诸侯国境内,与敌对垒,敌人断绝我军粮道,又前后迂回侵扰我军。我军想要攻击敌军,又恐不能取胜,想要防守,又担心不能长久,对此应该怎么办?"

【原文】

太公曰:"凡深入敌人之地,必察地之形势,务求便利,依山林、险阻、水泉、林木而为之固,谨守关梁[1],又知城邑、丘墓地形之利。如是,则我军坚固,敌人不能绝我粮道,又不能越我前后。"

【注释】

〔1〕关梁：关隘和桥梁。

【译文】

姜太公说："凡深入敌境作战，必须察明地势，务必占据有利地形，依托山林、险阻、水泉、林木以求阵地的坚固，严守关隘、桥梁，还要熟知城邑、丘墓等地形之利。这样，我军防守就能坚固，敌人就不能断我军粮道，也不能在我军前后侵扰。"

【原文】

武王曰："吾三军过大陵、广泽、平易之地，吾候望误失，卒与敌人相薄[1]，以战则不胜，以守则不固，敌人翼我两旁，越我前后，三军大恐，为之奈何？"

太公曰："凡帅师之法，当先发远候，去敌二百里，审知敌人所在。地势不利，则以武冲为垒而前，又置两踵军于后，远者百里，近者五十里，即有警急，前后相救。吾三军常完坚，必无毁伤。"

武王曰："善哉！"

【注释】

〔1〕相薄：两军相遇，狭路相逢。

【译文】

周武王说："我军通过森林、广阔的沼泽以及平坦的地段时，我军情报有误，突然与敌相遇，如进攻不能取胜，想防守又怕守不住，敌人包围我军两侧翼，迂回到我军前后，三军大为恐慌，此时，该如何处置呢？"

姜太公说："统军作战的方法，应先向我军前进的远方派出侦查人员，深入距敌境二百里的地方，弄清敌人所在的位置。如果地势对我军不利，就用武冲战车在前面推进，并派两支后卫部队殿后，后卫部队和主力的距离远的可达百里，近的相距五十里，一旦有紧急情况，前后方便可以互相救援。全军上下如能保持完善而坚固的部署，我军各部队完备无损，就不会受到什么损失。"

周武王说："您讲得太妙了！"

略地第四十

【原文】

武王问太公曰："战胜深入,略其地[1],有大城不可下[2],其别军守险[3],与我相距,我欲攻城围邑,恐其别军卒至而击我,中外相合[4],击我表里[5],三军大乱,上下恐骇,为之奈何?"

太公曰："凡攻城围邑,车骑必远,屯卫警戒,阻其外内。中人绝粮[6],外不得输。城人恐怖[7],其将必降。"

【注释】

[1]略:攻占,侵占。
[2]下:攻下,攻克。
[3]别军:主力部队之外的部队。
[4]中外相合:守城部队与援军相互配合作战。
[5]表里:指军队的正面和侧后。
[6]中人:被围困于城中之人。
[7]城人:守城之人。

【译文】

周武王问姜太公说:"我军与敌军交战,乘胜深入敌国境内,攻占了敌国的土地,但有防护森严的大城阻挡而难以攻克,另外一支敌军在城外某地据险固守,以抵抗我军。我想发兵围攻城邑,但又担心城外那支敌军突然前来救援,攻打我军,敌人内外相呼应,使我军腹背受敌,导致我军一片混乱,将士上下惊恐。遇到这种情况,应该如何处理呢?"

姜太公回答:"通常围城攻邑,一定要调遣兵车、骑兵驻扎在距城较远的地方,警卫戒备,封锁隔绝城内与外面的一切联系。城中敌军粮食断绝,外面的粮食又运不进去。城中敌人难免恐慌,守将必然会投降。"

【原文】

武王曰："中人绝粮,外不得输,阴为约誓[1],相与密谋,夜出穷寇死战,其车骑锐士,或冲我内,或击我外。士卒迷惑,三军败乱,为之奈何?"

太公曰："如此者，当分军为三军，谨视地形而处。审知敌人别军所在，及其大城别堡，为之置遗缺之道[2]，以利其心，谨备勿失。敌人恐惧，不入山林，即归大邑，走其别军。车骑远要其前，勿令遗脱[3]。中人以为先出者得其径道[4]，其练卒材士必出[5]，其老弱独在。车骑深入长驱，敌人之军必莫敢至。慎勿与战，绝其粮道，围而守之，必久其日。无燔人积聚，无坏人宫室，冢树社丛勿伐[6]，降者勿杀，得而勿戮，示之以仁义，施之以厚德。令其士民曰：罪在一人[7]。如此，则天下和服。"

武王曰："善哉！"

【注释】

〔1〕阴为约誓：偷偷地约定盟誓。

〔2〕为之置遗缺之道：故意在包围圈中留下缺口，丧失死守的斗志。

〔3〕遗脱：遗漏逃脱。

〔4〕径道：突围的道路。

〔5〕练卒：训练有素的士卒。练卒材士：指精锐部队。

〔6〕冢：坟墓。社：此指祭祀土地神的地方。社丛：祭祀社神处的丛林。古代墓地和祭祀场所的林木被视为神圣之物。

〔7〕一人：指敌国之君。罪在一人：只有敌国君主一人有罪，余者无罪。

【译文】

周武王又问："城内粮食匮乏，城外粮食又不能运进去，这时敌人秘密地订立盟誓，彼此秘密谋划，乘夜突围与我军决一死战。他们的兵车、骑兵和精锐士兵都一齐发动进攻，有的冲入我军内部，有的从外部攻击我军。我军士兵都感到迷惑不安，全军溃败混乱，这时我军又应该怎么办呢？"

姜太公回答："在这种情况下，应将我军分作三部分，谨慎察看并挑选有利地形驻扎。要查明敌军城外部队的方位以及他们周围所占据的城堡等防御要点，要为敌军特意留一条没有设防的通道，满足他们出逃的侥幸心理，但千万要准备妥当，以免有闪失。这时敌军都很惊恐，他们不是躲藏于深山老林中，就是逃往附近有敌军驻守的城堡，或投奔其他敌军。我军的兵车、骑兵应布置在远处进行拦截，不能让这些最先出逃的敌军遗漏逃脱。城中的敌军以为先头部队已经打通了逃路，敌军的精兵强将开始出城突围，城中只留下一些老弱伤残。这时，我军兵车、骑兵长驱直入，敌人守军就不敢轻易出击，只得返回城中。我军须慎重，不与其交战，仍继续封锁其粮道，围困他们，要持续一段时间。攻克大城后，我军应做到不焚烧他们积累贮存的物品，不损坏他们的房屋，不乱砍他们墓地的林木和社神庙旁边的树丛，不要杀死已经归降的敌军，不要杀死被活捉的敌军，把我军的仁慈义气表现给他们，并以宽厚之德对待他们。对他们说：'一切罪过都由那个昏庸无道的君主来承担。'如此，天下人就会心悦诚服。"

周武王说："您讲得真是太深刻了！"

火战第四十一

【原文】

武王问太公曰："引兵深入诸侯之地，遇深草蓊秽[1]，周吾军前后左右，三军行数百里，人马疲倦休止。敌人因天燥疾风之利，燔吾上风，车骑锐士坚伏吾后。吾三军恐怖，散乱而走，为之奈何？"

太公对曰："若此者，则以云梯、飞楼远望左右，谨察前后。见火起，即燔吾前而广延之[2]，又燔吾后。敌人若至，则引军而却，按黑地而坚处[3]。敌人之来，犹在吾后[4]，见火起，必还走。吾按黑地而处，强弩材士卫吾左右，又燔吾前后。若此，则敌不能害我。"

【注释】

〔1〕蓊秽（wěng huì）：草木丛生、枝叶繁茂状。

〔2〕燔吾前而广延之：敌人如果用火攻，我军应设置一定宽度的防火带。然后，我也于防火带外放火，这样不但可以使大火烧到防火带就会自然熄灭，还会阻止前来进攻的敌人。

〔3〕按：据。黑地：草地燃烧后的焦土地带。

〔4〕后：下风处。

【译文】

周武王问姜太公说："统率军队深入敌国境内，遇到布满深草灌木的地带，

燔吾前而广延之

我军前后左右都被茂密的草丛所围绕。此时军队行程已达数百里，人困马乏，需要休息。敌人借天气干燥和风势较大的有利时机，在我军上风处纵火烧草，并有大量的兵车、骑车和精锐士兵埋伏于我军背后。我军将士都深为恐惧，奔散而逃，这时该如何处置呢？"

姜太公回答："这种情况下，应当利用云梯、飞楼，四下瞭望。看到起火后，应立即焚烧我军营前较远处的草丛，清理出一片干净广阔的防火带，还要焚烧下风处的草丛。若是前方的敌军发动攻击，我军就后退，在草已烧光的焦土地带坚守，若是后方的敌军发动攻击，由于他们位于我军下风处，当他们发现火起，必定转身退兵。我军固守着焦土地带，左右有强弩和精锐士兵护卫，而且已将前后的草地焚烧掉。做到这些的话，敌人是难以加害我军的。"

【原文】

武王曰："敌人燔吾左右，又燔吾前后，烟覆我军，其大兵按黑地而起[1]，为之奈何？"

太公曰："若此者，为四武冲陈，强弩翼吾左右[2]，其法无胜亦无负。"

【注释】

[1]大兵：主力，大部队。
[2]翼：指护卫两翼。

【译文】

周武王又问："敌人在我军左右两翼纵火，还焚烧了我军前后，烟雾弥漫，笼罩住了我军，敌人大部队突然从烧过的地方向我军发起攻势，这种情况应该怎么办呢？"

姜太公接着回答："在这种情况下，可将我军结成四武冲阵，让士卒使用强弩来防护两侧，这种方法虽不能够获胜，但也不会导致失败。"

垒虚第四十二

【原文】

　　武王问太公曰:"何以知敌垒之虚实,自来自去[1]?"
　　太公曰:"将必上知天道,下知地理,中知人事。登高下望,以观敌之变动。望其垒,即知其虚实;望其士卒,则知其去来。"

【注释】

　　[1]来:指进攻。去:指撤离后退。

【译文】

　　周武王问姜太公说:"如何才能探知敌人营垒的虚实以及军队的调动情况呢?"
　　姜太公说:"将帅必须上能懂天道,下能懂地理,中能懂人事。登高望远,以观察敌人的变动。从远处眺望敌人营垒,便知道他们内部的虚实;观察敌人士卒的动态,就知道敌军部署的情况。"

【原文】

　　武王曰:"何以知之?"
　　太公曰:"听其鼓无音,铎无声,望其垒上多飞鸟而不惊,上无氛气[1],必知敌诈而为偶人也[2]。敌人卒去不远,未定而复返者,彼用其士卒太疾也。太疾,则前后不相次,不相次,则行陈必乱。如此者,急出兵击之,以少击众,则必胜矣。"

望其士卒,则知其去来

【注释】

　　[1]氛气:指灰土或烟尘。
　　[2]偶人:指用

稻草或土木制成的假人。

【译文】

　　周武王问："怎么才能知晓这些情况呢？"

　　姜太公说："如果听不到敌营的鼓声，也听不到敌营的铎声，瞭望敌营垒上有许多飞鸟而不惊惧，空中也没有尘土飞扬，就可以知道是敌人用木偶人守营来欺骗我们。敌人仓促撤退不远，没有安定下来又回来了，这是敌人调动军队太忙乱了。太忙乱，军队的前后就没有秩序；没有秩序，队伍的行列就会混乱。这种情况下，我军可迅速出击，即使是以少敌众，也一定会取得胜利。"

豹韬

林战第四十三

【原文】

武王问太公曰:"引兵深入诸侯之地,遇大林,与敌分林相拒[1]。吾欲以守则固,以战则胜,为之奈何?"

太公曰:"使吾三军分为冲陈[2],便兵所处,弓弩为表,戟楯为里,斩除草木,极广吾道,以便战所。高置旌旗,谨敕三军[3],无使敌人知吾之情,是谓林战。

【注释】

[1]分林:敌我双方各占一部分林地。
[2]冲陈:即四武冲阵。
[3]敕(chì):告诫,命令。

【译文】

周武王问姜太公说:"率领军队深入敌境,遇到大面积的林地,我军和敌军分别占据一部分林地对峙。若我想要采取守势则坚不可摧,采取攻势能获全胜,应该怎么办呢?"

姜太公回答:"可以让全军士卒组成许多四武冲阵,布置在利于采取行动的地方,每一个四武冲阵外围都置有弓箭手,内部有持矛戟和盾的士兵。砍除草木,拓宽道路,以利于作战。将旗帜竖立于高处,严令告诫全军将士,严防敌军掌握我军情况,以上这些就是在林间战斗应做的准备。

林战之法,率吾矛戟,相与为伍

【原文】

"林战之法,率吾矛戟,相与为伍。林间木疏,以骑为辅,战车居前,见便则战,不见便则止。林多险阻,必置冲阵，以备前后。三军疾战，敌人虽众，其将可走。更战更息，各按其部。是谓林战之纪[1]。"

【注释】

〔1〕纪：法则，原则。

【译文】

"林间战斗的方法是：将我军中使用矛戟的士兵，编制成五人一伍相互配合的小分队。林间树木较为稀疏的地方，可以使用骑兵作为辅助，战车在前面开路，发现形势有利就与敌军交战，看到形势对我军不利就停止前进，避免交战。在林木密集、地势险要的环境中，必须设置四武冲阵，以防备我军前后被敌军偷袭。全军能够英勇作战，敌人即使很多，我们也能使敌军主将溃败而逃。我军各部轮流作战、轮流休息，以部署编组行动。这些就是林间战斗的原则。"

突战第四十四

【原文】

武王问太公曰："敌人深入长驱，侵掠我地，驱我牛马，其三军大至，薄我城下。吾士卒大恐，人民系累[1]，为敌所虏。吾欲以守则固，以战则胜，为之奈何？"

太公曰："如此者，谓之突兵[2]。其牛马必不得食，士卒绝粮，暴击而前[3]。令我远邑别军，选其锐士，疾击其后，审其期日[4]，必会于晦[5]，三军疾战，敌人虽众，其将可虏。"

【注释】

〔1〕系累：拘禁，捆绑。

〔2〕突兵：实施突然袭击的部队。
〔3〕暴击：快速出击。
〔4〕审：精确地计算。
〔5〕晦：古代历法中每月最后一天。

【译文】

周武王问姜太公说："敌人深入我国，长驱直入，侵占掠夺领土，驱赶牛马，大军逼近我军城下。我军将士十分恐慌，百姓被捆绑，被敌人俘虏。我希望采取守势能牢不可摧，采取攻势则取胜，我军应该怎么办呢？"

姜太公回答："像这种情形的敌军，称为突然袭击的敌兵。由于未做充分准备，敌军牛马必定饲料匮乏，士兵也没军粮，只有快速地发动攻击。这时命令我军另外一支驻守在远处城邑的队伍，挑选其精锐士兵，迅速向敌军后部发起攻击，要认真计算好预期的日子，必须同城中守军会合在无月光的晦日夜晚。全军将士奋力杀敌，即使敌军人数众多，也可俘虏敌将。"

【原文】

武王曰："敌人分为三四，或战而侵掠我地，或止而收我牛马。其大军未尽至，而使寇薄我城下，致吾三军恐惧，为之奈何？"

太公曰："谨候敌人未尽至，则设备而待之[1]。去城四里而为垒，金鼓旌旗皆列而张，别队为伏兵。令我垒上多积强弩，百步一突门[2]，门有行马，车骑居外，勇力锐士隐伏而处。敌人若至，使我轻卒合战而佯走[3]，令我城上立旌旗，击鼙鼓，完为守备。敌人以我为守城，必薄我城下。发吾伏兵，以冲其内，或击其外。三军疾战，或击其前，或击其后，勇者不得斗，轻者不及走，名曰突战[4]。敌人虽众，其将必走。"

武王曰："善哉！"

【注释】

〔1〕设备：做好战斗准备。
〔2〕突门：古代城墙和营垒中用于突击的暗门。
〔3〕轻卒：装备轻便、行动迅速的部队。
〔4〕突战：突然的作战行动。

【译文】

周武王又问："敌人分为三四个部分，有的仍旧进攻，侵略土地；有的驻扎下来，抢掠牛马。敌军的大部队尚未全部到达，只是派遣小部分兵力逼近我军城下，引起我军惊恐，遇到这种情况，我军应该怎么办呢？"

姜太公回答："仔细探察敌军动静，如果敌军没有全部到达，就要做好一切战斗准备，等待敌军的到来。在距离城邑四里的地方营建壁垒，战鼓旌旗都排列在上面，另外派遣一支军队作为伏兵。令我军垒上多设强弩，而且每百步设置一突门，突门处都安置行马进行防御，兵车、骑兵都布置在营垒外侧，安排一些英勇威武的士卒隐伏起来。如敌军发起攻势，就派出我军轻装士兵与敌交战，然后伪装败逃，再命令守军在城上竖立起旌旗，击响军鼓，完备防守措施。敌人会误以为我军大部分兵力都用来守城，必定要进逼城下。这时我军伏兵四起，有的冲入敌人阵营内部，有的袭击敌人外侧。全军将士英勇作战，有的攻打敌军前部，有的袭击敌军后部，这种能够使敌军中勇猛善战的来不及投入战斗、动作灵敏的来不及逃走的作战方法，称为突战。即使敌军人数众多，我们也能战胜他们，敌军的将帅也会因战败而逃跑。"

周武王说："您讲得真是太深刻了！"

敌强第四十五

【原文】

武王问太公曰："引兵深入诸侯之地，与敌人冲军相当[1]，敌众我寡，敌强我弱。敌人夜来，或攻吾左，或攻吾右，三军震动。吾欲以战则胜，以守则固。为之奈何？"

【注释】

〔1〕冲军：指担任突击任务的部队。

【译文】

周武王问姜太公说："率兵深入敌国境内，与敌军担任突击任务的部队遭遇，敌人兵力多而我军兵力少，敌人力量强而我军力量弱。敌人又是黑夜前来，有的攻击我军左翼，有的攻击我军右翼，全军上下震惊恐惧。我想做到作战能够取胜，防守

能够巩固，应该怎么办？"

【原文】

太公曰："如此者，谓之震寇[1]。利以出战，不可以守。选吾材士强弩，车骑为之左右，疾击其前，急攻其后，或击其表，或击其里，其卒必乱，其将必骇。"

武王曰："敌人远遮我前，急攻我后，断我锐兵，绝我材士，吾内外不得相闻，三军扰乱，皆散而走，士卒无斗志，将吏无守心，为之奈何？"

【注释】

〔1〕震寇：使我军震惊恐惧的敌军，本篇为实施夜间强袭的敌人。

【译文】

姜太公说："这样的敌人，可以称之为使我军震惊恐惧的敌军。对付他们，我军以出战为利，不可采取守势。从全军挑选勇士及优秀的弓箭手，以战车、骑兵为左右翼，迅速攻击敌军的正面，或攻击敌人的侧后，或攻击敌军的外围，或攻入敌军阵内，这样，敌军将士必定混乱，敌军将领必然惊慌失措。"

周武王说："敌人在远处阻截我军前部，急速攻击我军后方部队，截断我军精锐部队，使我军内外失去联系，全军混乱，离阵而逃，士兵没有斗志，将吏无固守的信心，对这种情况我军应该怎么办？"

【原文】

太公曰："明哉！王之问也。当明号审令，出我勇锐冒将之士，人操炬火[1]，二人同鼓，必知敌人所在，或击其表，或击其里。微号相知[2]，令之灭火，鼓音皆止。中外相应，期约皆当，三军疾战，敌必败亡。"

武王曰："善哉！"

【注释】

〔1〕炬火：火把。
〔2〕微号：暗号。

【译文】

姜太公说："君王您问的这个问题真是高明啊！这种情况下，应向全军申明号令，出动那些英勇善战、敢于冒险的战士，每人手持火把，两人同击一鼓，必须探明敌人的准确位置，然后发起攻击。有的攻击敌人的外围，有的攻入敌人的阵内。部队约定统一的号令，主将命令一下，就同时熄灭火炬，停止击鼓。我军内外相互策应，按事先约定的信号展开行动，全军迅猛出击，敌军必定败逃。"

周武王说："您讲得太妙了！"

敌武第四十六

【原文】

武王问太公曰："引兵深入诸侯之地，卒遇敌人，甚众且武。武车骁骑，绕我左右，吾三军皆震，走不可止，为之奈何？"

太公曰："如此者，谓之败兵。善者以胜[1]，不善者以亡。"

武王曰："用之奈何？"

【注释】

[1]善者：善于用兵打仗的人。

【译文】

周武王问姜太公说："率兵深入敌国境内，突然遭遇敌军，敌军人数众多、武器精良，并以武冲战车和骁勇的骑兵包围我军两翼，我军将士为之震惊，纷纷逃跑，不可阻止，对此，应如何处置呢？"

姜太公说："这样的敌军，可以称之为能让我军失败的军队。这种情况下善于用兵打仗的人就能获取胜利，不善用兵的则会由此而败亡。"

周武王说："这种情况我军该怎样获胜呢？"

【原文】

太公曰："伏我材士强弩，武车骁骑，为之左右，常去前后三里。敌人逐我，发我车骑，冲其左右。如此，则敌人扰乱，吾走者自止。"

武王曰："敌人与我车骑相当，敌众我少，敌强我弱，其来整治精锐[1]，吾陈不敢当，为之奈何？"

【注释】

[1]整治：整齐不乱的意思。

【译文】

姜太公说:"使我军埋伏勇士、弓箭手,并以战车和骁勇的骑兵布置在两翼,伏于距主力部队前后三里处。敌人如果追击,就用埋伏的战车和骑兵冲击敌军的左右两翼。如此敌军就会陷入混乱,我军的士卒也会自动停止逃跑。"

周武王说:"敌军与我军的战车、骑兵相对峙,敌众我寡、敌强我弱,敌军阵势整齐、装备精良,我军与敌军交战,恐难以抵挡,应该怎么处置?"

【原文】

太公曰:"选我材士强弩,伏于左右,车骑坚陈而处,敌人过我伏兵,积弩射其左右[1],车骑锐兵疾击其军,或击其前,或击其后。敌人虽众,其将必走。"

武王曰:"善哉!"

【注释】

〔1〕积弩:集中弓弩。

【译文】

姜太公说:"挑选我军勇士及弓箭手埋伏于左右两侧,战车、骑兵布为坚固的阵势坚守,敌军通过我军的伏击圈时,就集中强弩射击它的两翼,战车、骑兵、精锐的步兵乘机迅速攻击敌军,有的攻击敌军的正面,有的攻击敌军的背后。敌军即使人数众多,他们的主将也必定会败走。"

周武王说:"您说得真是太深刻了。"

鸟云山兵第四十七

【原文】

武王问太公曰:"引兵深入诸侯之地,遇高山磐石,其上亭亭[1],无有草木,四面受敌,吾三军恐惧,士卒迷惑。吾欲以守则固,以战则胜,为之奈何?"

【注释】

〔1〕亭亭：山峰高兀耸峙的样子。

【译文】

周武王问姜太公说："领兵深入敌国境内作战，遇高山巨石、山峰高耸，没有草木隐蔽，我军处于四面受敌的境地，全军恐惧，士兵迷惑。如果我想做到防守就能坚固、出战就能取胜，应如何处置呢？"

【原文】

太公曰："凡三军处山之高，则为敌所栖[1]；处山之下，则为敌所囚[2]。既以被山而处，必为鸟云之陈。鸟云之陈[3]，阴阳皆备。或屯其阴，或屯其阳。处山之阳，备山之阴；处山之阴，备山之阳；处山之左，备山之右；处山之右，备山之左。其山敌所能陵者[4]，兵备其表，衢道通谷，绝以武车，高置旌旗，谨敕三军，无使敌人知吾之情，是谓山城。行列已定，士卒已陈，法令已行，奇正已设，各置冲陈于山之表，便兵所处，乃分车骑为鸟云之陈。三军疾战，敌人虽众，其将可擒。"

【注释】

〔1〕栖：鸟栖于树上，比喻为敌所逼而不能下来。
〔2〕囚：囚禁，被敌人围困。
〔3〕鸟云之陈：如鸟雀一样流动作战的阵形。
〔4〕陵：攀登。

【译文】

姜太公说："大凡军队驻扎于山头，就容易被敌人团团围住不能下来；军队驻扎于山下，就容易被敌人围困。我军既然在山地环境下驻扎，就一定要布成鸟云阵。鸟云阵，于山南山北各个方面都要戒备，军队可屯于山北，也可屯于山南。我军驻扎在山的南面，要同时戒备山的北面；军队驻扎在山的北面，要同时戒备山的南面；军队驻扎在山的左面，要同时戒备山的右面；军队驻扎在山的右面，要同时戒备山的左面。山上凡是敌人可能登上去的地方，就要派兵设防，对四通八达的道路和可以通行的山谷，用战车阻塞。要高挂旌旗，严令三军，不可让敌军知道我军情况。这座经过缜密布防的高山就成了座'山城'。部队的行列已经排定，士卒已各就各位，法令已执行，奇兵正兵已部署完毕，各部队都要编成'冲阵'，便于作战，再把战车和骑兵布成鸟云阵。全军要迅速猛攻，即使敌军人数众多，也可擒杀敌将。"

鸟云泽兵第四十八

索便诈敌而亟去之，设伏兵于后

【原文】

武王问太公曰："引兵深入诸侯之地，与敌临水相拒，敌富而众[1]，我贫而寡，逾水击之则不能前，欲久其日则粮食少。吾居斥卤之地[2]，四旁无邑，又无草木，三军无所掠取，牛马无所刍牧[3]，为之奈何？"

太公曰："三军无备，牛马无食，士卒无粮，如此者，索便诈敌而亟去之[4]，设伏兵于后。"

【注释】

[1] 富：军用物资储备充足。
[2] 斥卤之地：荒芜贫瘠的盐碱地。
[3] 刍牧：饲养放牧。
[4] 索便：寻找机会。

【译文】

周武王问姜太公说："如率兵深入敌国境内，与敌军隔岸对峙，敌人物资充足，并且人数众多，我军物资匮乏、兵力不足，想要渡河攻击敌军，但因军械不足，而不能渡水前进，想要与敌人相持，但军粮短缺。我军所在的地方是盐碱地，周围既没有城邑，也不生草木，军需物资得不到补充，牛马也无处放牧，遇到这种情况我军应该怎么办呢？"

姜太公回答："军队没有渡河的军械，牛马没有足够的饲料，士兵没有充足的军粮。在这种情况下，就应该寻求便利的时机骗过敌人，迅速转移撤离，并在部队后边设置伏兵，抵御随后追击的敌人。"

【原文】

武王曰："敌不可得而诈，吾士卒迷惑，敌人越我前后，吾三军败乱而走，为之奈何？"

太公曰："求途之道，金玉为主。必因敌使，精微为宝[1]。"

【注释】

[1] 精微：精细隐秘。

【译文】

周武王又问："敌人没有上当，我军士兵感到十分困惑。敌人又迂回于我军的前方和后方，我军一片混乱，士兵惶恐而逃，这时又应该怎么办呢？"

姜太公回答："这时寻求出路的途径，主要以金银珠宝来贿赂敌人。须通过贿赂敌军的使臣，最为重要的一点是得到敌军最精细隐秘的情报。"

【原文】

武王曰："敌人知我伏兵，大军不肯济，别将分队以逾于水，吾三军大恐。为之奈何？"

太公曰："如此者，分为冲陈，便兵所处，须其毕出[1]，发我伏兵，疾击其后，强弩两旁，射其左右。车骑分为鸟云之陈，备其前后，三军疾战。敌人见我战合，其大军必济水而来，发我伏兵，疾击其后，车骑冲其左右。敌人虽众，其将可走。

"凡用兵之大要，当敌临战，必置冲陈[2]，便兵所处，然后以车骑分为鸟云之陈[3]，此用兵之奇也。所谓鸟云者，鸟散而云合，变化无穷者也。"

武王曰："善哉！"

【注释】

[1] 须：等待。
[2] 置：原作"宜"，据《武经七书直解》改。
[3] 车：原作"军"，据《武经七书直解》改。

【译文】

周武王又接着问："敌人知道我军预先设伏，大军不愿渡河，而是派将领率一小分队先渡河进攻，我军深感恐慌。遇到这种情况，应如何处置呢？"

姜太公回答："碰到这种情况，把军队分解成若干四武冲阵，布置在适宜作战的地形中。等渡河进攻的那支敌军小分队全部通过，就命令我军伏兵迅速攻打敌军的后部，使用两旁的强弩射击敌军的左右。将兵车、骑兵组成鸟云阵，戒备和防卫我军前后，全军快速作战。隔岸的敌军发现我军和他们的小分队交锋，其大队人马必然要渡河协助作战。再次发动我军伏兵，迅速攻打敌军的后部，兵车、骑兵攻击其左右。即使敌军人数众多，他们的主将也会败逃。

"大凡用兵的关键，在于同敌军交锋前，一定要使军队组成四武冲阵，布置在适宜作战的地方，然后将兵车、骑兵摆成鸟云阵。这就是用兵的奇妙之处。所谓鸟云阵，指的就是如飞鸟行云一样，聚散无常、变化无穷。"

周武王说："您讲得真好啊！"

少众第四十九

【原文】

武王问太公曰："吾欲以少击众，以弱击强，为之奈何？"

太公曰："以少击众者，必以日之暮，伏于深草，要之隘路，以弱击强者，必得大国之与[1]，邻国之助。"

【注释】

〔1〕与：援助。

【译文】

周武王问姜太公说："我要以寡敌众、以弱胜强，应该怎样做呢？"

姜太公回答："要以寡敌众，须在黄昏时，将军队埋伏在深草之中，在险要的路段截击敌军。要以弱击强，必须得到大国的援助及邻国的支持。"

【原文】

武王曰："我无深草，又无隘路。敌人已至，不适日暮，我无大国之与，又无邻国之助，为之奈何？"

太公曰："妄张诈诱[1]，以荧惑其将；迂其道，令过深草；远其路，令会日暮。前行未渡水[2]，后行未及舍[3]，发我伏兵，疾击其左右，车骑扰乱其前后。敌人虽众，其将可走。事大国之君，下邻国之士[4]，厚其币，卑其辞，如此，则得大国之与，邻国之助矣。"

武王曰："善哉！"

【注释】

〔1〕妄张诈诱：虚张声势，欺骗引诱敌人。
〔2〕前行：先头部队。
〔3〕后行：后续、后卫部队。
〔4〕下：降尊礼遇。

【译文】

周武王又问："我军既没有占据深草地区，又没有险要的路段可守。而敌军到达，又并非日落黄昏时，我军既没有大国的支持，也没有邻国的救援。这时，该如何处置呢？"

姜太公回答："这时，应虚张声势，诱骗迷惑敌军将领；改变敌军的行军路线，让他们路经有深草丛、我军设有埋伏的地方；还要使他们绕远路前进，正好与我军伏兵在天色黄昏时遭遇。敌人的先头部队尚未渡河，后续部队还没有来得及宿营，就发动我军伏兵，迅速攻击敌人左右两翼，兵车、骑兵也出动攻打其前后。虽然敌人兵多势众，但仍可以击败他们，逼其主将逃跑。能够恭敬地侍奉大国君主，谦逊有礼地对待邻国有才德的贤士，赠送丰富的财物，使用谦卑的语言。如此，就会得到大国的支持以及邻国的援助了。"

周武王说："您讲得真好啊！"

分险第五十

【原文】

武王问太公曰："引兵深入诸侯之地，与敌相遇于险厄之中[1]，吾左山而右水，敌右山而左水，与我分险相拒。吾欲以守则固，以战则胜，为之奈何？"

【注释】

〔1〕险厄（è）：险阻狭窄的地形。

【译文】

周武王问姜太公说："率兵深入敌国境内，与敌军在险阻狭窄之地相遇。我军左面依山、右面傍水，敌军右面依山、左面傍水，与我军据险相峙对抗。我希望采取守势能够牢不可摧，出战迎敌能够一举取胜，应该怎么办呢？"

【原文】

太公曰："处山之左，急备山之右；处山之右，急备山之左。险有大水，无舟楫者，以天潢济吾三军[1]；已济者，亟广吾道，以便战所。以武冲为前后[2]，列其强弩，令行陈皆固。衢道谷口，以武冲绝之，高置旌旗，是谓车城[3]。凡险战之法，以武冲为前，大橹为卫[4]，材士强弩翼吾左右。三千人为屯，必置冲陈，便兵所处。左军以左，右军以右，中军以中，并攻而前。已战者还归屯所，更战更息[5]，必胜乃已。"

武王曰："善哉！"

【注释】

[1]天潢：一种渡河器械。

[2]武冲：大型战车名，即武冲大扶胥。

[3]车城：军阵四周布上战车，如城堡一样，称为车城。

[4]大橹：大型战车名，即武翼大橹矛戟扶胥。

[5]更：轮换。更战更息：军队轮番作战、休整。

【译文】

姜太公回答："如我军占据山的左侧，就要迅速对山的右侧加强防备；如占据的是山的右侧，也要迅速对山的左侧加强防备。如果这个险要的地方有大河，但我军又无船只，就要借助天潢帮助全军渡河；已经渡过河的军队要迅速开拓道路，创造有利于我军作战的环境。将武冲大扶胥摆放在军队前后，再把强弩排列开来，使行列阵势坚固。在一些要道、谷口，使用武冲大扶胥进行封锁隔绝，还要高高竖起军旗，这种使用兵车围绕进行防御，构成像城堡一样的阵势，称为车城。这种据险作战的办法，要以武冲大扶胥作为先锋出击，以武翼大橹矛戟扶胥作为后卫，精锐士兵和强弩用来护卫我军左、右两翼。每三千人编为一屯，必须结成四武冲阵，布置在适宜作战的地方。左军在左路发起进攻，右军在右路发起进攻，中军在中间发起进攻，全军并驾齐驱，共同进发。军队完成作战任务就返回营地，各部轮流休整，轮流作战，必须击败敌军取得胜利，才可停止作战。"

周武王说："您讲得真是太妙了！"

犬韜

分合第五十一

【原文】

武王问太公曰："王者师师，三军分为数处，将欲期会合战[1]，约誓赏罚[2]，为之奈何？"

【注释】

[1]期会合战：约定好时间、地点来与敌交战。
[2]誓：古代出征前宣誓的仪式。

【译文】

周武王问姜太公说："君王统率军队，全军分驻各地，主将想约定日期以集中各部协同作战，向全军誓师，赏罚分明，应该怎么办？"

【原文】

太公曰："凡用兵之法，三军之众，必有分合之变。其大将先定战地、战日，然后移檄书与诸将吏[1]，期攻城围邑，各会战所，明告战日，漏刻有时[2]。大将设营而陈，立表辕门[3]，清道而待。诸将吏至者，校其先后，先期至者赏，后期至者斩。如此，则远近奔集，三军俱至，并力合战。"

【注释】

[1]檄书：古代官府用来征召、声讨的文书。
[2]漏刻有时：规定军队到达的时间。
[3]立表：计算时间而竖起的木头。辕门：古时军营之正门。

【译文】

姜太公说："用兵的法则，表现在指挥三军将士，必然有分散和集中作战的变化。主将须预先确定会师交战的地点、时间，然后将战时公文传送给各位将领，约定围攻的城邑、各军应集中的地点、开战的日期和部队进入指定位置的时间。主将设营布阵，在营门设立标竿，以测量时间、清理道路，等待各部队前来报到。诸位将吏到达时，要核对他们到达的时间，提前赶到的有赏，过期迟到的杀头示众。这样，不论远近，各部队都会迅速赶来会师，三军全部到达后，就能集中力量与敌交战了。"

武锋第五十二

【原文】

武王问太公曰："凡用兵之要，必有武车骁骑，驰陈先锋，见可则击之。如何则可击？"

太公曰："夫欲击者，当审察敌人十四变[1]。变见则击之，敌人必败。"

【注释】

[1]审：认真，仔细。

【译文】

周武王问姜太公说："凡用兵的原则，必须有威武的战车、骁勇的骑兵、可以冲锋陷阵的勇士，见敌人有可乘之机就攻击。那么，究竟什么样的时机才可以攻击呢？"

姜太公说："我军想对敌人发动攻击，首先应仔细观察敌军的'十四变'，这十四种情况出现时，就可对敌发起攻势，敌人必定被打败。"

【原文】

武王曰："十四变可得闻乎？"

太公曰："敌人新集可击，人马未食可击，天时不顺可击，地形未得可击，奔走可击，不戒可击，疲劳可击，将离士卒可击，涉长路可击，济水可击，不暇可击，阻难狭路可击，乱行可击，心怖可击。"

【译文】

周武王说："这十四种情况如何解释呢？"

姜太公说："敌人刚刚集结、立足未稳时可以攻击，敌军人马饥饿时可以攻击，天气、季节对敌不利时可以攻击，地形对敌不利时可以攻击，敌军奔走慌乱时可以攻击，敌军无准备时可以攻击，敌军疲惫劳累时可以攻击，敌军将帅离开部队时可以攻击，敌军长途跋涉后可以攻击，敌军渡河时可以攻击，敌军慌乱不堪时可以攻击，敌军通过险阻隘路时可以攻击，敌军队列混乱时可以攻击，敌人军心惧怕时可以攻击。"

练士第五十三

【原文】

武王问太公曰："练士之道奈何[1]？"

【注释】

[1] 练士之道：挑选士卒的方法。练，古同"拣"，选择，挑选。

【译文】

周武王问姜太公说："从军中挑选士卒的方法有哪些呢？"

【原文】

太公曰："军中有大勇、敢死、乐伤者，聚为一卒[1]，名曰冒刃之士。有锐气、壮勇、强暴者，聚为一卒，名曰陷陈之士。有奇表长剑，接武齐列者[2]，聚为一卒，名曰勇锐之士。有拔距伸钩[3]，强梁多力[4]、溃破金鼓、绝灭旌旗者，聚为一卒，名曰勇力之士。有逾高绝远，轻足善走者，聚为一卒，名曰寇兵之士。有王臣失势，欲复见功者，聚为一卒，名曰死斗之士。有死将之人子弟，欲与其将报仇者，聚为一卒，名曰敢死之士。有赘婿人虏，欲掩迹扬名者，聚为一卒，名曰励钝之士[5]。有贫穷愤怒，欲快其心者，聚为一卒，名曰必死之士。有胥靡免罪之人[6]，欲逃其耻者，聚为一卒，名曰倖用之士[7]。有材技兼人，能负重致远者，聚为一卒，名曰待命之士。此军之练士，不可不察也。"

【注释】

〔1〕卒：古代军队编制，一百人为一卒。
〔2〕接武：前后足迹相连结，形容步伐稳健整齐。武，足迹。
〔3〕拔距伸钩：形容人力量很大。拔距，古代练习武功的活动。
〔4〕强梁：强悍，强暴。
〔5〕励钝：激励迟钝萎靡之人，使他振作。
〔6〕胥靡：古代服劳役的刑徒。
〔7〕倖用之士：追求侥幸立功的人。

【译文】

姜太公说："军队中有大勇、不怕死、不怕负伤的士卒，把他们编为一队，称为'冒刃之士'；有锐气十足、强悍勇猛、蛮横凶暴的士卒，把他们编为一队，称为'陷阵之士'；有装束奇特、善使长剑、队列中稳健整齐的士卒，把他们编为一队，称为'勇锐之士'；有臂力过人、强横有力、能冲入敌阵捣毁敌人金鼓、拔除敌人旌旗的士卒，把他们编为一队，称为'勇力之士'；有能翻越高山、走远路、轻足善走的士卒，把他们编为一队，称为'寇兵之士'；有失势的大臣，想要重建功勋的，把他们编为一队，称为'死斗之士'；有阵亡将帅的子弟，要为其父兄报仇的，把他们编为一队，称为'敢死之士'；有因家贫被招赘或在战场上被俘虏，要求扬名遮丑的，把他们编为一队，称为'励钝之士'；有贫困不得志，想建功立业来实现志向的，把他们编为一队，称为'必死之士'；有刑满释放，想掩盖他们过去的耻辱的，把他们编为一队，称为'倖用之士'；有才艺超人，能负重任，发展长远的，把他们编为一队，称为'使命之士'。这就是从军中挑选士卒的方法，不可不慎重考虑啊！"

教战第五十四

【原文】

武王问太公曰："合三军之众，欲令士卒服习教战之道奈何[1]？"

【注释】

〔1〕服习：熟练掌握。原文作"练士"，据《武经七书直解》改。教战：军事训练。

【译文】

周武王问姜太公说:"集合全军将士,让士卒不断地进行军事训练,能够熟练地掌握各种军事技能,应该采取什么方法呢?"

【原文】

太公曰:"凡领三军,必有金鼓之节[1],所以整齐士众者也。将必先明告吏士,申之以三令[2],以教操兵起居[3]、旌旗指麾之变法[4]。故教吏士,使一人学战,教成,合之十人;十人学战,教成,合之百人;百人学战,教成,合之千人;千人学战,教成,合之万人;万人学战,教成,合之三军之众;大战之法,教成,合之百万之众。故能成其大兵,立威于天下。"

武王曰:"善哉!"

【注释】

〔1〕必:原脱,据《武经七书汇解》补。节:节制,指挥。
〔2〕申:明告,告诫。
〔3〕操兵:使用兵器。起居:战术中的各种基本动作。
〔4〕指麾:指挥。变法:指号令及动作、阵形的各种变化方法。

【译文】

姜太公回答:"凡统率军队,须以金鼓来进行指挥,使士卒的行动保持一致。将领事先必须明确地告诉全军将士训练的方法,要再三讲解一些事项。接着给他们讲解兵器的使用方法、行列阵势的布置方式以及依照旌旗指挥的号令进行相应变化的方法。这样在训练将士时,就可先选一人学习各种作战技巧,训练完毕后,可以集合十人一同训练;十个人学习各种作战技巧,训练完毕,就可集合一百人一同训练;一百人学习各种作战技巧,训练完毕,就可集合一千人一同训练;一千人学习各种作战技巧,训练完毕,就可集合一万人一同训练;一万人学习各种作战技巧,训练完毕,就可集合三军将士一同训练;规模较大的作战方法,使全军共同接受训练,训练完毕,就可集合百万大军一同训练。因此,使用这种方法可以训练出一支强大的军队,从而扬威于天下。"

周武王说:"您讲得真是太深刻了!"

均兵第五十五

【原文】

　　武王问太公曰："以车与步卒战，一车当几步卒？几步卒当一车？以骑与步卒战，一骑当几步卒？几步卒当一骑？以车与骑战，一车当几骑？几骑当一车？"

　　太公曰："车者，军之羽翼也[1]，所以陷坚陈，要强敌，遮走北也；骑者，军之伺候也[2]，所以踵败军[3]，绝粮道，击便寇也[4]。故车骑不敌战[5]，则一骑不能当步卒一人。三军之众成陈而相当，则易战之法[6]，一车当步卒八十人，八十人当一车；一骑当步卒八人，八人当一骑；一车当十骑，十骑当一车。险战之法[7]，一车当步卒四十人，四十人当一车；一骑当步卒四人，四人当一骑；一车当六骑，六骑当一车。夫车骑者[8]，军之武兵也[9]。十乘败千人，百乘败万人。十骑败百人，百骑走千人。此其大数也。"

【注释】

　　[1]羽翼：本篇指战车可大大增强军队的战斗力。

　　[2]伺候：担任侦察、突击任务的部队。

　　[3]踵：跟随，此处为追击。

　　[4]便寇：指行动便利、迅速的敌人。

　　[5]敌战：这里指能充分发挥作用的条件。

　　[6]易战：在平坦开阔的阵地作战。

　　[7]险战：在地势险要的阵地作战。

　　[8]车：原文作"卒"，据《武经七书直解》改。

　　[9]武兵：实力强大的兵种。

【译文】

周武王问姜太公说:"如使用战车与敌军步兵作战,一辆战车的战斗力可与多少名步兵相当?使用骑兵同敌军步兵作战,一名骑兵的战斗力可与多少名步兵相当?使用战车同敌军骑兵作战,一辆战车的战斗力可与多少名骑兵相当?"

姜太公回答:"战车,如羽翼的作用,威力强大,可用来攻陷敌人坚固的阵地,阻击强敌,拦截奔逃的敌兵;骑兵,可用来侦察窥探敌情,可以追赶落荒而逃的敌军,截断敌军粮道,袭击溃散的敌军。因此,战车和骑兵若是不能布置在合适的位置,其战斗力就无法充分发挥出来,这样的话,一名骑兵的力量甚至不能与一名步兵相比。如果全军将士列好阵势、各类队伍协同作战,那么在地势平坦处作战,一辆战车的力量可抵八十名步兵,八十名步兵等于一辆战车;一名骑兵的力量可抵八名步兵,八名步兵等于一名骑兵;一辆战车的力量可抵十名骑兵,十名骑兵等于一辆战车。在地势险要的阵地作战,一辆战车的力量可抵四十名步兵,四十名步兵等于一辆战车;一名骑兵的力量可抵四名步兵,四名步兵等于一名骑兵;一辆战车的力量可抵六名骑兵,六名骑兵等于一辆战车。战车和骑兵是所有的兵种中实力强大的兵种。十辆战车可击败敌军千名步卒,百辆战车可击败敌军万名步兵;十名骑兵可击败敌军百名步兵,百名骑兵可击溃敌军千名步兵。这些是大概的数字。"

【原文】

武王曰:"车骑之吏数、阵法奈何?"

太公曰:"置车之吏数,五车一长,十车一吏,五十车一率[1],百车一将。易战之法,五车为列,相去四十步,左右十步,队间六十步。险战之法,车必循道[2],十车为聚[3],二十车为屯,前后相去二十步,左右六步,队间三十六步,五车一长[4],纵横相去二里,各返故道。置骑之吏数,五骑一长,十骑一吏,百骑一率,二百骑一将。易战之法,五骑为列,前后相去二十步,左右四步,队间五十步。险战者,前后相去十步,左右二步,队间二十五步,三十骑为一屯,六十骑为一辈[5],十骑一吏[6],纵横相去百步,周环各复故处[7]。"

武王曰:"善哉!"

【注释】

〔1〕率:同"帅",军队官职名。

〔2〕循道:沿着道路行动。

〔3〕聚:古代战车编制单位,下文"屯"字亦同。

〔4〕五车一长：疑衍，《武经七书直解》无此四字。

〔5〕辈：古代骑兵编制单位。

〔6〕十骑一吏：疑衍，《武经七书直解》无此四字。

〔7〕周环：周旋，此处指交战。

【译文】

周武王又问："战车、骑兵的军官配备以及作战方法该如何确定呢？"

姜太公回答："战车部队军官的配备情况是：每五辆战车设立一长，每十辆战车设立一吏，每五十辆战车设立一率，每一百辆战车设立一将。地势平坦的地方作战，队形的排列应是：每五辆战车为一列，战车间前后间隔四十步，左右间隔十步，车队之间间隔六十步。在地势险要的地方作战，队形的排列应是：战车都必然顺着大道前进，每十辆战车组成一聚，每二十辆战车组成一屯，战车间前后间隔二十步，左右间隔六步，车队之间间隔三十六步。每五辆战车设立一长。战斗中同一车队的战车前后左右相距二里，战斗结束后，各辆战车都要返回原来位置。骑兵队伍中官吏的配置应该是：每五名骑兵设立一长，每十名骑兵设立一吏，每一百名骑兵设立一率，每二百名骑兵设立一将。在地势平坦的地方作战，队形的排列应是：每五名骑兵为一列，骑兵之间前后间隔二十步，左右距离四步，骑队之间间隔五十步。在地势险要的地方作战，队形的排列应是：骑兵之间前后间隔十步，左右距离两步，骑队之间间隔二十五步。每三十名骑兵组成一屯，每六十名骑兵组成一辈，每十名骑兵设立一吏。战斗中骑兵前后左右相距一百步，战斗结束后，各自回到原来的位置。"

周武王说："您讲得真是太奇妙了！"

武车士第五十六

【原文】

武王问太公曰："选车士奈何？"

太公曰："选车士之法，取年四十已下，长七尺五寸已上；走能逐奔马，及驰而乘之；前后、左右、上下周旋[1]；能缚束旌旗[2]、力能彀八石弩[3]，射前后左右皆便习者。名曰武车之士，不可不厚也。"

【注释】

〔1〕周旋：应战的意思。
〔2〕缚束：捆绑，此处引申为擎举旌旗。
〔3〕彀：张满弓弩。

【译文】

周武王问姜太公说："挑选车兵的方法是什么呢？"

姜太公说："选拔战车兵的标准是：选取年龄在四十岁以下，身高七尺五寸以上的；跑起来能追得上奔马，并在奔驰中跳上战车的；身体可以做到前后、左右、上下翻转自如的；能执掌旌旗、力大可拉满八石的硬弩的；熟练地向前后左右射击的人。这种士卒称为'武车之士'，不能不给他们丰厚的待遇。"

武骑士第五十七

【原文】

武王问太公曰："选骑士奈何[1]？"

【注释】

〔1〕骑士：即骑兵。

【译文】

周武王问姜太公说："应该怎样挑选骑兵呢？"

【原文】

太公曰："选骑士之法，取年四十已下，长七尺五寸已上；壮健捷疾，超绝伦等[1]；能驰骑彀射[2]，前后左右，周旋进退；越沟堑，登丘陵，冒险阻，绝大泽[3]；驰强敌，乱大众者，名曰武骑之士，不可不厚也。"

【注释】

〔1〕超绝：远远超过。伦等：同辈。
〔2〕驰骑彀射：即骑在奔马之上张弓射箭。
〔3〕绝：渡过。大泽：大江大河。

【译文】

姜太公回答："挑选骑兵的标准是：选取年龄在四十岁以下，身高在七尺五寸以上的；身强体健，动作敏捷，能力超群的；能在奔驰的马上，拉弓射击，前后左右，进退转身，都应付自如的；翻越沟堑，登高山，闯艰险困阻，渡大江大河的；进攻强敌，使敌军兵众大乱的人。这种人被称作'武骑之士'，不能不给予他们丰厚的待遇。"

战车第五十八

【原文】

武王问太公曰："战车奈何[1]？"

太公曰："步贵知变动，车贵知地形，骑贵知别径奇道[2]，三军同名而异用也，凡车之死地有十，其胜地有八[3]。"

【注释】

〔1〕战车：使用战车作战。
〔2〕别径奇道：小道、捷径。
〔3〕胜地：具备取胜有利条件的地形。

【译文】

周武王问姜太公说："如何使用站车与敌作战呢？"

姜太公回答："步兵进行作战，重要的是能依据形势不同的变化，采取相应的对策；车兵进行作战，重要的是依据地形情况；骑兵进行作战，重要的是要熟知小道、捷径。这三个兵种虽都是作战部队，但所起的具体作用是不同的。对于战车来说，使其陷入极端困难的境地有十种情况，使其能够挫败敌军的有利情况有八种。"

【原文】

武王曰:"十死之地奈何?"

太公曰:"往而无以还者,车之死地也。越绝险阻,乘敌远行者[1],车之竭地也[2]。前易后险者,车之困地也。陷之险阻而难出者,车之绝地也[3]。圮下渐泽[4]、黑土黏埴者[5],车之劳地也[6]。左险右易,上陵仰阪者[7],车之逆地也。殷草横亩,犯历深泽者,车之拂地也[8]。车少地易,与步不敌者[9],车之败地也。后有沟渎,左有深水,右有峻阪者,车之坏地也。日夜霖雨,旬日不止,道路溃陷,前不能进,后不能解者,车之陷地也。此十者,车之死地也。故拙将之所以见擒,明将之所以能避也。"

【注释】

[1]乘敌:追击敌人。

[2]竭地:精疲力竭之地。

[3]绝地:进退无路之地。

[4]圮(pǐ):毁坏。下:低洼。渐泽:低洼潮湿。

[5]黏埴:土地湿黏。

[6]劳地:人马劳困之地。

[7]陵:山陵,丘陵。仰:此处指登上。阪(bǎn):山坡。

[8]拂:逆,违背。

[9]不敌:本篇指步兵与战车的数量不配。

【译文】

周武王问:"使战车陷入困境的十种情况有哪些呢?"

姜太公回答:"只可前进不可后退,此类情况为战车的死地。克服重重艰难险阻,追逐敌人,长途行军,人困马乏,此类情况为战车的竭地。前方平坦而后面险要,此类情况为战车的困地。陷入危险的地形中,无法脱身,这类情况为战车的绝地。道路坍塌,地势低洼而且潮湿,黑土黏泥,行进困难,此类情况为战车的劳地。左侧是险峻的山地,右侧是平坦的土地,但又要登山爬坡,此类情况为战车的逆地。要穿过莽莽深草地,还要涉过深水,此类情况为战车的拂地;由于战车的数量少,所处地形平坦,也不能和敌军步兵相抵抗,此类情况为战车的败地。背后是沟渠,左面是深水,右面是险峻的山坡,此类情况为战车的坏地。大雨连绵多日,下个不停,道路被淋毁坍陷,向前无法行进,向后又无法撤退,此类情况为战车的陷地。遇到这十种情况,都是战车难以逃脱的危险境地。因此,蠢笨的将领不懂这些情况,总是难免被擒;聪明机智的将领懂得这些,则能避开死地。"

【原文】

武王曰："八胜之地奈何？"

太公曰："敌之前后行陈未定，即陷之[1]。旌旗扰乱，人马数动，即陷之。士卒或前或后，或左或右，即陷之。陈不坚固，士卒前后相顾，即陷之。前往而疑，后恐而怯，即陷之。三军卒惊，皆薄而起[2]，即陷之。战于易地，暮不能解[3]，即陷之。远行而暮舍，三军恐惧，即陷之。此八者，车之胜地也。将明于十害八胜，敌虽围周[4]，千乘万骑，前驱旁驰，万战必胜。"

武王曰："善哉！"

【注释】

[1] 陷：攻击。
[2] 薄：被逼迫而轻易行动。
[3] 解：脱离战斗。
[4] 围周：四周包围。

【译文】

周武王又问："能使兵车获胜的八种有利形势又是什么？"

姜太公回答："敌军前后阵形未定时，我军发起攻势，使用兵车进攻，可获胜。敌军旗帜混杂，不停地调遣人马，这时使用兵车进攻，可获胜。敌军行动不一致，有的在前，有的在后，有的在左，有的在右，这时使用兵车进攻，可获胜。敌军阵势不坚固，士兵们不住地前张后望，军心不稳，这时使用兵车进攻，可获胜。敌军想要前进又有所迟疑，想要后退时又胆怯不安，这时使用兵车进攻，可获胜。敌军发生自相惊扰，乘他们起身查看，尚未做好准备时，使用兵车进攻，可获胜。在地形平坦处交战，天黑时战斗仍没有结束，这时使用兵车进攻，可获胜。敌军经过长途跋涉，日落后宿营，全军既困倦又惧怕作战，这时使用兵车进攻，可获胜。这八种情况，都被看作是兵车的胜地。如果将领明确地掌握住使用兵车作战的十种死地和八种胜地，即使将我军团团围住，以成千上万的兵车、骑兵正面攻击，两侧袭击，我军也能够所向无敌，战无不胜。"

周武王说："您讲得真是太深刻了！"

战骑第五十九

【原文】

武王问太公曰:"战骑奈何?"

太公曰:"骑有十胜九败[1]。"

武王曰:"十胜奈何?"

【注释】

〔1〕十胜:十种制胜的情况。原文只有八胜,疑有脱简。九败:九种致败的情况。

【译文】

周武王问姜太公说:"骑兵的作战方法是怎样的呢?"

姜太公说:"骑兵作战有十种胜利的情况,九种失败的情况。"

周武王问:"十种取胜的情况是怎样的呢?"

骑有十胜九败

【原文】

太公曰:"敌人始至,行陈未定,前后不属,陷其前骑,击其左右,敌人必走。敌人行陈整齐坚固,士卒欲斗,吾骑翼而勿去,或驰而往,或驰而来,其疾如风,其暴如雷,白昼而昏,数更旌旗,变易衣服,其军可克。敌人行陈不固,士卒不斗,薄其前后,猎其左右[1],翼而击之,敌人必惧。敌人暮欲归舍,三军恐骇,翼其两旁,疾击其后,薄其垒口[2],无使得入,敌人必败。敌人无险阻保固,深入长驱，绝其粮路，敌人必饥。地平而易，四面见敌，车骑陷之，敌人必乱。敌人奔走，士卒散乱，或翼其两旁，或掩其前后，其将可擒。敌人暮返，其兵甚众，其行陈必乱，令我骑十而为队，百而为屯，车五而为聚，十而为群，多设旌旗，杂以强弩，或击其两旁，或绝其前后，敌将可虏。此骑之十胜也。"

【注释】

〔1〕猎：此处指袭击。
〔2〕垒口：营垒之入口。

【译文】

姜太公说："敌人刚到，行阵还未稳定，前后互不联系，我军应立即用骑兵攻破它前面的骑兵，夹击其两翼，敌人必定逃走。敌军行列整齐，阵势坚固，士卒斗志高昂，我军骑兵应咬住敌军两翼不放，有的急驰而往，有的飞奔而来，快速如风，猛烈如雷，尘土弥漫，白昼如同黄昏，我军多次更换旌旗，变换服装，以迷惑敌军，这样敌军可以被打败。敌军的行列阵势不稳固，士卒没有斗志，我军应迫近它的正面和后方，袭击它的左右，从两翼夹击敌军，敌人必定惊惧。敌军夜晚想回营休整，军心惊恐，我军骑兵应夹击其左右两翼，迅速攻击其后尾，追近敌军营垒的入口，不许敌人进入，敌军必定失败。敌军没有险阻地形可固守保护自己，我骑兵应长驱直入，切断敌人粮道，敌人必因饥饿而失败。敌军所处地形平坦，四面受敌，我骑兵应配合战车攻击它，敌人必定溃乱。敌人败逃，士兵散乱，我骑兵或从两翼夹击，或袭击其前后，敌军将帅就会被擒。敌人日暮返回营地，士兵众多，队形必然混乱，应命令我骑兵十人为一队，百人为一屯，战车五辆为一聚，十辆为一群，多设旗帜，配备强弩，或攻击其两翼，或从中截断敌军，敌军将帅可以被俘。这是骑兵作战的十种取胜战机。"

【原文】

武王曰："九败奈何？"

太公曰："凡以骑陷敌而不能破陈，敌人佯走，以车骑返击我后，此骑之败地也。追北逾险，长驱不止，敌人伏我两旁，又绝我后，此骑之围地也。往而无以返，入而无以出，是谓陷于天井，顿于地穴[1]，此骑之死地也。所从入者隘，所从出者远，彼弱可以击我强，彼寡可以击我众，此骑之没地也。大涧深谷，翳薉林木，此骑之竭地也。左右有水，前有大阜，后有高山，三军战于两水之间，敌居表里[2]，此骑之艰地也[3]。敌人绝我粮道，往而无以返，此骑之困地也。汙下沮泽[4]，进退渐洳[5]，此骑之患地也[6]。左有深沟，右有坑阜[7]，高下如平地，进退诱敌，此骑之陷地也[8]。此九者，骑之死地也。明将之所以远避，暗将之所以陷败也。"

【注释】

〔1〕地穴：下陷的土地。
〔2〕表里：指内外有利之地形。
〔3〕艰地：行动艰难的地形。
〔4〕沮泽：水草所聚的地方。
〔5〕渐洳：低湿泥泞的地带。
〔6〕患地：灾难性的地形。
〔7〕坑阜：大坑。
〔8〕陷地：一经陷入即难以摆脱的地形。

【译文】

周武王说："九种致败的情况又是什么呢？"

姜太公说："凡是用骑兵攻击敌人，而不能攻破敌阵，敌人佯装逃走，而以战车和骑兵反攻我军后方，这就使我军骑兵陷入了'败地'。我军追击败退的敌人，越过险阻，长驱直入而不停止，而敌人埋伏在我军两旁，又断绝了我军后路，这就使我军骑兵陷入了'围地'。前进后无法撤退，进去后无法出来，这叫陷入天井之内、困于地穴之中，这种地形是骑兵的'死地'。入口的道路狭窄，出口处的道路迂回遥远，敌军虽弱却可以击败我军强大的兵力，以少量的兵力击败我军众多的兵力，这就使我军骑兵陷入了'没地'。大溪深谷，林木茂盛，这就使我军骑兵陷入了'竭地'。左右有河流，前有大岭，后有高山，我三军在两条河之间作战，敌人内凭山险，外据水道，占据了有利地势，这就使我军骑兵陷入了'艰地'。敌人断我粮道，我军有进路而无退路，这就使我军骑兵陷入了'困地'。处在地势低洼和水草丛生的地方，出来进去都是泥泞，这就使我军骑兵陷入了'患地'。左有深沟，右有坑洼和土山，高低差别不大就像平地一样，无论进退都可能招致敌人的攻击，这就使我军骑兵进入了'陷地'。这九种地形，都是骑兵作战的失败之地。聪明机智的将帅懂得这些，就会避开这些不利情况，愚笨的将帅就不免要遭遇失败。"

战步第六十

【原文】

武王问太公曰："步兵车骑战奈何？"

太公曰："步兵与车骑战者，必依丘陵险阻，长兵强弩居前，短兵弱弩居后，更发更止。敌之车骑虽众而至，坚陈疾战，材士强弩，以备我后。"

武王曰："吾无丘陵，又无险阻，敌人之至，既众且武，车骑翼我两旁，猎我前后，吾三军恐怖，乱败而走，为之奈何？"

太公曰："令我士卒为行马、木蒺藜，置牛马队伍，为四武冲陈。望敌车骑将来，均置蒺藜，掘地匝后[1]，广深五尺，名曰命笼[2]。人操行马进步，阑车以为垒，推而前后，立而为屯，材士强弩，备我左右。然后令我三军皆疾战而不解[3]。"

武王曰："善哉！"

【注释】

〔1〕掘地匝后：指四周开掘壕沟。
〔2〕命笼：指军阵四周的环形防御枢纽，包括沟堑等。
〔3〕解（xiè）：通"懈"，松懈，懈怠。

【译文】

周武王问姜太公曰："步兵怎样与战车、骑兵部队作战呢？"

姜太公说："步兵与战车、骑兵作战，必须依靠丘陵和险阻的地形列阵，把长兵器和强弩配置在前面，把短兵器和弱弩放在后面，轮流战斗，轮番休息。敌人的战车和骑兵即便大量到达，我军只要坚守有利地形，勇猛快速地战斗，并使用猛士强弩，戒备好我军后方，这样就能安全了。"

周武王说："我军无丘陵，又无险阻可以利用，敌人到来时，兵力既多又强，战车和骑兵包围我军两翼，袭击我军的前后，我三军恐惧，溃败而逃，对此该如何处理呢？"

姜太公说："令我军士卒制作行马和木蒺藜等障碍物，将牛、马集中起来编成一队管理，把步兵结成'四武冲阵'。望见敌人的车骑即将到来，就在他来的方向，广布铁蒺藜，并掘成环形的壕沟，深宽各五尺，叫作'命笼'。士兵带着行马进退，用车辆组成营垒，推着它前后移动，停下来就成为营寨，用猛士强弩戒备左右，然后即可命我三军迅速投入战斗，不可有任何的懈怠。"

周武王说："您说得真是太有道理了！"

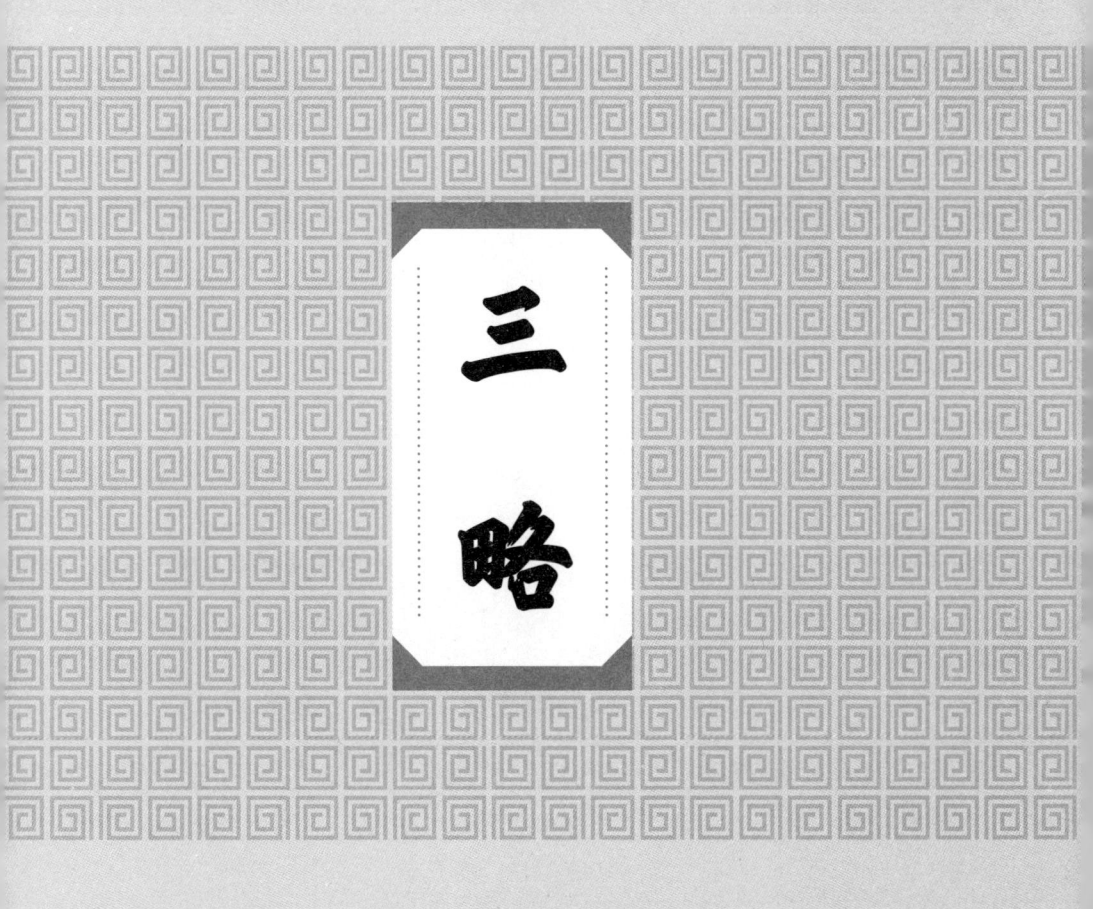

三略

上略

主将之法，务揽英雄之心

【原文】

夫主将之法[1]，务揽英雄之心[2]，赏禄有功[3]，通志于众[4]。故与众同好靡不成[5]；与众同恶靡不倾。治国安家，得人也；亡国破家，失人也。含气之类咸愿得其志[6]。

【注释】

〔1〕主将：军队最高统帅。
〔2〕英雄：才能出众、勇武超群的人。
〔3〕赏禄：赏赐官位俸禄。
〔4〕通志：意志相通。
〔5〕好（hào）：爱好，喜好。引申为愿望，目标。靡（mǐ）：无，没有。
〔6〕含气之类：泛指一切有生命者。本篇特指人类。

【译文】

主将统军的方法，就是一定要收揽天下英雄的心，把禄位赏赐给有功的人，使众人与自己意志相通。所以，与众人追求的目标相同，这个目标没有不被实现的；与众人憎恨的敌人相同，这个敌人没有不被倾覆的。国治家安，是由于得到了人心；国破家亡，是由于失去了人心。因为所有的人都有实现自己志向的愿望。

【原文】

《军谶》曰[1]："柔能制刚，弱能制强[2]。"柔者，德也；刚者，贼也[3]。弱者人之所助；强者怨之所攻。柔有所设，刚有所施，弱有所用，强有所加，兼此四者而制其宜。

【注释】

〔1〕《军谶》：古代兵书名，已佚。
〔2〕柔能制刚，弱能制强：以柔弱之法战胜刚强的敌人。
〔3〕贼：伤害，引申为祸害。

【译文】

《军谶》说:"柔能制服刚,弱能战胜强。"柔是一种美德,刚是一种祸害。弱小者容易得到人们的同情和帮助,强大者易于受到人们的怨恨和攻击。有时候要用柔,有时候要用刚,有时候要示弱,有时候要用强。应该把这四者结合起来,根据情况的发展变化,巧妙地加以运用。

【原文】

端末未见[1],人莫能知。天地神明,与物推移[2],变动无常。因敌转化,不为事先[3],动而辄随。故能图制无疆[4],扶成天威[5],匡正八极[6],密定九夷[7]。如此谋者,为帝王师。

【注释】

[1]端末:事情的开始与结束。

[2]天地神明,与物推移:天地间一切神灵奥妙,都是随着事物的推移而变化的。神明,天地间一切神灵的总称。推移,指事物的变化发展。

[3]不为事先:不要情况不明就先采取行动。

[4]图制无疆:图谋制敌而无往不胜。

[5]扶成天威:辅佐君主树立威信。扶成,辅助其成功。天威,本意为上天之威严,这里指君王的威权。

[6]匡正八极:拯救接济天下。匡正,扶正拯救。八极,指天下。

[7]密定九夷:安定各少数民族。九夷,我国古代东方的九种部族。

【译文】

事物的始末还没有完全显现出来,没有人能了解它的全部情况。天地间的神灵奥妙,可以通过万物的变化表现出来。敌我双方的形势也是变化无常的,必须根据敌情的变化而制定不同的方略。在形势不明之前不要先采取行动,一旦时机成熟,便应立即采取相应的对策。这样就可以图谋制敌而无往不胜,辅佐君王树立威信,一统天下,安定四方。有如此谋略的人,便可以做帝王的老师了。

端末未见,人莫能知

【原文】

　　故曰，莫不贪强，鲜能守微[1]；若能守微，乃保其生。圣人存之[2]，动应事机[3]，舒之弥四海，卷之不盈怀，居之不以家宅，守之不以城郭，藏之胸臆，而敌国服。

【注释】

　　[1]鲜能守微：很少能够持守"柔能制刚，弱能制强"的微妙。鲜（xiǎn），少。守，持守，掌握。微，精妙之理。
　　[2]圣人：旧时通常指具有高超道德智慧的人，也是对帝王的尊称。本篇指君主或帝王。
　　[3]事机：谓行事的时机，成就事业的机会。

【译文】

　　古语说，人没有不争强好胜的，却很少有人掌握刚柔强弱这个精妙之理；如果能掌握这个道理，就可以保身了。圣人掌握了这个道理，他的行动总能抓住时机。这个精妙之理，舒展开来足以遍布四海，收拢起来却不满怀抱。无须用房舍去安置它，无须用城郭去守护它，将它藏于胸中，就可以使敌国屈服了。

【原文】

　　《军谶》曰："能柔能刚，其国弥光[1]；能弱能强，其国弥彰[2]。纯柔纯弱，其国必削；纯刚纯强，其国必亡。"

【注释】

　　[1]弥光：更加光明。弥，更加。
　　[2]弥彰：更加昌盛。彰，昌盛。

【译文】

　　《军谶》说："既能柔，又能刚，则国家更加光明；既能弱，又能强，则国势更加昌盛。单纯地柔和弱，则国力必然削弱；单纯地刚和强，则国家一定会灭亡。"

【原文】

　　夫为国之道[1]，恃贤与民。信贤如腹心，使民如四肢，则策无遗。所适如支体相随[2]，骨节相救，天道自然[3]，其巧无间。

【注释】

〔1〕道：这里指事理，规律，法则，原则。
〔2〕所适：指行动。支体：即"肢体"，指整个身体或单指四肢。
〔3〕天道自然：自然界不经人力干预而存在、发展、变化。

【译文】

治理国家的原则，在于依靠贤能的大臣和广大百姓。信任贤者如同自己的心腹，使用人民如用自己的手足，政令便不会有什么纰漏了。这样，行动起来便会像四肢与躯干一样协调，像各个关节一样互相照应，像天道运行一样顺乎自然，巧妙得没有一点儿痕迹。

【原文】

军国之要，察民心，施百务。危者安之，惧者欢之，叛者还之，冤者原之，诉者察之，卑者贵之，强者抑之，敌者残之，贪者丰之，欲者使之，畏者隐之，谋者近之，谗者覆之[1]，毁者复之[2]，反者废之，横者挫之，满者损之，归者招之，服者居之，降者脱之。获固守之，获厄塞之，获难屯之[3]，获城割之[4]，获地裂之[5]，获财散之。敌动伺之，敌近备之，敌强下之，敌佚去之[6]，敌陵待之，敌暴绥之[7]，敌悖义之，敌睦携之[8]。顺举挫之，因势破之，放言过之[9]，四网罗之[10]。得而勿有[11]，居而弗守[12]，拔而勿久[13]，立而勿取[14]，为者则己，有者则士[15]，焉知利之所在！彼为诸侯，己为天子，使城自保，令士自取。

世能祖祖[16]，鲜能下下[17]。祖祖为亲，下下为君。下下者，务耕桑不夺其时，薄赋税不匮其财[18]，罕徭役不使其劳，则国富而家娭[19]，然后选士以司牧之[20]。夫所谓士者，英雄也。故曰，罗其英雄，则敌国穷。英雄者，国之干；庶民者，国之本。得其干，收其本，则政行而无怨。

【注释】

〔1〕覆：倾覆。
〔2〕复：惩罚，报复。
〔3〕难（nàn）：不容易攻占之地。
〔4〕割：剖割，此处指把城池赏赐他人。
〔5〕裂（liè）：分裂，此处指分地来封赏有功之人。
〔6〕佚（yì）：同"逸"，安逸，安闲。这里指以逸待劳。
〔7〕绥：怀柔，安抚。
〔8〕携：离间，分化。
〔9〕放言过之：散布假情报诱使敌人发生过失。

〔10〕四网罗之：把敌人包围加以歼灭。

〔11〕得而勿有：取得胜利后不要归功于自己。

〔12〕居而弗守：缴获的财物不要攫为己有而要分给众人。

〔13〕拔而勿久：夺取敌人城邑不要耽搁太久。

〔14〕立而勿取：立其国君执政而不自取其位。

〔15〕为者则己，有者则士：决策出于自己，功劳归于将士。

〔16〕祖祖：敬畏祖先。

〔17〕下下：爱护民众。

〔18〕薄：底本误作"簿"，根据《武经七书汇解·三略·上略》校正作"薄"，减轻的意思。

〔19〕家娱：家家欢乐。娱，"嬉"的古字，谓嬉戏，玩乐。

〔20〕司牧：管理，统治。

【译文】

君主统军治国的关键，在于体察众人的心理，采取相应的措施。处境危险的要使之安全，心存畏惧的要使之欢愉，离乡逃亡的要进行招还，含冤受屈的要为其申冤昭雪，上告申诉的要调查清楚，地位卑贱的人要使他尊贵，对待豪强要给予约束，敌对的要消灭他，贪图钱财的要厚给赏赐，想要成名的要予以任用，畏惧的要替其隐匿，善于谋划的要与之亲近，爱进谗言的要弃之不用，诋毁他人的要受到惩罚，反叛之人要坚决消灭，蛮横之人要挫其锋芒，骄傲自满的要警告，愿意归顺的要招抚，已被征服的要予以安置，投降的人要免除他的一切罪过。占领了坚固的地方要注意守卫，占领了险隘的地方要加以阻塞，占领了难攻的地方要驻兵把守，占领了城邑要分赏有功之臣，占领了土地要分封给出力之士，获得了财物要赏赐给众人。敌人行动要密切监视，敌人接近要严加防备，敌人强大要退让，敌人安逸要引而避之，敌人来侵犯要严阵以待，敌人凶暴要安抚他的臣民，敌人悖逆要申张正义，敌人和睦要分化离间。顺应敌人的行动来挫败它，利用敌人的情势来击破它，散布假情报以造成敌人的过失，四面包围将其歼灭。胜利时不要将功劳归于自己，缴获的财物不要自己独占，攻打敌人城邑不要耽搁太久，立其国之人为君而不要取而代之。决策出于自己，功劳归于将士，哪里知道这才是真正的大利啊！别人当诸侯，自己做天子，使他们各自保住城邑，各自征收税赋。

世上的君主都能敬畏祖先，却很少有人能爱护自己的民众。敬畏祖先是宗亲之道，爱护民众才是为君之道。爱护民众的君主，重视农桑，不违农时，减轻赋税，民众不贫，于是国家富足，民众安乐，然后再选拔贤士去管理他们。所谓的贤士，就是人们所说的英雄。所以说，网罗了敌国的英雄，敌国就会陷入困窘的境地。英雄是国家的骨干，民众是国家的根本。得到了骨干，获取了根本，政令就可顺利推行，百姓也就不会有所怨恨。

【原文】

夫用兵之要，在崇礼而重禄。礼崇则智士至[1]，禄重则义士轻死[2]。故禄贤不爱财，赏功不逾时，则下力并而敌国削。夫用人之道，尊以爵，赡以财，则士自来；接以礼，励以义，则士死之。

【注释】

[1]智士：有智慧或谋略的人。
[2]义士：恪守大义、笃行不苟的人。轻死：不怕死，敢于牺牲。

【译文】

用兵的要义，在于推崇礼节和厚施利禄。注重礼节，智谋之士便会前来投奔；厚给俸禄，义士便会视死如归。所以，给予贤士俸禄时不应吝惜财物，奖赏有功之臣时不应超过一定的时间。这样，部属们便会同仇敌忾，削弱敌国了。用人的原则，就是封爵以示尊重，以厚禄供养他，这样贤士就会自动来了；以礼节来接待他，用大义来激励他，义士便会以死相报了。

【原文】

夫将帅者，必与士卒同滋味而共安危[1]，敌乃可加[2]，故兵有全胜，敌有全囚[3]。昔者良将之用兵，有馈箪醪者[4]，使投诸河与士卒同流而饮。夫一箪之醪不能味一河之水，而三军之士思为致死者，以滋味之及己也。《军谶》曰："军井未达，将不言渴；军幕未办，将不言倦；军灶未炊，将不言饥。冬不服裘，夏不操扇，雨不张盖，是谓将礼。"与之安，与之危，故其众可合而不可离，可用而不可疲，以其思素蓄，谋素和也[5]。故曰，蓄恩不倦，以一取万[6]。

【注释】

[1]同滋味：同甘共苦。
[2]敌乃可加：可以超越敌人。
[3]敌有全囚：俘获全部的敌人。
[4]箪醪：箪（dān），古时用于盛酒食的竹或苇编制的盛器，圆形有盖。醪（láo），酒的总称。

夫将者，必与士卒同滋味而共安危

〔5〕谋：本篇指人的思想、意志。
〔6〕以一取万：将帅一人经常施恩于众，就会使得成千上万的人自动归附。

【译文】

身为将帅，必须与士卒同甘苦、共安危，才可超越敌人，如此我军才会大获全胜，这也是敌军全军覆没的原因。以往良将用兵，有人送给他一坛美酒，他让人倒在河中，与士卒同流而饮。虽小小一坛酒，不能使一条河里的水有酒味，而三军将士都想以死相报，这是因为将帅与自己同甘共苦。《军谶》说："军井没有打好，将帅不说口渴；帐篷没有搭好，将帅不说疲劳；饭菜没有烧好，将帅不说饥饿。冬日不独自穿皮衣，夏日不用扇子，下雨不打雨伞，这就是将帅的礼节。"将帅能与士卒同甘苦、共患难，军队便会万众一心，不可分离；南征北战，不会懈怠，这是由于将帅平日里积蓄恩惠，思想是平日里就统一的。所以说，一个将帅不断地施恩惠于士卒，便可以赢得千万人的拥护。

【原文】

《军谶》曰："将之所以为威者，号令也。战之所以全胜者，军政也。士之所以轻战者[1]，用命也。"故将无还令，赏罚必信，如天如地[2]，乃可御人；士卒用命，乃可越境。

夫统军持势者，将也；制胜破敌者，众也。故乱将不可使保军[3]，乖众不可使伐人[4]。攻城则不拔，图邑则不废[5]，二者无功，则士力疲弊。士力疲弊，则将孤众悖[6]，以守则不固，以战则奔北，是谓老兵[7]。兵老则将威不行，将无威则士卒轻刑，士卒轻刑则军失伍[8]，军失伍则士卒逃亡，士卒逃亡则敌乘利，敌乘利则军必丧。

《军谶》曰："良将之统军也，恕己而治人。推惠施恩，士力日新。战如风发，攻如河决。故其众可望而不可当，可下而不可胜。以身先人[9]，故其兵为天下雄。"

《军谶》曰："军以赏为表，以罚为里[10]。赏罚明，则将威行；官人得[11]，则士卒服；所任贤，则敌国震。"

《军谶》曰："贤者所适，其前无敌。"故士可下而不可骄，将可乐而不可忧[12]，谋可深而不可疑。士骄则下不顺，将忧则内外不相信，谋疑则敌国奋。以此攻伐则致乱。夫将者，国之命也。将能制胜，则国家安定。

【注释】

〔1〕轻战：以战事为轻，引申为不怕打仗。
〔2〕如天如地：赏罚如同天地的四时运行那样准确无误。

〔3〕乱将：治军无法度的将领。保军：保全军队，本篇指统率军队。

〔4〕乖众：离心离德的部众。乖，背离。

〔5〕图邑则不废：图，谋取也。邑，古代国之称。不能达到灭亡敌国的目的。

〔6〕将孤众悖：悖，底本作"特，形近而误，根据《武经七书汇解·三略·上略》校正。此句意思是，将领孤立于上，部众抗命于下。

〔7〕老兵：疲惫困乏的军队。老，疲惫，困乏。

〔8〕失伍：士卒失去行伍建制，引申为队伍混乱。

〔9〕以身先人：将帅在作战时冲在士卒前面，奋勇杀敌。

〔10〕以赏为表，以罚为里：治军要以奖赏为表，以惩罚为里，二者缺一不可。

〔11〕官人得：以官职任人而得其人，这里指官吏得力。

〔12〕将可乐而不可忧：君主之任将，应使将领怀有得到充分信任的快乐，而不可使他担心遭到谗言离间。

【译文】

《军谶》说："将帅之所以有威严，是因为号令严明，作战的胜利在于军政好，士卒的不怕打仗在于听命。因此，将帅要令出必行，赏罚必信，像天地时令那样不可更易，这样，将帅才能统御士卒；士卒服从命令，才可以出境远征作战。"

统帅军队、掌握态势的是将领，夺取胜利、直接攻击敌人的是士卒。所以，治军无方的将领不能让他统率三军，离心离德的士卒不能用于攻伐敌国。这样的军队，攻打城池难以拔取，灭亡敌国难以攻灭，两件事都做不到，反而会使军力疲惫不堪。军力疲惫不堪，就会使将领更加孤立，士卒更加抗命，这样的军队，用来守卫则阵地必不稳固，用来作战则士卒必然溃逃，这就叫疲惫困乏的军队。疲惫困乏的军队，将领就没有威信。将领失去威信，士卒就会轻视刑罚。士卒不怕刑罚，军队就必然混乱。军队混乱，士卒就必然逃亡。士卒逃亡，敌人就必然乘机进攻。敌人进攻，军队就必然大败。

《军谶》说："良将统帅军队，以恕己之道治理部下。广施恩惠，军队的战斗力就会逐渐增强。交战时如狂风一样迅疾，进攻时如江河决堤一样猛烈而势不可挡。所以这样的军队，敌人只能望风而逃，却根本无力抵挡；这样的军队，敌人只能俯首向我投降，却没有任何取胜的希望。将领能身先士卒，他的军队便可以称雄天下了。"

《军谶》说："治军应以奖赏为表，以惩罚为里，二者缺一不可。赏罚分明，将领的威信才能树立起来；官吏得力，士卒们才会心悦诚服。重用德才兼备的人，敌国就会惧怕。"

《军谶》说："贤士归附的地方，军队必定会所向无敌。"所以，对待贤士要谦恭而不可怠慢，对待将帅要令其心情愉快而不可使之有隐忧，对于谋略要深思熟虑而不可犹豫不决。对士简慢，下属就不会悦服。将有隐忧，君主与将领之间便互不信任。谋略犹豫，敌国就会乘机得势。若以这样的军队去打仗，必然招致祸乱。将帅是国家命运的掌握者，若将帅能克敌制胜，国家就能保持长久安定。

【原文】

《军谶》曰："将能清，能静，能干，能整，能受谏，能听讼，能纳人，能采言，能知国俗，能图山川[1]，能表险难，能制军权。"故曰，仁贤之智，圣明之虑，负薪之言[2]，廊庙之语[3]，兴衰之事，将所宜闻。

将者，能思士如渴，则策从焉。夫将拒谏，则英雄散。策不从，则谋士叛。善恶同[4]，则功臣倦[5]。专己，则下归咎。自伐，则下少功。信谗，则众心离。贪财，则奸不禁。内顾[6]，则士卒淫。将有一，则众不服；有二，则军无式[7]；有三，则下奔北；有四，则祸及国。

《军谶》曰："将谋欲密，士众欲一，攻敌欲疾。"将谋密，则奸心闭；士众一，则军心结；攻敌疾，则备不及设。军有此三者，则计不夺[8]。将谋泄，则军无势；外窥内[9]，则祸不制；财入营，则众奸会。将有此三者，军必败。

将无虑，则谋士去。将无勇，则吏士恐。将妄动，则军不重。将迁怒[10]，则一军惧。《军谶》曰："虑也，勇也，将之所重；动也，怒也，将之所用。"此四者，将之明诫也[11]。

【注释】

〔1〕图：绘制地图，这里可作了解、掌握解。

〔2〕负薪：背负柴草，借指地位低下的人，这里指百姓。

〔3〕廊庙：本意是殿下屋和太庙，这里指代朝廷。

〔4〕善恶同：善恶不分。

〔5〕功臣倦：使有功之臣倦怠消极。倦，厌倦，懈怠，消极。

〔6〕内顾：指思恋妻妾，引申谓迷恋女色。

〔7〕无式：没有法度。式，准则，法度。

〔8〕夺：削夺，丧失。引申谓遭到破坏。

〔9〕外窥内：指敌人窃取我军内部情况。外，指敌人。窥，窥察，窃取。内，指我军内情。

〔10〕迁怒：本意为把对甲的怒气发泄到乙身上，这里泛指发怒于众。

〔11〕明诫：诫，底本误作"诚"，形近而误。今据《武经七书汇解》校改。

【译文】

《军谶》上说:"将帅应能清廉,能沉静,能公平,能严肃,能接受劝谏,能明断是非,能容纳人才,能博采众议,能知各国风俗,能了解山川形势,能说出险关要隘,能控制三军的权柄。"所以说,举凡贤臣的睿智、君主的远虑、百姓的议论、朝廷讨论的意见、历代成败的经验,都是将帅所应当了解的。

将帅能思贤如渴,有谋略的人就会聚集在他的周围。将帅不听下属的意见,杰出的人才就会散去;不采纳谋士的良策,谋士就会叛离;善恶不分,功臣就会倦怠消极;独断专行,部下就会怨恨自己;自我炫耀,下属就不愿多建战功;听信谗言,众人就会离心离德;贪图钱财,坏的东西就无法禁止;贪恋女色,士卒就会淫乱无度。将帅如有上面一条,士卒就不会心悦诚服;有了两条,军队就没了法度;有了三条,全军就会溃败;有了四条,就会给国家带来灾祸。

《军谶》上说:"将帅的谋划要保密,士卒的意志要统一,攻击的行动要迅速。"将帅谋划秘密,奸细便无机可乘;士卒意志统一,军心便固结不离;攻击行动迅速,敌军便来不及防备。做到了这三条,军队的行动计划便不会失败。将帅谋划泄露,军队的有利态势便失去了;奸细窥得内情,军队的祸患便无法制止了;不义的财物进入军营,各种坏事便一起发生了。将帅有了这三条,军队必定要打败仗。

将帅如目光短浅,谋士就会离去;将帅怯懦而无勇,官兵就会惶恐不安;将帅轻举妄动,军心便会不稳定;将帅迁怒于人,全军就会畏惧。《军谶》上说:"谋深虑远,坚定勇敢,是将帅高贵的品德。适时而动,当怒而怒,是将帅用兵的艺术。"这四项,是对将帅明确的告诫。

【原文】

《军谶》曰:"军无财,士不来;军无赏,士不往。"《军谶》曰:"香饵之下,必有悬鱼[1];重赏之下,必有死夫[2]。"故礼者,士之所归;赏者,士之所死。招其所归,示其所死,则所求者至。故礼而后悔者,士不止;赏而后悔者,士不使。礼赏不倦,则士争死。

《军谶》曰:"兴师之国,务先隆恩;攻取之国,务先养民。"以寡胜众者,恩也;以弱胜强者,民也。

故良将之养士，不易于身[3]；故能使三军如一心，则其胜可全。

《军谶》曰："用兵之要，必先察敌情：视其仓库，度其粮食，卜其强弱，察其天地，伺其空隙。故国无军旅之难而运粮者，虚也；民菜色者[4]，穷也。千里馈粮，民有饥色；樵苏后爨[5]，师不宿饱[6]。夫运粮千里[7]，无一年之食；二千里，无二年之食；三千里，无三年之食，是谓国虚[8]。国虚则民贫，民贫则上下不亲。敌攻其外，民盗其内，是谓必溃。"

【注释】

[1] 悬鱼：已经上钩的鱼。
[2] 死夫：不怕死的壮士。
[3] 易：改变。
[4] 菜色：义同"饥色"，指饥民营养不良的脸色。
[5] 樵苏后爨：指军队临时砍柴割草，然后烧火做饭。
[6] 宿饱：经常饱食。师不宿饱，意思是，部队经常吃不饱饭。
[7] 千：底本作"百"，据前文之"千里馈粮"，以及下文的二"千"字，疑为"千"之误。故据《武经七书汇解·三略·上略》校改。
[8] 谓：底本没有此字，据《武经七书汇解·三略·上略》及下文补。

【译文】

《军谶》上说："军队没有军资粮饷，军士就不会来应征入伍；军中没有奖赏，军士就不会勇往直前。"《军谶》上说："在香美的鱼饵的引诱下，必定有上钩之鱼；在厚重的赏赐引诱之下，必定有敢死之士。"所以，使士真心归附的是礼，使士乐于效死的是赏。以礼来招徕重视礼节者，以赏来吸引追求赏赐者，那么所需要的人才也就来到了。所以先以礼相待，后来又反悔的，士就不会留在营中；先以赏示人，后来又反悔的，士就不会为之效命。只有礼、赏始终如一，不加更改，贤士和士卒才会争先恐后地拼死效命。

《军谶》上说："要进行战争，务必事先厚施恩惠；要进攻别国，务必事先与民休息。能以少胜多，是厚施恩惠的结果；能以弱胜强，是得到民众拥护与支持的结果。因此，良将养士，和对待自己没有什么不同，这样就能全军万众一心，战无不胜、攻无不克了。"

《军谶》上说："用兵的关键，在于预先查明敌情。了解敌军物资的储备情况，估计其粮食的多少，判断其兵力的强弱，调查其天气与地形情况，寻找其薄弱环节。所以，国家没有战争而运送粮食的，说明其国内空虚；百姓面黄肌瘦的，说明其民众贫穷。从千里之外运粮，民众就会面带饥色；临时砍柴做饭，军队便无隔宿之饱。千里之外运粮，说明国家缺一年之粮；二千里之外运粮，说明国家至少缺两年的粮食；三千里之外运粮，说明国家至少缺三年的粮食。这正是国家空虚的表现。国势衰微，百姓就会贫穷。百姓贫穷，上下就不会亲睦。敌人从外面进攻，百姓在内部生变，国家就必然崩溃。"

【原文】

《军谶》曰："上行虐则下急刻，赋敛重数，刑罚无极，民相残贼[1]。是谓亡国。"

《军谶》曰："内贪外廉，诈誉取名；窃公为恩，令上下昏；饰躬正颜[2]，以获高官。是谓盗端。"

《军谶》曰："群吏朋党[3]，各进所亲；招举奸枉，排挫仁贤；背公立私，同位相讪[4]。是谓乱源。"

《军谶》曰："强宗聚奸，无位而尊，威无不震；葛藟相连，种德立恩，夺在位权；侵侮下民，国内哗喧，臣蔽不言。是谓乱根。"

《军谶》曰："世世作奸，侵盗县官[5]；进退求便，委曲弄文，以危其君。是谓国奸。"

《军谶》曰："吏多民寡，尊卑相若，强弱相虏[6]；莫适禁御，延及君子，国受其咎。"

《军谶》曰："善善不进[7]，恶恶不退[8]，贤者隐蔽，不肖在位，国受其害。"

《军谶》曰："枝叶强大，比周居势[9]，卑贱陵贵，久而益大，上下忍废，国受其败。"

《军谶》曰："佞臣在上，一军皆讼。引威自与，动违于众。无进无退[10]，苟然取容[11]。专任自己，举措伐功[12]。诽谤盛德，诬述庸庸[13]。无善无恶，皆与己同。稽留行事，命令不通。造作苛政[14]，变古易常。君用佞人，必受祸殃。"

《军谶》曰："奸雄相称，障蔽主明。毁誉并兴，壅塞主聪。各阿所私[15]，令主失忠。"

故主察异言[16]，乃睹其萌。主聘儒贤，奸雄乃遁。主任旧齿[17]，万事乃理。主聘岩穴[18]，士乃得实。谋及负薪，功乃可述。不失人心，德乃洋溢。

【注释】

〔1〕残贼：残酷杀害，这里指民众起来反抗。
〔2〕饰躬正颜：原意为修饰自身、端正容颜，这里指伪装正派的人。
〔3〕朋党：政见不同，因而相互倾轧的党派。
〔4〕讪（shàn）：毁谤，讥讽。
〔5〕县官：古时天子之别称。
〔6〕相虏：相掠夺，引申为相欺凌。

[7]善善：喜爱好人。

[8]恶恶：厌恶坏人。

[9]比周：结党营私。

[10]无进无退：佞臣的一举一动都不知廉耻礼义。

[11]苟然取容：以卑屈之态取媚讨好于上。苟然，卑屈谄媚的样子。取容，看上级脸色行事。

[12]伐功：夸耀自己的功劳。

[13]庸庸：谓酬报有功。

[14]苛政：底本原作"奇政"，疑误。今据《武经七书汇解》校改。

[15]所私：私，底本误作"以"，今据《武经七书汇解》校改。所私，指自己所亲信的人。

[16]异言：这里指颠倒是非、混淆黑白的言论。《武经七书汇解》："异言，变乱黑白是非之言。"

[17]旧齿：老臣，旧臣。

[18]岩穴：本意为山洞，这里指岩穴之士，亦即隐居之士。

【译文】

《军谶》上说："君主暴虐无道，臣属就会急迫而苛刻。横征暴敛，滥用酷刑，百姓便会起来反抗。如此必然亡国。"

《军谶》上说："内心贪婪而外表廉洁，以欺骗的手段猎取好的名声，盗用朝廷的爵禄以行私惠，使上上下下都认不清真相，把自己伪装成正派的人，以此骗取高官。这就是窃国的开端。"

《军谶》上说："官吏结党营私，各自引进亲信，网罗奸邪之徒，压制仁人贤士，背着朝廷，谋取私利，同僚之间，毁谤不已。这就是人们所说的大乱之源。"

《军谶》上说："豪门大族结为朋党，谋取私利，虽然没有国家授予的官职，却十分显赫，滥施淫威，没有人不害怕他们。他们彼此勾结，如同葛藟盘根错节一样，私布小恩小惠，侵夺朝廷大权。欺压穷苦百姓，国内怨声载道，骚动不安，群臣却隐蔽实情不敢直言。这就是人们所说的大乱之根。"

《军谶》上说："世代相袭为官，肆意作恶，侵蚀天子的权威，一举一动，皆为自己谋取私利，歪曲文法，连高高在上的君主都受到了威胁。这就是人们所说的国之奸贼。"

《军谶》上说："官多民少，尊卑不分，以强凌弱，朝廷也不能及时禁止，连君子也受到牵连。这样，国家必定要蒙受其难。"

《军谶》上说："喜爱好人而不任用，厌恶坏人而不贬斥，有才有德的人被迫隐退，品行恶劣的人却当权执政。这样，国家必定要蒙受其害。"

《军谶》上说："宗室势力强大，互相勾结，窃居要位，欺下犯上，时间久了，势力将越来越大，而君主又不忍心铲除。这样，国家必定要遭到败坏。"

《军谶》上说："奸佞之徒当权，全军上下都会愤愤不平。奸佞小人依仗权势，作威作福，一举一动，辄违众意。他们的一举一动都不知廉耻礼仪，只知附和讨好君主。他们刚愎自用，夸功自傲。他们诽谤有德之士，诬陷有功之臣。他们没有善恶标准，只求符合自己的心意。他们积压政务，使上令不能下达。他们造作苛政，变乱古制，更易常法。君主任用这种奸佞小人，必定会遭受祸害。"

《军谶》上说："奸雄互相标榜，蒙蔽君主的眼睛，使其是非不分。诽谤与吹捧同时兴起，堵塞君主的耳朵，使其正邪难辨。他们各自培养自己的亲信，致使君主失去忠臣良将。"

因此，君主能明察颠倒是非、浑淆黑白的言论，才能看出祸乱的萌芽。君主聘用儒士贤才，奸雄便会远遁。君主重用老臣，政事才能井井有条。君主征召隐居之士，才能得到有真才实学的贤士。君主谋事能倾听黎民百姓的意见，才能有可以记述的功业。君主不失去民心，他的德行便可以恩泽于天下。

中略

黄帝

【原文】

　　夫三皇无言[1]而化流四海，故天下无所归功。帝者[2]，体天则地，有言有令，而天下太平。君臣让功，四海化行，百姓不知其所以然。故使臣不待礼赏有功，美而无害。王者[3]，制人以道，降心服志，设矩备衰[4]，四海会同[5]，王职不废。虽有甲兵之备，而无斗战之患。君无疑于臣，臣无疑于主。国定主安，臣以义退，亦能美而无害。霸者[6]，制士以权，结士以信，使士以赏。信衰则士疏，赏亏则士不用命。

【注释】

　　[1]三皇：传说中远古部落的酋长。
　　[2]帝：指传说中的五帝。
　　[3]王：指三王。或说夏禹、商汤、周之文武为三代之王；或说指夏禹、商汤、周文王；或说夏禹、商汤、周武王。
　　[4]设矩备衰：制定各种法规以防衰败。矩，法度，规矩。
　　[5]会同：即古代的朝会，此处指朝觐。
　　[6]霸：指春秋五霸，即齐桓公、晋文公、楚庄王、吴王阖闾、越王勾践。一说指齐桓公、宋襄公、晋文公、秦穆公、楚庄王。

【译文】

　　远古时代，三皇不需要任何言论，良好的风气自然流布四海，所以天下人没有归功于谁。五帝效法天地运行，增设言教，制定政令，天下因此太平。君臣之间，互相推让功劳。四海之内，教化顺利实现。黎民百姓却不知其中的原因。所以，使用臣属不必依靠礼法和奖赏，就能做到君臣关系和美无间。三王用道德治理民众，使百姓心悦诚服；制定各种法规，以避免衰败，天下诸侯按时朝觐，天子的法度实行不废。即使有军事准备，但并没有战争的祸患。君主不猜忌臣属，臣属也不怀疑君主。国家稳定，君位巩固。大臣适时功成身退，君臣之间也能和睦相处而无猜疑。五霸用权术统御士，以信任结交士，靠奖赏使用士。失去信任，士就会疏远；缺少奖赏，士就不会效命。

【原文】

《军势》曰[1]："出军行师，将在自专；进退内御[2]，则功难成。"

【注释】

〔1〕《军势》：古代兵书，已佚。
〔2〕内御：受到君主的控制。

【译文】

《军势》上说："将帅出兵作战，须有完全的指挥权；军队的进退如果受到君主的控制，是很难打胜仗的。"

【原文】

《军势》曰："使智、使勇、使贪、使愚：智者乐立其功，勇者好行其志，贪者邀趋其利[1]，愚者不顾其死，因其至情而用之，此军之微权也[2]。"

《军势》曰："无使辩士谈说敌美，为其惑众。无使仁者主财，为其多施而附于下[3]。"

《军势》曰："禁巫祝，不得为吏士卜问军之吉凶。"

《军势》曰："使义士不以财。故义者不为不仁者死，智者不为暗主谋[4]。"

【注释】

〔1〕邀：求，希望得到。
〔2〕微权：微妙的权术。
〔3〕附于下：曲从下属的心意。
〔4〕暗主：昏庸无能的君主。

【译文】

《军势》上说："使用有智谋的人、使用勇敢的人、使用贪婪的人、使用愚笨的人：有智谋的人喜欢建功立业，勇敢的人喜欢实现自己的志向，贪财的人追求利禄，愚笨的人不顾惜性命。根据他们各自的特点来使用他们，这就是军中用人的微妙权术。"

《军势》上说："不要让能言善辩的人谈论敌人的长处，这样会惑乱军心。不要用仁厚的人管理财务，因为他会曲从于下属的要求而浪费钱财。"

《军势》上说："军中要禁绝巫祝，不准他为将士们占卜吉凶。"

《军势》上说："使用侠义之士不能靠钱财。所以，义士是不会替不仁义的人去卖命的，明智的人是不会替昏庸无能的君主出谋划策的。"

【原文】

主不可以无德，无德则臣叛；不可以无威，无威则失权。臣不可以无德，无德则无以事君；不可以无威，无威则国弱[1]，威多则身蹶[2]。

【注释】

〔1〕无威则国弱：没有威势国家就衰弱。
〔2〕威多则身蹶：威势过头会使自身遭受祸害。

【译文】

君主不能没有道德，没有道德，大臣就会背叛；也不能没有威势，没有威势，君主就会丧失权力。大臣不能没有道德，没有道德就无法辅佐君主；大臣也不能没有威势，没有威势国家就会衰弱，但是大臣威势过了头，则会使自身遭受祸害。

【原文】

故圣王御世，观盛衰，度得失，而为之制。故诸侯二师，方伯三师[1]，天子六师。世乱，则叛逆生，王泽竭，则盟誓相诛伐。德同势敌，无以相倾，乃揽英雄之心，与众同好恶，然后加之以权变。故非计策无以决嫌定疑，非谲奇无以破奸息寇[2]，非阴谋无以成功[3]。

【注释】

〔1〕方伯：一方诸侯之长。
〔2〕谲奇：诡诈出奇。
〔3〕阴谋：秘密谋划。

【译文】

所以圣明的君王治理天下，观察世道的盛衰，衡量人事的得失，然后制定典章制度。所以古时规定诸侯统辖两个军，方伯统辖三个军，天子统辖六个军。天下大乱，叛逆便产生了；天子的德泽枯竭，诸侯之间的结盟立誓、互相攻伐也就出现了。诸侯之间，势均力敌，谁也没有办法战胜对手，于是便争相延揽英雄豪杰，与之同好同恶，然后再运用权术。所以，不运筹谋划，就不能决定疑惑未明的事情；不诡诈出奇，就不能战胜敌军；不秘密谋划，就不会取得成功。

【原文】

圣人体天，贤者法地[1]，智者师古。是故《三略》为衰世作。《上略》设礼赏，别奸雄，著成败；《中略》差德行[2]，审权变；《下略》陈道德，察安危，明贼贤之咎。故人主深晓《上略》，则能任贤擒敌；深晓《中略》，则能御将统众；深晓《下略》，则能明盛衰之源，审治国之纪。人臣深晓《中略》，则能全功保身。

夫高鸟死，良弓藏；敌国灭，谋臣亡。亡者，非丧其身也，谓夺其威、废其权也。封之于朝，极人臣之位，以显其功；中州善国[3]，以富其家；美色珍玩，以说其心[4]。

夫人众一合而不可卒离，威权一与而不可卒移[5]。还师罢军，存亡之阶。故弱之以位，夺之以国，是谓霸者之略。故霸者之作，其论驳也[6]。存社稷罗英雄者，《中略》之势也，故世主秘焉。

【注释】

[1]贤者：《武经七书直解》作"贤人"。
[2]差：区别，等级。
[3]中州善国：中州，指中原地区；善国，好的封国。
[4]说（yuè）：同"悦"。
[5]威权：《武经七书直解》作"权威"。
[6]驳：混杂，不纯正。

【译文】

圣人能够体察天之道，贤人能够取法地之理，智者能够以历史为师。所以《三略》一书，是为衰微的乱世而作的。《上略》设置礼赏，辨识奸雄，揭示成败之理。《中略》区分德行，明察权变。《下略》陈述道德，细察安危，阐明残害贤人的罪过。因此，君主如通晓《上略》，就可任用贤士、击败敌人了。君主如通晓《中略》，便可以驾驭将帅、统率士卒了。君主深通《下略》，就可以明辨兴衰的根源、熟知治国的纲纪了。人臣深通《中略》，就可以成就功业、保全身家了。

高空的飞鸟死了，良弓就要收起来；敌对的国家灭亡了，谋臣就要消灭。所谓的消灭，并不是消灭他们的肉体，而是要削弱他们的威势，剥夺他们的权力；在朝廷上给他们封赏，给他们人臣中最高的爵位，以此来表彰他们的功劳；封给他们中原肥沃的土地，使他们家财富足；赏给他们美女珍宝，使他们心情愉悦。

军队一旦建立，是无法仓促解散的；兵权一经授予，是无法马上收回的。战争结束，将帅班师回朝，对于君主来说，这是生死存亡的关键时刻。所以，须以封爵为名削弱他的实力，要以封土为名削夺他的兵权。这就是霸者统御将帅的方略。因此，霸者的行为，是驳杂而不纯的。保全国家，收罗英雄，这就是《中略》的威力所在。历代做君主的，对此都是秘而不宣的。

下略

【原文】

夫能扶天下之危者，则据天下之安；能除天下之忧者，则享天下之乐；能救天下之祸者，则获天下之福。故泽及于民，则贤人归之；泽及昆虫，则圣人归之。贤人所归，则其国强；圣人所归，则六合同[1]。求贤以德，致圣以道。贤去，则国微；圣去，则国乖。微者危之阶，乖者亡之征。

贤人之政，降人以体[2]；圣人之政，降人以心[3]。体降可以图始，心降可以保终。降体以礼，降心以乐[4]。所谓乐者，非金石丝竹也，谓人乐其家[5]，谓人乐其族，谓人乐其业，谓人乐其都邑，谓人乐其政令，谓人乐其道德。如此，君人者乃作乐以节之[6]，使不失其和。故有德之君，以乐乐人；无德之君，以乐乐身。乐人者，久而长；乐身者，不久而亡。

【注释】

〔1〕六合：天地四方，泛指天下。
〔2〕降人以体：使人的行动服从。
〔3〕降人以心：使人从内心里顺从。
〔4〕乐：此处读yuè，与"礼"对应，为乐教之意。
〔5〕乐：此处读lè，喜爱，喜欢。
〔6〕乐：此处读yuè，音乐。

【译文】

能够拯救天下于危亡的，就能得到天下的安宁；能够解除天下忧患的，就能享受天下的快乐；能够解除国家灾祸的，就能得到天下的福泽。所以，恩泽遍及于百姓，贤人就会归附他；恩泽遍及于万物，圣人就会归附他。贤人归附的地方，国家就会强盛；圣人归附的地方，天下就能统一。使贤人归附须用"德"，使圣人归附要用"道"。贤人离去，国家就会衰微；圣人离去，国家就要混乱。衰微是通向危险的征兆，混乱是即将灭亡的征兆。

贤人执政，能使人从行动上服从；圣人执政，能使人从内心里顺从。从行动上服从，便可以开始创业了；从内心里顺从，就可以善始善终。使人从行动上服从靠的是礼教，使人从内心里顺从靠的是乐教。所谓的乐教，并非指金、石、丝、竹这些乐器，而是指人人喜爱自己的家庭，喜爱自己的宗族，喜爱自己的职业，喜爱自己的国家，喜爱国家的政令，喜爱社会的伦理道德，这样治理民众，然后再制作音乐来陶冶人们的情操，使社会不失和谐。所以有道德的君主，用音乐来使天下快乐；没有道德的君主，只用音乐来使自己快乐。用音乐使百姓快乐的，国家便会长治久安；只管用音乐使自己快乐的，不久便会亡国。

【原文】

释近谋远者[1]，劳而无功；释远谋近者，佚而有终。佚政多忠臣[2]，劳政多怨民[3]。故曰务广地者荒，务广德者强；能有其有者安，贪人之有者残。残灭之政，累世受患。造作过制，虽成必败。舍己而教人者逆，正己而教人者顺[4]。逆者乱之招，顺者治之要。

【注释】

[1]释：《后汉书·臧宫传》光武帝诏引作"舍"，下文"释远谋近者"亦作"舍"。两个字含义相同。
[2]佚政：休养生息的政策。佚，通"逸"。
[3]劳政：劳民伤财的政策。
[4]教：《武经七书直解》作"化"。

【译文】

放弃内政而一味图谋扩张的，往往会劳而无功；放弃向外扩张而一心治理内政的，常常会安逸而成就事业。实行与民生息的政策，国家就会出现许多忠义之臣；实行劳民伤财的政策，国家就会出现许多怨恨之民。所以说，热衷于扩张领土的，内政必定荒废；尽力于扩充德行的，国家就会强盛。能保全自己本来所有的，国家就会平安；一味垂涎别人所有的，国家就会残破。统治残酷暴虐，世世代代都要受害。事情超过了限度，即使一时成功，最终也难免失败。不先正自己而去教育别人，是反常理的，先正自己然后去教育别人，才顺乎常理。有悖常理是招致祸乱的根源，顺乎常理是国家安定的关键。

【原文】

道、德、仁、义、礼，五者一体也。道者，人之所蹈[1]；德者，人之所得；仁者，人之所亲；义者，人之所宜；礼者，人之所体。不可无一焉。故夙兴夜寐[2]，礼之制也；讨贼报仇，义之决也[3]；恻隐之心，仁之发也；得己得人，德之路也；使人均平，不失其所，道之化也。

【注释】

〔1〕蹈：履行，遵循。
〔2〕夙兴夜寐：早起晚睡。本篇指一天的活动。
〔3〕决：决断。

【译文】

道、德、仁、义、礼，是五者相互联系的一个整体。道是人们所应遵循的规律，德是人们得到的修养，仁是人们相互间的亲爱，义是人们所应做的，礼是人们的行为规范。这五者缺一不可。因此，起居有节的举止行为，是礼的约束；讨贼报仇，是义的决断；怜悯之心，是仁的萌发；修己安人，是德的途径；使人均平，各得其所，是道的教化。

【原文】

出君下臣名曰命，施于竹帛名曰令[1]，奉而行之名曰政。夫命失[2]，则令不行。令不行，则政不正。政不正，则道不通[3]。道不通，则邪臣胜。邪臣胜，则主威伤。

【注释】

〔1〕竹：竹简。帛：白绢。
〔2〕失：失误。
〔3〕道：治国的道理、法则。

刘备

【译文】

君主口头发出意旨叫命，书写在竹帛上叫令，执行命令叫政。君主的意旨有误，命令就不能实行。命令不推行，政务便出现偏差。政务有偏差，治国之道便不能通畅。道不通畅，奸邪之臣便会得势。奸邪之臣得势，君主的威信就要受到损害。

【原文】

千里迎贤，其路远；致不肖[1]，其路近。是以明王舍近而取远，故能全功尚人，而下尽力。

【注释】

〔1〕不肖：不贤。

【译文】

聘请贤人，要去千里之外迎接，而不顾路途的遥远；招引不贤的人，这条路是十分近便的。因此，英明的君主总是舍弃身边的不肖之徒，不远千里寻求贤人，所以，能够保全功业，尊崇贤人，臣下也能尽心竭力。

【原文】

废一善，则众善衰；赏一恶，则众恶归。善者得其祐，恶者受其诛，则国安而众善至。

众疑无定国，众惑无治民。疑定惑还，国乃可安。

一令逆则百令失，一恶施则百恶结。故善施于顺民，恶加于凶民，则令行而无怨。使怨治怨[1]，是谓逆天；使仇治仇[2]，其祸不救。治民使平，致平以清，则民得其所而天下宁。

【注释】

〔1〕使怨治怨：用使民众怨恨的政令去治理怀有怨气的民众。
〔2〕使仇治仇：用使民众仇恨的政令去治理怀有仇恨的民众。

【译文】

废弃一个贤人，其余的贤人便会引退了；奖赏一个恶人，其余的恶人便会蜂拥而至。贤人得到保护，恶人受到惩罚，国家就会安定，贤才也会归附。

民众都对政令怀有疑虑，国家就不会得到安定；民众都对政令困惑不解，社会就不会得到治理。疑虑消失，人心安定，国家才会安宁。

一项政令违背民意，其他政令也就无法推行；一项恶政得到实施，就会造成许多恶果。所以，对顺民要实施仁政，对刁民要严加惩治，那么政令就会畅通无阻，人无怨言了。用使民众所怨恨的政令去治理怀有怨气的民众，叫作违背天道；用使民众所仇恨的政令去治理怀有仇恨的民众，灾祸将无法挽救。治理民众要使百姓顺服，要使百姓顺服，就须保证政治清明。这样，民众就会各得其所，天下也就安宁了。

【原文】

犯上者尊，贪鄙者富，虽有圣王[1]，不能致其治。犯上者诛，贪鄙者拘，则化行而众恶消[2]。

【注释】

〔1〕圣王：《武经七书直解》作"圣主"。
〔2〕化行：推行教化。

【译文】

冒犯尊长或上级的人反而当上高官，贪鄙的人反而十分富有，虽有圣明的君王，也无法将国家治理好。冒犯尊长或上级的人受到诛杀，贪鄙的人受到拘禁，教化才能得到推行，各种邪恶也就自然销匿。

【原文】

清白之士，不可以爵禄得[1]；节义之士，不可以威刑胁。故明君求贤，必观其所以而致焉。致清白之士，修其礼；致节义之士，修其道。而后士可致，而名可保。

夫圣人君子，明盛衰之源，通成败之端，审治乱之机，知去就之节，虽穷不处亡国之位，虽贫不食乱邦之禄。潜名抱道者[2]，时至而动，则极人臣之位；德合于己，则建殊绝之功。故其道高而名扬于后世。

【注释】

〔1〕禄：《武经七书直解》作"粟"。
〔2〕潜名：隐姓埋名。

【译文】

品德高尚的人，是不能用高官厚禄来收买的；有正义气节的人，是无法用权势和刑罚胁迫的。所以圣明的君主征求贤人，必须根据他们的志趣来征求。罗致品德高尚的人，要讲究礼节；罗致崇尚节操的人，要依靠道义。这样，贤士便可以请到，君主的英名也就可以保全了。

圣人君子德才兼备，能够明察兴衰的根由、通晓成败的端倪、洞悉治乱的关键，也就深知入仕和隐居的节度，虽然穷困，也不会贪图将亡之国的高位，虽然贫苦，也不会苟取衰乱之邦的厚禄。隐姓埋名、胸怀经邦治国之道的人，时机到来后一旦行动，便可以位极人臣；君主的志向一旦与自己相投，便

可以建立绝世的功勋。所以，他们因品德高尚、志向高远而流芳千古。

【原文】

圣王之用兵，非乐之也，将以诛暴讨乱也。夫以义诛不义，若决江河而溉爝火[1]，临不测而挤欲堕[2]，其克必矣。所以优游恬淡而不进者，重伤人物也。夫兵者，不祥之器，天道恶之；不得已而用之，是天道也。夫人之在道，若鱼之在水，得水而生，失水而死。故君子者，常畏惧而不敢失道。

【注释】

[1] 溉：灌。爝火：火把，比喻火光非常小。
[2] 堕：《武经七书直解》作"坠"。

【译文】

圣明的君主进行战争，并非因为喜好，而是用于诛灭残暴，讨伐叛乱。用正义讨伐不义，就像决开江河之水去浇灭小火把一样，就像在无底的深渊旁边去推下一个摇摇欲坠的人一样，其胜利是必然的。圣明的君主之所以不愿攻伐，是不愿造成人员和物质的损耗。战争是不祥之物，天道是厌恶战争的；只有在迫不得已时进行战争，才是顺乎天道的。人和天道的关系，就像鱼与水一样，鱼得到水便可以生存，失去水就会死亡。所以，君子们常常心存敬畏，一刻也不敢背离天道。

【原文】

豪杰秉职[1]，国威乃弱。杀生在豪杰，国势乃竭。豪杰低首，国乃可久。杀生在君，国乃可安。四民用虚，国乃无储。四民用足，国乃安乐。

贤臣内，则邪臣外。邪臣内，则贤臣毙。内外失宜，祸乱传世。

大臣疑主[2]，众奸集聚。臣当君尊，上下乃昏。君当臣处，上下失序。

伤贤者，殃及三世；蔽贤者，身受其害，嫉贤者，其名不全；进贤者，福流子孙。故君子急于进贤而美名彰焉。

利一害百，民去城郭；利一害万，国乃思散。去一利百，人乃慕泽；去一利万，政乃不乱。

【注释】

〔1〕豪杰：这里指豪强、权臣。
〔2〕疑（nǐ）：通"拟"。大臣自比君主。

【译文】

豪强、权臣把持国政，国君的威望就会受到削弱。生杀大权操持在豪强、权臣手中，国君的权势也就会消失殆尽。豪强、权臣俯首从命，国家才能长久。生杀之权操持在国君手中，国家才能安定。百姓穷困，国家就会空虚。百姓富足，国家才会安乐。

贤良的大臣被任用，奸臣就会被排斥在外。奸臣被重用，贤臣就会被置于死地。亲疏不当，祸乱就会延及后世。

大臣自比君主，众奸就会乘机聚集。人臣享有君主那样的尊贵，君臣名分就会混乱。君主沦为臣子那样的地位，上下就会失去应有的秩序。

迫害贤良之人的，祸患会殃及子孙三代。埋没贤良之人的，自身会遭到报应。妒忌贤良之人的，名声不会保全。举荐贤人的，子孙后代都会受惠于他的善行。所以君子总是热心于推荐贤人，因而美名得以传扬。

对一个人有好处，对一百个人有害处，民众就会离开城邑。对一个人有好处，对一万个人有害处，全国就会人心涣散。除掉一个人而有利于一百个人，人们就会仰慕他的恩泽。除掉一个人而有利于一万个人，国家就不会发生混乱了。

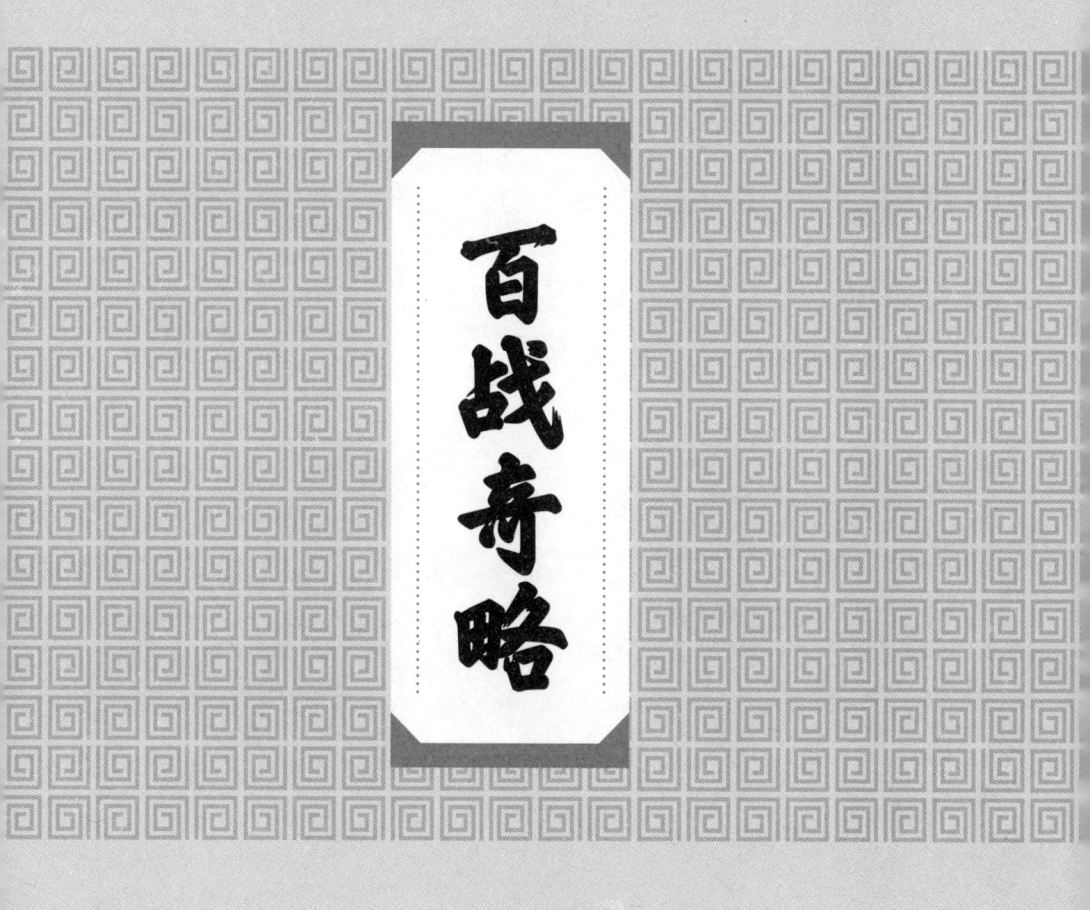

百战奇略

第一卷

一、计战

【原文】

凡用兵之道，以计为首。未战之时，先料将之贤愚，敌之强弱，兵之众寡，地之险易，粮之虚实。计料已审，然后出兵，无有不胜。法曰："料敌制胜，计险阨远近，上将之道也[1]。"

【注释】

[1] 兵法原文见《孙子·地形篇》。

【译文】

一般用兵的方法，应该以战略谋划作为首要条件。在没有打仗之前，首先要查明将领是贤明还是愚钝，敌人军力的强弱、数量的众寡，地形的险易以及粮食储备的虚实等情况。对这些分析判断清楚之后才兴师出兵，就没有不打胜仗的。兵法说："判明敌情，制订取胜的计划，了解地形的险要狭隘和距离的远近，这是统帅指挥作战的重要法则。"

曹操

【战例】

汉末，刘先主在新野[1]，三往求计于诸葛亮[2]。亮曰："自董卓以来[3]，豪杰并起，跨州连郡者不可胜数。曹操比于袁绍[4]，则名微而众寡，然操遂能克绍，以弱为强者，非惟天时，抑亦人谋也。今操已拥百万之众，挟天子以令诸侯[5]，此诚不可与争锋。孙权据有江东[6]，已历三世[7]，国险民附，贤能为之辅，此可以为援而不可图也。荆州北据汉、沔[8]，利尽南海[9]，东连吴、会[10]，西通巴、蜀[11]，此用武之国，而其主不能守。此殆天所以资将军，将军岂有意乎？益州险塞[12]，沃野千里，天府之土，高祖因之以成帝业。刘璋暗弱[13]，张鲁在北[14]，民殷国富，不知存恤，智能之士思得明君。将军既帝室之胄[15]，信义著于四海，总览英雄[16]，思贤如渴，若跨有荆、益，保其岩阻，西和诸戎[17]，南抚夷越[18]，外结好孙权，内修政治；天下有变，则命一上将将荆州之军以向宛、洛[19]，将军身帅益州之众出于秦川[20]，百姓孰敢不箪食壶浆以迎将军者乎[21]？诚如是，霸业可成，汉室可兴矣。"先主曰："善。"后果如其计。

【注释】

〔1〕刘先主：即刘备，字玄德，三国时期蜀汉开国皇帝。谥昭烈皇帝，史家称之为"先主"。

〔2〕诸葛亮：字孔明，琅琊阳都（今山东沂南南）人。三国著名政治家、军事家。东汉末，隐居邓县隆中（位于今湖北襄阳西），人称"卧龙"，后应刘备"三顾茅庐"之请而辅佐刘备建立蜀汉政权，官至丞相，封武乡侯。

〔3〕董卓：字仲颖，东汉陇西临洮（今甘肃岷县）人。汉灵帝时，任并州牧。中平六年（189），率兵进入洛阳，废少帝，立献帝，自为太师，把持朝政，无恶不作，后被王允、吕布所杀。

〔4〕曹操：字孟德，小名阿瞒。东汉末年著名政治家、军事家、诗人。建安元年（196），迎献帝到许都（位于今河南许昌东），"挟天子以令诸侯"。官渡（位于今河南中牟东北）之战大破袁绍后，逐步统一了中国北部。进位为丞相，封魏王。其子曹丕称帝建魏后，追尊他为武帝。袁绍：字本初，河南汝阳（今河南商水西南）人。出身于四世三公的大官僚家庭。初为司隶校尉，后在与各地方势力的混战中，发展成据有冀、青、幽、并四州的兵多地广的割据势力。建安五年（200），在官渡之战中被曹操击败，不久病死。

〔5〕天子：此指东汉献帝刘协。

〔6〕孙权：三国时期吴国的建立者。吴郡富春（今属浙江）人，字仲谋。曾与刘备联合，大败曹操于赤壁。后称帝，国号吴。江东：长江在芜湖、南京之间，折向东北流，历史上习惯称自此以下的长江南岸地区为江东。

〔7〕三世：东吴政权经孙坚、孙策，至孙权时已历经三世。

〔8〕荆州：其辖境约当今湖北、湖南两省以及河南、贵州、广东、广西一部。汉、沔（miǎn）：汉水始出称漾水，南流为沔水，纳褒水后始称汉水。

〔9〕南海：郡名，指今两广地区。

〔10〕吴、会：即吴郡与会稽郡。其地辖今江苏（即吴郡）、浙江（即会

稽郡）地区。

〔11〕巴、蜀：巴郡与蜀郡，即今重庆与四川。

〔12〕益州：辖境约当今四川全境以及云南、甘肃、湖北、贵州部分地区。

〔13〕刘璋：字季玉，东汉末年割据军阀之一。

〔14〕张鲁：东汉末天师道首领。初平二年（191），率徒众攻取汉中，称师君。建安二十年（215），曹操进攻汉中，张鲁战败，投降曹操。

〔15〕胄（zhòu）：古时称帝王或贵族的后裔为"胄"。

〔16〕览：通"揽"，表采摘、收取之意。

〔17〕戎：我国古代对西北少数民族的称谓。

〔18〕夷越：古代对长江中下游以南各族聚居地区的泛称。

〔19〕宛、洛：宛，今河南南阳。洛，今河南洛阳。

〔20〕秦川：泛指今陕、甘两省的平原地区。

〔21〕箪（dān）食壶浆：语出《孟子·梁惠王下》："以万乘之国伐万乘之国，箪食壶浆以迎王师，岂有他哉？"句意是，用箪装着饭食，用壶盛着酒浆，以迎接所爱戴的军队。箪，古代用以盛饭的竹筐或苇筐。食，饭也。壶，盛酒容器。浆，用米煮成的浆汤，这里指酒浆。

【译文】

东汉末年，刘备屯兵于新野时，曾经多次到隆中向诸葛亮请教复兴汉室的天下大计。诸葛亮说："自从董卓专权以来，各地豪杰纷纷起来称霸割据，跨州连郡的数不胜数。曹操同袁绍相比，就显得名望卑微且力量单薄，可是曹操竟然能够战胜袁绍，由弱变强，不仅是依靠了好时机，还依靠了人的计谋啊！现在，曹操已经拥有百万大军，并且挟制汉献帝，借着皇帝的名义号令诸侯，实在是不能同他争胜了。孙权占据江东一带，已经历了三代人的经营，那里地势险要，百姓归附，贤才能人肯替他出力效命，因此，可以把他作为外援，必要时互相救护，而不能打他的主意。荆州北面有汉水、沔水作为屏障，南方直到海边，东边和吴郡、会稽郡相连，西边可以通向巴郡、蜀郡，可以作为用兵的战略要地，但现在占据荆州的刘表却守不住它。这大概就是上天拿它来赏赐给将军您的，将军您难道没有占领的意思吗？还有，益州地形险要，土地肥沃而辽阔，物资丰富，应有尽有，可谓天府之国，汉高帝刘邦就是依靠这块地方成就了帝业。可现在的益州牧刘璋昏庸懦弱，张鲁在北方占据了汉中，虽然人口众多、民殷国富，他却不知道爱惜体恤民力，有识之士都想得到一位贤明的君主。将军您是汉皇室的后代，信义闻名于天下，应该广泛收揽英雄豪杰，如饥似渴地访求贤人，如果占据荆州、益州，就在险要的地方布军设防，西方和各个少数民族和好，南方安抚夷越诸族，对外和孙权结成联盟，对内改革政务；一旦天下形势有所变化，就命令一员上将率领荆州的军队向南阳和洛阳进军，将军您亲自带领益州的大军向秦川进军，百姓们谁敢不预备酒饭来欢迎您呢？如果真的做到这样，那么统一全国的事业就可以成功，汉朝的江山就可复兴了。"刘备听了，说："好！"后来，形势的发展，果然像诸葛亮预料的一样。

二、谋 战

【原文】

凡敌始有谋，我从而攻之，使彼计衰而屈服。法曰："上兵伐谋[1]。"

【注释】

[1]兵法原文见《孙子·谋攻篇》。

【译文】

大凡当敌人开始对我设谋定计的时候，我应及时运用谋略戳穿它，使其战争阴谋无法得逞而不得不屈服。兵法说："用兵的最高境界是使用谋略战胜敌人。"

【战例】

春秋时，晋平公欲伐齐[1]，使范昭往观齐国之政[2]。齐景公觞之[3]。酒酣，范昭请君之樽酌。公曰："寡人之樽进客。"范昭已饮，晏子彻樽[4]，更为酌。

范昭佯醉，不悦而起舞，谓太师曰："能为我奏成周之乐乎[5]？吾为舞之。"太师曰："瞑臣不习[6]。"范昭出。景公曰："晋，大国也，来观吾政。今子怒大国之使者，将奈何？"晏子曰："范昭非陋于礼者，今欲惭吾国，臣故不从也。"太师曰："夫成周之乐，天子之乐也，惟人主舞之。今范昭人臣，而欲舞天子之乐，臣故不为也。"范昭归报晋平公曰："齐未可伐，臣欲辱其君，晏子知之；臣欲犯其礼，太师识之。"仲尼曰："不越樽俎之间，而折冲千里之外，晏子之谓也。"

【注释】

〔1〕晋平公（？—前532）：春秋时晋国国君，名彪，"平"是其谥号。

〔2〕范昭：春秋时期晋国大夫。

〔3〕齐景公（？—前490）：春秋时齐国国君，名杵臼。即位之时，以崔杼为右相、庆封为左相，朝政昏乱，奢侈无度。后任晏婴为正卿，稍有敛抑。

〔4〕晏子（？—前500）：春秋时齐国正卿，字平仲，夷维（今山东高密）人。执政五十余年，以节俭力行、谦恭下士著称于世。

〔5〕成周之乐：代指周天子享用的音乐。成周，为西周时期洛阳的代称之一。

〔6〕瞑臣：春秋晋盲乐师师旷的自称。此外，齐国乐官太师以"瞑臣"自称，是自谦的说法。

【译文】

春秋时期，晋平公打算讨伐齐国，就派遣大夫范昭去观察齐国的内政情况。齐景公设宴招待范昭，当酒宴进入高潮时，范昭请求用景公的御杯饮酒。景公爽快地说："我同意用我的酒杯让客人饮酒。"范昭喝完自己杯中的酒，准备用景公的杯子时，齐国的正卿晏婴却撤走了景公的杯子，又用范昭的杯子给他斟满了酒。范昭假装喝醉了酒，不高兴地站起身来跳舞，并对齐国的太师说："你能为我演奏一支成周乐曲吗？我愿伴随着乐曲跳舞。"太师说："老臣愚钝无知，没学这些。"范昭碰壁后就离开了筵席。景公埋怨说："晋国是大国，来观察我国的形势和内政，你们惹怒了这个大国的使者，这可怎么办呢？"晏婴说："范昭并不是不懂礼法的人，今天他故意使我国难堪，所以我不能听从您的命令，让他用您的酒杯饮酒。"太师说："周公作的乐曲是专门为天子演奏的乐曲，只有君主才能随着乐曲起舞。而范昭只不过是个臣子，却想随着天子的乐曲起舞，所以我不能为他演奏。"范昭回国后向晋平公汇报说："齐国是不可攻打的。我想侮辱他们的君主，晏婴知道了我的用心；我想扰乱他们的礼法，太师识破了我的意图。"孔子曾说："不出宴会而能抵御千里之外敌人的进攻，晏子正是这样的人。"

三、间 战

【原文】

凡欲征伐，先用间谍，觇[1]敌之众寡、虚实、动静，然后兴师，则大功可立，战无不胜。法曰："无所不用间也[2]。"

【注释】

〔1〕觇：窥看，引申为侦察。
〔2〕兵法原文见《孙子·用间篇》。

【译文】

凡是要进攻讨伐敌人，首先要使用间谍来侦察敌军人数多少、力量虚实和部队行止，然后才能兴师出兵。这样，就可大功告成，战无不胜。兵法说："没有不用间谍的战争。"

【战例】

周将韦叔裕[1]，字孝宽，以德行守镇玉壁。孝宽善于抚御，能得人心。所遣间谍入齐者，皆为尽力。亦有齐人得孝宽金货者，遥通书疏。故齐动静，朝廷皆知之。齐相斛律光[2]，字明月，贤而有勇，孝宽深忌之。参军曲严颇知卜筮，谓孝宽曰："来年东朝必大相杀戮。"孝宽因令严作谣歌曰："百升飞上天，明月照长安。"百升，斛也。又言："高山不推自陨，槲木不扶自立。"令谍者多赍此文，遗之于邺。祖孝征与光有隙[3]，既闻更润色之。明月卒以此诛。周武帝闻光死[4]，赦其境内，后大举兵，遂灭齐。

【注释】

〔1〕韦叔裕：字孝宽，京兆杜陵（今陕西西安东南）人。北周武帝时任统军、大都督，封滑国公。喜欢读书，敬事兄嫂，在当时颇有声誉。

〔2〕斛律光：字明月，朔州（今山西朔州市）人。北齐大臣。斛律光文武双全，能射飞雕，时人称为"落雕都督"。曾任都督、太尉、左丞相等。后因遭人进谗言而被杀，被族灭。

〔3〕祖孝征：北齐将领，名珽，范阳（今河北定兴南）人，曾任北徐州刺史。

〔4〕周武帝：即北周皇帝宇文邕，鲜卑族，代郡武川（今内蒙古武川西）人。公元560—578年在位。在位时攻灭北齐，统一北方，死后谥"武帝"。

【译文】

北周将领韦叔裕，字孝宽，以品德和操行高尚而镇守玉壁城（今山西运城稷山西南）。孝宽很善于用安抚的办法守边，深得人心。他派遣到北齐的间谍都很尽力；也有北齐人被孝宽重金收买，在远方用书信给他通风报信。所以北齐的一举一动，北周朝廷都知道。北齐丞相斛律光，字明月，是一位既有才干又很勇武的人，孝宽深深地忌怕他。参军曲严很懂卜占术，对孝宽说："明年东面的齐国必定相互杀戮。"孝宽因此让曲严作了一首歌谣说："百升飞上天，明月照长安。"百升就是斛。又作歌谣说："高山不推自隤，槲木不扶自立。"并让许多间谍携带这些传单到齐都城邺（今河北临漳县西南）广为散发。北齐左仆射祖孝征与斛律光平日矛盾很深，听到这些歌谣后加以润色，斛律光最终因此被杀。北周武帝听到斛律光死的消息，向全国颁布了大赦令，立刻大举兴兵，终于灭掉了北齐。

四、选　战

【原文】

凡与敌战，须要选拣勇将、锐卒，使为先锋，一则壮其志，一则挫敌威。法曰："兵无选锋曰北[1]。"

【注释】

〔1〕兵法原文见《孙子·地形篇》。选锋，谓由精选的士卒而组成的先锋部队。

【译文】

凡是与敌人作战，必须选拔勇将精兵，组成先锋部队。这样，一方面能够鼓舞部队的士气，另一方面可以挫杀敌人的威风。诚如古代兵法所说："用兵作战，没有尖刀部队担任先锋，就必然遭到失败。"

【战例】

建安十二年，袁尚、熙奔上谷郡[1]，乌桓数入塞为害[2]。曹操征之。夏五月，至无终[3]；秋七月，大水，傍海道路不通。田畴请为向导[4]，公从之，率兵出卢龙塞[5]，水潦，道不通，乃堑山堙谷五百余里[6]，经白檀[7]，历平刚[8]、鲜卑庭[9]，东陷柳城[10]。未至二百里，虏方知之。尚、熙与蹋顿[11]、辽西单于楼班[12]、右北平单于能臣抵之等将数万骑逆军。八月，登白狼山[13]，卒与虏遇，众甚盛。公辎重在后，被甲者少，左右皆惧。公登高，望虏阵不整，乃纵兵击之，使张辽为先锋[14]，虏众大溃。斩蹋顿及名王以下，胡、汉降者二十余万口。

【注释】

〔1〕袁尚、熙：袁绍的三子和次子。上谷郡：东汉时期，上谷郡治所在沮阳（今河北怀来大古城北）。

〔2〕乌桓：中国古代少数民族之一，亦称"乌丸"。

〔3〕无终：古县名，今天津市蓟州区、河北玉田一带。

〔4〕田畴：字子泰，东汉末年隐士。

〔5〕卢龙塞：古关塞名，位于河北迁西与承德宽城接壤处，是秦汉时河北通向长城外的交通要道。

〔6〕堑（qiàn）山堙（yīn）谷：开辟山路，填平沟壑。堑，挖掘。堙，填充，堵塞。

〔7〕白檀：古县名，因白檀山得名，西汉置，东汉废。

〔8〕平刚：汉时为右北平郡治所，故址在今辽宁凌源西南。

〔9〕鲜卑：古族名，属东胡族一支。庭：住所。

〔10〕柳城：古县名，故址在今辽宁朝阳柳城镇袁台子村古城。

〔11〕蹋顿：东汉末辽西郡乌桓族首领。曾助袁绍破公孙瓒，被袁绍封为乌桓单于。东汉建安十二年（207）被曹操所破。

〔12〕单于（chán yú）：匈奴人对他们部落联盟首领的专称，东汉时期，

乌桓、鲜卑等部落也使用此称号。

〔13〕白狼山：又名白鹿山，是阴山余脉努鲁儿虎山的一座主峰。

〔14〕张辽：字文远，雁门马邑（今山西朔州）人。三国时期曹魏著名将领。

【译文】

东汉建安十二年（207），袁尚、袁熙兵败逃往北方乌桓所在的上谷郡。这时，乌桓屡次南侵作乱，于是曹操决定出兵讨伐。当年夏季五月，大军开进到达无终地界。秋季七月，又发了大水。虽然靠近海口，但是道路却不畅通。田畴请求当向导带路，曹操答应了。当通过卢龙塞时，大军碰上发大水，大水淹没了进军塞外的道路。于是大军开山填谷达五百余里，过了白檀，途经平刚，穿过鲜卑部落的住所，一直向东攻陷柳城。大军距柳城差不到二百里，敌人才发觉。于是，袁尚、袁熙与乌桓单于蹋顿、辽西单于楼班、右北平单于能臣抵之等率领几万骑兵，前来堵击。八月间曹军进到白狼山时，终于和敌军遭遇，而且敌方兵力还十分强大。曹军辎重车在后边，随同的作战士兵不多，左右人员都很恐慌。曹操登上高处，发现敌方队形混乱，于是决定攻击。派张辽当先锋，结果敌军大败，曹军斩杀蹋顿及重要将领以下多人，收降胡、汉部众二十多万人。

五、步 战

【原文】

凡步兵与车骑战者，必依丘陵、险阻、林木而战，则胜。若遇平易之道，须用拒马枪为方阵[1]，步兵在内。马军、步兵中分为驻队、战队。驻队守阵，战队出战；战队守阵，驻队出战。敌攻我一面，则我两哨出兵，从旁以掩之；敌攻我两面，我分兵从后以捣之；敌攻我四面，我为圆阵，分兵四出以奋击之。敌若败走，以骑兵追之，步兵随其后，乃必胜之法。法曰："步兵与车骑战者，必依丘陵、险阻，如无险阻，令我士卒为行马、蒺藜[2]。"

【注释】

〔1〕拒马枪：防御骑兵用的器械，又叫拒马。

〔2〕兵法原文见《六韬·犬韬·战步第六十》，但本篇系摘要引证，并非全文。行马，古代作战中用于阻拦人马行进的木制防御工具。蒺藜，亦系古代作战中使用的防御工具。

【译文】

凡是步兵与战车、骑兵作战，一定要依托丘陵、险阻或林木才能胜利。如果是平地，必须用拒马枪布列成方阵，掩护步兵在内，把我方的骑、步兵分为驻队和战队。驻队守阵时，战队出战；战队守阵时，驻队出战。敌人从一面攻击我军时，我军两翼出战从侧面掩杀；敌人从两面夹击我军时，我军就分兵从敌后攻击他们；敌人从四面围攻我军时，我军就布列圆阵分兵四路奋勇还击。敌军如果败逃，我军就用骑兵追击，步兵跟随在骑兵的后面随即展开猛攻。这是必胜的办法。兵法说："步兵与战车、骑兵作战，一定要依托丘陵、险阻；如果没有险阻，就让我方官兵多制作行马和蒺藜。"

【战例】

《五代史》[1]：晋将周德威为卢龙节度使[2]，恃勇不修边备，遂失榆关之险[3]。契丹每芻牧于营、平之间[4]，陷新州，德威复取不克，奔归幽州。契丹围之二百日，城中危困。李嗣源闻之[5]，约李存审步骑七万，会于易州救之。乃自易州北行，逾大房岭，循涧而东。嗣源与养子从珂将三千骑为先锋，进至山口，契丹以万骑遮其前，将士失色；嗣源以百骑先进，免胄扬鞭，故语谓契丹曰："汝无故犯我疆场，晋王命我将百万骑众[6]，直抵西楼[7]，灭汝种族。"因跃马奋挝，三入其阵，斩契丹酋长一人。后军齐进，契丹兵却，晋兵始得出。李存审命步兵伐木为鹿角阵[8]，人持一枝以成寨。契丹环寨而过，寨中发万弩齐射之，流矢蔽日，契丹人马死伤塞路。将至幽州，契丹列阵待之。存审命步兵阵于后，戒勿先动，令羸兵曳柴、燃草而进，烟尘蔽天，契丹莫测其多少；因鼓入战，存审乃趋后阵，起而乘之，契丹遂大败，席卷其众自北山口遁去，俘斩万计，遂解幽州之围。

【注释】

〔1〕《五代史》：也称《梁唐晋汉周书》，北宋薛居正著，后人为区别于欧阳修的《新五代史》，习称《旧五代史》。

〔2〕周德威：五代后唐马邑（今山西朔州）人，字镇远。智勇双全，累官卢龙节度使，后在与后梁军作战中阵亡。

〔3〕榆关：今山海关（位于河北秦皇岛）。

〔4〕刍牧：割草放牧。营、平：即营州和平州，治所分别在今辽宁朝阳与河北卢龙。

〔5〕李嗣源：原名邈佶烈，为李克用养子。五代时期后唐的第二位皇帝，庙号明宗。

〔6〕晋王：即后唐庄宗李存勖。

〔7〕西楼：契丹首都上京，今辽宁巴林左旗南波罗城。

〔8〕鹿角阵：用树枝做成的路障，是古时阵地营寨前的一种防御工事。

【译文】

《旧五代史》记载：晋将周德威做卢龙节度使时，自恃作战英勇，不重视修治边防守备，以致丢失了险要的山海关。契丹军队的活动经常到达营州和平州之间，攻占了新州。周德威想要再夺回已经来不及了，不得已把部队撤到幽州。契丹又包围了幽州二百日，幽州城十分危急。李嗣源听到这个消息后，率领步兵和骑兵七万人，同李存审在易州会合去救援。大军即从易州向北行进。过大房岭后，沿着山涧，向东行进。李嗣源会同养子李从珂率三千骑兵为先锋，前进至山口时，契丹以万余骑兵阻挡在前面，官兵大惊失色。李嗣源率百名骑兵当先，脱掉甲胄扬鞭向前，用契丹语指斥他们说："你们无故侵犯我疆界，晋王命令我率百万骑兵直抵西楼，消灭你们种族。"他乘势跃马奋进，三次冲入敌阵，杀契丹酋长一人。后面的军队一齐奋进，契丹军队退却，晋军这才得以通过山口。李存审命令步兵砍伐树木排列成鹿角阵，每人拿一个树枝排成营寨。契丹兵绕寨而过，寨中万箭齐发，流矢遮住了太阳。契丹人马死伤多得堵住了道路。晋军快到幽州时，契丹军队已列好阵等待晋军。李存审令步兵列阵于后，告诫他们千万不要先动；而后令老弱兵士拖着柴烧起草前进，烟尘漫空蔽日。契丹不知道晋军兵力多少，就按照鼓声进入战斗。李存审便奔向敌阵后乘机攻击。契丹军队大败亏输，首领席卷其残众狼狈逃窜，从北山口败走。晋军俘虏斩获契丹军以万计，终于解了幽州之围。

六、骑 战

【原文】

凡骑兵与步兵战者，若遇山林、险阻、陂泽之地[1]，疾行急去，是必败之地，勿得与战。欲战者，须得平易之地，进退无碍，战则必胜。法曰："易地则用骑[2]。"

【注释】

〔1〕陂：山坡。
〔2〕兵法原文见《通典·兵十二》。

【译文】

凡是骑兵与步兵作战的，如果遇到山林、险阻、山坡水泽之险要地形，必须赶快离开。因为这是必败之地，不可在此与敌人作战。如果要作战，必须选择平坦地带，进攻和退守无碍，作战必胜。兵法说："平地就派出骑兵冲杀。"

【战例】

《五代史》：唐庄宗救赵[1]，与梁军相拒于柏乡五里[2]，营于野河北。晋兵少，梁将王景仁所将兵虽多[3]，而精锐者亦少。晋军望之色动[4]。周德威勉其众曰[5]："此汴[6]、宋佣贩耳[7]。"退而告之。庄宗曰："吾提孤兵出千里，利在速战，今不乘势而急击之，使敌知我众寡，则计无所施矣。"德威曰："不然，赵人皆守城而不能野战；吾之取胜，利在骑兵，平原旷野，骑兵之所长也[8]。今吾军于河上，迫近营门，非吾用长之地也。"庄宗不悦，退卧帐中，诸将无敢入见者。德威乃谓监军张承业曰[9]："王怒老将。不速战者，非怯也。且吾兵少而临贼营门，所恃者一水隔耳。使梁得舟筏渡河，吾无类矣[10]。不如退军高邑[11]，诱敌出营，扰而劳之，可以策胜也。"承业入言曰："德威老将知兵，愿无忽其言。"庄宗遽起曰[12]："吾方思之耳。"已而，德威获梁游兵，问景仁何为？曰："治舟数百，将以为浮梁[13]。"德威乃与俱见。庄宗笑曰："果如公所料。"乃退军高邑。德威乃遣骑三百扣梁营挑战，自以劲兵三千继之。景仁怒，悉以其军出，与德威转斗数十里,至于高南[14],两军皆阵。梁军横亘六七里。庄宗策马登高望而喜曰[15]:"平原浅草,可前可却,真吾制胜之地也。"乃使人告德威曰:"吾当与战。"德威谏曰:"梁军轻出而远来,与吾转战,其来既速,必不暇赍粮糗[16];纵其能赍,亦不暇食,不及日午,人马饥渴,其军必退。退而击之,必获胜焉。"至申时,梁军中尘起,德威鼓噪而进[17],梁军大败。

【注释】

[1] 唐庄宗:即李存勖(885—926),五代时后唐建立者。沙陀族,李克用之子。初嗣晋王位。923年称帝,国号唐。后因兵变为部下所杀,庙号庄宗。

[2] 柏乡:地名,今属河北邢台。

[3] 王景仁:即王茂章,字景仁,五代后梁合肥人。五代时期后梁将领。

[4] 色动:脸色大变,惊恐之状。

[5] 周德威:李克用手下大将,卢龙节度使。

[6] 汴:五代梁、晋、汉、周与后来北宋皆定都于汴州,时人称为汴京,即今河南开封。

[7] 宋佣:河南商贩。宋,古国名。周武封微子启于宋,都城为商丘,即今河南商丘市南。佣,指受雇用的人,商贩。

[8] 所长:特长。此指古代军事思想"以我之长,攻敌之短"。

[9] 张承业:唐末五代宦官,本姓康,字继元,为李存勖灭梁建国立下功劳。

[10] 无类:即无遗类,无幸存者。

[11] 高邑:古县名,故治在今河北柏乡固城店镇。

[12] 遽起:急忙起身,突然而起。

[13] 浮梁:浮桥。

[14] 高南:高邑以南。

[15] 策马:鞭打马腹。

[16] 赍粮糗:输送粮食。糗,炒熟的米或面等,即干粮。

[17] 鼓噪:擂鼓呐喊。

【译文】

《新五代史》记载:后唐庄宗李存勖出兵援救赵国,和梁军对抗于距柏乡五里之处,并把部队集结在野河以北。晋军兵力很少,而梁将王景仁虽然兵力不少,但是精锐的主力却不多。晋军看到梁军人多势众,有些气馁。晋将周德威为其部下鼓劲说:"这些不过是汴州、宋州的雇佣兵,要打败他们不费吹灰之力。"他回营还把这事向庄宗报告。李存勖说:"我带这支深入敌地的军队出征千里之外,利在速战速决。目前如不乘势急速出击,一旦敌人了解了我们的兵力就无计可施了。"周德威说："我看不一定是这样，赵人长于守城，不擅长野战，我军要想取胜，非靠骑兵不可。凡是平阔之地，骑兵可以发挥威力。如今我军却驻扎于河边，靠近敌军营门，不是便于发挥我军特长的地方啊！"李存勖听了很不愉快，回营躺在帐中。将领们谁也不敢去谒见，周德威就请出监军张承业，并对他说："大王生我的气了。我不想出击并非我胆怯，而是因为我们兵力不足又离敌营太近，目前所仗的仅是一水相隔。如果梁军弄到船只渡河来攻，我军将无一幸免于难。不如把部队撤到高邑，诱敌出来，并千方百计进行干扰，使他们不得安宁，就可以战胜他们。"张承业听后便进帐对李存勖说："德威老将军深晓兵法，请您不要忽视他的建议。"李存勖突然坐起来说："我正在考虑德威的意见。"不多时，周德威抓到梁军俘虏，向他打探王景仁在做什么。俘虏回答："他已造数百只船，将要用来架浮桥。"周德威带着俘虏进见李存勖。李存勖笑着说："果然如你所预料的那样。"他立刻下令把军队撤到高邑。周德威派出三百骑兵逼近梁营挑战，而后亲率三千主力作为后卫。王景仁发怒，派出全部人马出战。周德威与其转战，且战且走，到达数十里以外的高邑以南。双方列阵对峙，梁军的横队连贯约有六七里长。李存勖策马登高下望，高兴地说："一片平原上长满矮草，可进可退，真是击败敌人的好战场啊！"于是派人告诉周德威说："我军应该动手和梁军作战。"周德威建议说："梁军轻装远来，与我军辗转战斗，他们来得匆忙，一定没准备干粮，即使粮食随后送来，也来不及食用，不到中午，人饥马渴，其军必定要撤走。趁他撤退时立刻追击，我军就会大胜。"等到下午日头偏西时分，梁军阵中果然因为人马后退而烟尘冲天了，周德威命令部队擂鼓呐喊，发起攻击，结果梁军大败而逃。

七、舟　战

【原文】

　　凡与敌战于江湖之间，必有舟楫，须居上风、上流。上风者，顺风，用火以焚之；上流者，随势，使战舰以冲之，则战无不胜。法曰："欲战者，无迎水流[1]。"

【注释】

　　[1]兵法原文见《孙子·行军篇》："欲战者，无附于水而迎客，视生处高，

欲战者，无迎水流

勿迎水流，此处水上之军也。"

【译文】

凡是与敌人在水中作战，必须把所有的船只布置在上风和上流。上风就是顺风，占据上风可以借助风势用火焚烧敌人的船只；上流就是顺着水的流向，占据上流可以借助水势用战舰冲击敌人的船舰。这样就能战无不胜。兵法上说："要与敌人在水上作战，千万不可逆水迎敌。"

【战例】

春秋，吴子伐楚[1]，楚令尹卜战[2]，不吉。司马子鱼曰[3]："我得上流，何故不吉？"遂战，吴师败绩。

【注释】

〔1〕吴子：春秋时期吴国公子光，即吴王阖闾。
〔2〕楚令尹：周代楚国官名，属于上卿执政者。
〔3〕司马：官名，主管军政和军赋。子鱼：人名，即楚公子鲂。

【译文】

春秋时期，吴国公子光进攻楚国。楚国的令尹占卜，求问战争的吉凶，结果卜兆上显示："战争不吉利。"司马子鱼说："我军地处上流，怎么能不吉利？"于是，指挥军队投入战斗，吴军很快便被打败了。

八、车　战

【原文】

凡与步、骑战于平原旷野，必须用偏箱、鹿角车为方阵[1]，以战则胜。所谓一则治力，一则前拒，一则整束部伍也。法曰："广地则用军车[2]。"

【注释】

〔1〕偏箱：即偏箱车，一种攻防两用、装有防护板的战车。鹿角车：兵车名，在车的前方架上戈、戟，样子很像鹿角，所以叫鹿角车。

〔2〕兵法原文见《唐太宗李卫公问对》卷上，但与原文略异。原文是："地广则用鹿角车营。"

【译文】

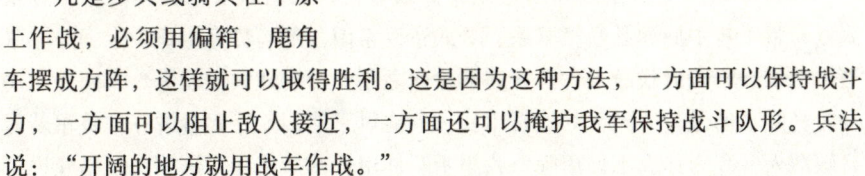

凡是步兵或骑兵在平原上作战，必须用偏箱、鹿角车摆成方阵，这样就可以取得胜利。这是因为这种方法，一方面可以保持战斗力，一方面可以阻止敌人接近，一方面还可以掩护我军保持战斗队形。兵法说："开阔的地方就用战车作战。"

【战例】

晋凉州刺史杨欣失羌戎之和[1]，为虏所没。河西断绝，帝每有西顾之忧[2]，临朝而叹曰："谁能为我通凉州讨此虏者乎？"朝臣莫对。司马督马隆进曰[3]："陛下若能任臣，臣能平之。"帝曰："若能灭贼，何为不任？顾卿方略何如耳！"隆曰："陛下若能任臣，当听臣自任。"帝曰："云何？"对曰："臣请募勇士三千人，无问所从来，率之鼓行而西，禀陛下威德，丑类何足灭者！"帝许之，乃以隆为武威太守。隆募腰开弩三十六钧[4]，立标拣试[5]，自旦至日中，得三千五百人。隆曰："足矣。"隆于是率其众西渡温水，虏树机能等以众万骑，或乘险以遏隆前，或设伏以截隆后。隆以八阵图作偏箱车[6]，地广用鹿角车，路狭则为木屋施于车上[7]，且战且前，弓矢所及，应弦而倒。转战千里，杀伤以千数。隆到武威，虏大人猝跋韩、且万能等率万余众归[8]，隆前后诛杀及降附者数万。又率善戎没骨能等与树机能等战[9]，斩之，凉州遂平。

【注释】

　　[1] 杨欣：西晋人，278年，与鲜卑族首领秃发树机能部将若罗拔能等战于武威，败死。

　　[2] 帝：指西晋武帝司马炎。司马炎，字安世，晋朝开国皇帝。

　　[3] 马隆：字孝兴，平陆（今山东汶上北）人。西晋将领。

　　[4] 钧：古代重量单位，一钧为三十斤。

　　[5] 拣试：选拔考核。

　　[6] 八阵图：传说是由诸葛亮创设的一种阵法。

　　[7] 木屋：古时战车。类同小屋，四面有窗，可以荫蔽并向敌人放箭。

　　[8] 猝跋韩、且万能：皆为鲜卑族部落首领。

　　[9] 没骨能：与晋军联合作战的鲜卑族部落首领。

【译文】

　　西晋凉州刺史杨欣因和当地羌族关系恶化，被羌人所杀，河西（今甘肃武威一带）与中原朝廷断绝联系。晋武帝经常因西部局势而忧虑，上朝时感叹道："谁能为我讨伐敌人，打开通向凉州之路？"朝廷大臣没有一人回答。司马督马隆上前说："陛下如能任用我，我能讨平他们。"武帝说："将军若能打败敌人，我为什么不任用呢？我想听听你用什么策略和方法啊！"马隆说："您如果任用我，就应当让我自己方便行事。"武帝说："用什么办法？"回答说："我请求招募勇士三千人，不要问他们从哪里来，率领他们击鼓西行，依靠陛下您的威风和道德，何愁敌人不被消灭呢？"武帝同意了，就任命马隆为武威太守。马隆招聘用腰开弩能拉开三十六钧弓力的人，竖起旗标进行考试，从早晨到中午，选得三千五百人。马隆说："足够了。"马隆于是率领部众西渡温水（今南盘江），敌寇树机能等率万名骑兵阻击。敌人利用险要地形阻挡晋军的去路，或者设伏兵拦截晋军的后续部队。马隆依照八阵图法制作偏箱车，在开阔的地方，就用鹿角车设营，道路狭窄了则做成木屋放在车上，一面作战一面前进。弓箭所射达的地方，敌人应弦而倒。转战千里，杀伤敌人数以千计。马隆到达武威时，鲜卑部落首领猝跋韩、且万能等率领一万多人前来投降。马隆前后诛杀和降服敌军数万人，又联合善戎没骨能等，直接与树机能作战，将其斩杀，终于平定了凉州。

九、信 战

【原文】

凡与敌战,士卒蹈万死一生之地,而无悔惧之心者,皆信令使然也。上好信以任诚,则下用情而无疑,故战无不胜。法曰:"信则不欺[1]。"

【注释】

[1]兵法原文见《六韬·龙韬·论将第十九》。

【译文】

凡是对敌作战,士卒们踏上战场,而无后悔畏惧之心的,都是将帅真诚不欺的品格感化他们这样做的。将帅讲求信义而以诚待人,那么士卒便会相信而不怀疑,所以打起仗来就能无往而不胜。诚如兵法所说:"将帅有威信,是因为不欺诈士兵。"

【战例】

三国魏明帝自征蜀[1],归长安,遣司马懿督张郃诸军,雍、凉劲卒三十万,潜军密进,窥向剑阁[2]。蜀相诸葛亮时在祁山,旌旗利器,守在险要,十二更下,在者八万。时魏军始阵,幡兵适交[3],参佐咸以贼众强盛[4],非力不制,宜权停下兵一月,以并声势。亮曰:"吾统武行师,以大信为本,得原失信[5],古人所惜;去者速装以待期,妻子鹄立而计日[6],虽临征难,义所不废。"皆催令去。于是,去者皆悦,愿留一战;住者奋勇,思致死命。相谓曰:"诸葛公之恩,死犹未报也。"临战之日,莫不拔剑争先,以一当十,杀张郃,却司马懿,一战大克,信之由也。

【注释】

[1]魏明帝:即曹叡,字元仲,三国时期曹魏的第二位皇帝。

〔2〕剑阁：关隘名，位于今四川剑阁县北。

〔3〕幡兵：指正在换防的部队。幡，旌旗。

〔4〕参佐：僚佐或部下。

〔5〕得原失信：语出《左传·僖公二十五年》。公元前635年，晋文公围攻原国，原计划三天攻克下来，但三天后仍未攻下，文公下令退兵，部下鉴于原人即将投降而建议不要撤兵。晋文公说："信，国之宝也，民之所庇也。得原失信，何以庇之？所亡滋多。"于是，退兵三十里，原国却开城投降了。

〔6〕鹄立：如鹄延颈而立，形容盼望等待。

【译文】

三国时期，魏明帝亲自讨伐蜀国，来到长安，派司马懿统率张郃等，及雍、凉二州等三十万精兵，秘密前行，悄然进入剑阁。当时，蜀国丞相诸葛亮正驻守祁山，战旗及精良武器都布控在险要之处。除去十分之二的士兵换防离去，现场留守的只有八万人。魏军布阵之时，正好赶上蜀军换防交接，诸葛亮的参谋人员都认为敌军强盛，没有足够的兵力是不能制胜的，最好把换下的部队再暂留一个月，以壮军威。诸葛亮说："我率兵打仗，一向以信义为本，'得原失信'的做法，是古人所痛惜的；如今离岗的士兵已整理好行装等待回归的日期，他们的妻子儿女正在算着日子期盼他们早日团聚。目前我们虽然面临困难，但是信义不可废弃。"下令催促士兵赶快启程返乡。因此，返乡的将士都很高兴，愿意留下再战斗一次。如此一来，驻守的士兵斗志昂扬，决心拼死一战。他们相互鼓励说："丞相的恩德，即便是拼上性命也不能报答！"战斗当天，蜀军无不拔剑争先，以一当十，杀死张郃，击退了司马懿，大获全胜，这都是信义治军带来的结果。

十、教　战

【原文】

凡欲兴师，必先教战。三军之士，素习离、合、聚、散之法，备谙坐、作、进、退之令，使之遇敌，视旌麾以应变，听金鼓而进退。如此，则战无不胜。法曰："以不教民战，是谓弃之[1]。"

【注释】

〔1〕兵法原文见《论语·子路》。

【译文】

凡是准备用兵，必定要先训练部队。要使全军战士平时练好分散与集合的阵法，熟悉起坐和进退的号令，一旦派出与敌人进行战斗，可以根据旗帜的挥动而反应变化，可以听从钲鼓的声响而前进后退，这样就每战必胜。兵法说："如果不先对老百姓进行作战训练而让他们去作战，这就叫抛弃他们。"

以不教民战，是谓弃之

【战例】

战国时，魏将吴起曰[1]："夫人常死其所不能，败其所不便。故用兵之法，教戒为先。一人学战，教成十人；十人学战，教成百人；百人学战，教成千人；千人学战，教成万人；万人学战，教成三军。以近待远，以佚待劳，以饱待饥。圆而方之，坐而起之，行而止之，左而右之，前而后之，分而合之，结而解之。每变教习，乃授其兵，是谓将事。"

【注释】

〔1〕吴起：战国时军事家。卫国左氏（今山东曹县北）人。初为鲁将，遭谗赴魏，受文侯重用，任西河（今陕西合阳一带）郡守。武侯时又因被排挤，出奔楚国，使楚国国势日臻强盛，后因乱被害。今存《吴子兵法》六篇。

【译文】

战国时，魏国名将吴起说："一个人往往战死于没有本领，失败于受到牵制。所以用兵的原则，首先是训练部队。一人学好，可以教会十人；十人学好，可以教会百人；百人学好，可以教会千人；千人学好，可以教会万人；万人学好，可以教会全军。以我之近，待敌之远；以我之逸，待敌之劳；以我之饱，待敌之饥。既练圆阵，又练方阵；既练坐阵，又练立阵；既练行进，又练由疾行而突止；要练习能左能右、能前能后、能分散能集中、能合阵能分解。每种动作、队形变化，都要反复练习，才能把武器发给他们。这些都是将帅应做的事。"

第二卷

十一、众 战

【原文】

凡战,若我众敌寡,不可战于险阻之间,须要平易宽广之地。闻鼓则进,闻金则止,无有不胜。法曰:"用众进止[1]。"

【注释】

[1]兵法原文见《司马法·用众第五》。

【译文】

凡是作战,如果我众敌寡,就不能在险阻的地形上进行,而必须在平坦开阔的地方进行。听到鼓声就前进,听到锣声就停止,这样没有不打胜仗的。兵法说:"指挥大军作战就在于能前进和停止。"

【战例】

晋太元时,秦苻坚进屯寿阳[1],列阵临淝水,与晋将谢玄相拒[2]。玄使谓苻坚曰:"君远涉吾境,而临水为阵,是不欲速战。请君稍却,令将士得周旋,仆与君缓辔而观之,不亦乐乎!"坚众皆曰:"宜阻淝水,莫令得上。我众彼寡,势必万全。"坚曰:"但却军,令得过,而我以铁骑数十万向水,逼而杀之。"融亦以为然[3]。遂麾兵却,众因乱而不能止。于是,玄与谢琰[4]、桓伊等[5],以精锐八千渡淝水,石军拒张蚝,小退。玄、琰仍进兵,大战淝水南,坚众大溃。

【注释】

[1]苻坚:十六国时期前秦皇帝,公元357—385年在位。字永固,一名文玉,氐族,略阳临渭(今甘肃秦安东南)人。在位期间统一了北方大部分地区,后被东晋败于淝水,终被羌族首领姚苌擒杀。

[2]谢玄:东晋名将。字幼度,陈郡阳夏(今河南太康)人。

[3]融:即苻融,苻坚之弟,死于淝水之战。

[4] 谢琰：东晋将领。宰相谢安的儿子，与谢玄是堂兄弟。
[5] 桓伊：东晋名将。字叔夏，曾参与淝水之战。

【译文】

东晋武帝太元年间，前秦王苻坚进驻寿阳，在淝水沿岸列阵，与晋将谢玄相对峙。谢玄派人告诉苻坚说："您长途跋涉来到我国境内，沿水布阵，是不想速战的架势。请您让部队稍向后退一点，使我将士能够渡水上岸与您决一死战，我与各位将军骑着马慢慢行走观看，不是很快乐吗？"苻坚部将都说："应该将晋军阻隔在淝水那边，不要让他们上岸。我众他寡，一定要用万全之策才行。"苻坚说："只稍稍后退，让他们渡河，不等他们渡完时，我即以铁骑数十万人向淝水冲击而消灭他。"苻融也认为这样可以。于是指挥军队后退，不料这一后退，便停不住了。于是，谢玄与谢琰、桓伊等人率八千精锐部队渡过淝水，谢石率部抵抗秦军张蚝所部，不利稍退。谢玄、谢琰即挥兵向纵深挺进，与敌军大战于淝水南岸，苻坚大军全线溃败。

十二、寡 战

【原文】

凡战，若以寡敌众，必以日暮，或伏于深草，或邀于隘路，战则必胜。法曰："用少者务隘[1]。"

【注释】

[1] 兵法原文见《吴子·应变第五》。

【译文】

凡是与敌人作战，如果敌众我寡，一定要在傍晚，或者将部队潜伏在草木深处，或者将敌人引至隘口险路，这样作战一定可以取胜。兵法说："作战时兵少的一方，一定要选择地形狭隘的战场。"

【战例】

《北史》[1]：西魏大统三年[2]，东魏将高欢渡河[3]，逼华州，刺史王罴严守，乃涉洛，军于许原西。西魏遣将宇文泰拒之[4]。泰至渭南，集诸州兵，未会。诸将以众寡不敌，请且待欢更西以观之。泰曰："欢若至咸阳[5]，人皆转摇扰。今其新至，可击之。"即造浮桥于渭南，军士赍三日粮，轻骑渡渭，辎重自渭南夹渭而西。十月壬辰[6]，至沙苑，距齐军六十余里。高欢率兵来会。候骑告齐兵至[7]，泰召诸将议。李弼曰[8]："彼众我寡，不可平地置阵。此东十里，有渭曲，可据以待之。"遂进至渭曲，背水东西为阵，李弼为右拒，赵贵为左拒[9]。命将士皆偃戈于葭芦之中[10]，闻鼓声而起。日晡[11]，齐军至，望见军少，争进，卒乱而不成列。兵将交，泰鸣鼓，士卒皆起。于谨等以大军与之合战[12]，李弼等率铁骑横击之，绝其军为二，遂大破之。

【注释】

〔1〕《北史》：记载我国南北朝时期北朝的北魏、东魏、西魏、北齐、北周等朝的历史著作，由李大师及其子李延寿两代人编撰完成。

〔2〕西魏：535年，北魏丞相宇文泰杀死孝武帝，立元宝炬（孝文帝之孙）为帝（文帝），定都长安，史称西魏。

〔3〕高欢：一名贺六浑。北齐王朝的奠基人，史称神武帝。河：专指黄河。

〔4〕宇文泰：字黑獭，鲜卑族，代郡武川（今属内蒙古）人。曾杀北魏孝武帝，另立文帝，建都长安，建立西魏，独揽大权。

〔5〕咸阳：郡名，今陕西咸阳。

〔6〕十月壬辰：西魏文帝大统三年（537）的十月一日。

〔7〕候骑：担任侦察任务的骑兵。

〔8〕李弼：字景和，辽东襄平（今辽宁辽阳西南）人，战功显赫。西魏文帝时，他归附文帝，官至柱国大将军，封赵国公。

〔9〕赵贵：字元贵，天水南安（位于今甘肃陇西东）人。曾仕北魏，后归附西魏，官至柱国大将军，北周闵帝时，封楚国公。

〔10〕偃（yǎn）戈：指伏兵；埋伏。葭（jiā）芦：指芦苇。葭，初生的芦苇。

〔11〕日晡：指午后的申时，即十五至十七时。

〔12〕于谨：字思敬，河南洛阳人。曾仕北魏、西魏、北周三朝。

【译文】

《北史》记载：西魏大统三年（537），东魏将军高欢统率大军，渡过黄河，直逼华州。西魏刺史王罴下令严密防守。高欢知不可攻，就渡过洛水，把部队摆在许原以西。西魏立刻派出武将宇文泰前来阻击。宇文泰率军到达渭水之南，所征各州的援军尚未会齐。诸将都以为敌众我寡，难以打胜，应当等高欢继续西进，再看时机。宇文泰说："高欢假若进入咸阳，容易动摇民心。目前乘他刚到，立足未稳，可以立即进攻。"于是派人在渭水之南架浮桥，让士兵准备三天给养，骑兵先过渭河，辎重从渭水南岸沿河向西输送。十月一日，到达沙苑，在与高欢军队相距六十余里之处进行对抗。高欢率领部队赶来会战。当骑兵侦察队报告高欢军队已至，宇文泰立即召开军事会议。李弼说："敌众我寡，不可以在平坦开阔之地布阵。应当向东走十里，在渭河弯曲地段，依据有利地形，与其决战。"部队马上开到渭曲，背着渭水，从东向西列阵。李弼为右翼，赵贵为左翼。并下令将士藏着武器待在芦苇丛里，听到鼓响就立即出击。下午，高欢率军赶来，看到魏军不多，就争相前进，致使部队混乱而不成队形。双方即将交锋，宇文泰擂响战鼓，伏兵冲杀而出。这时于谨所率大队人马与伏兵汇合，李弼等率铁骑从侧翼横扫而来，把高欢的人马分割为两部分，很快把高欢打得大败。

十三、爱 战

【原文】

凡与敌战，士卒宁进死，而不肯退生者，皆将恩惠使然也。三军知在上之人爱我如子之至，则我之爱上也如父之极。故陷危亡之地，而无不愿死以报上之德。法曰："视民如爱子，故可与之俱死[1]。"

【注释】

〔1〕兵法原文见《孙子·地形篇》，但"视民如爱子"的"民"原文为"卒"。

【译文】

凡是对敌作战，士兵宁愿前进战死而不愿后退生还，这是将领的爱护使他们这样的。三军官兵知道将领爱兵如爱子一般，就会像爱父亲一样爱将领，即使处于危亡之地，也没有不愿以死来报答将领恩德的。兵法说："对待士兵就

像对待自己的孩子一样,士兵就可以和他同生共死。"

【战例】

战国,魏将吴起为西河守,与士卒最下者同衣食。卧不设席,行不乘骑,亲裹赢粮[1],与士卒分劳苦。卒有病疽者[2],起为吮之[3]。卒母闻而哭之。或曰:"子,卒也,而将军自吮其疽,何哭为?"母曰:"非然也。往年吴公吮其父,其父战不旋踵[4],遂死于敌。吴公今又吮其子,妾不知其死所矣。是以哭之。"文侯以吴起用兵廉平[5],得士卒心,使守西河,与诸侯大战七十六,全胜六十四。

【注释】

〔1〕赢粮:指装满粮食。赢,通"盈"。
〔2〕疽:脓疮。
〔3〕吮:用嘴含吸,咂。
〔4〕旋踵:引申为后退。踵,脚后跟。
〔5〕文侯:即魏文侯,战国时魏国建立者,名斯。廉平:廉洁且公正。

【译文】

战国时期的魏国将领吴起做西河太守时,与士兵中身份最低下的人同衣同食。睡觉不铺席,行路不骑马;亲自捆扎携带粮食,与官兵分担劳苦。士兵中有人长了脓疮,吴起用嘴为他吮吸脓。士兵的母亲听说后大哭。有人说:"你的儿子是个士兵,将军亲自为他吮吸脓疮,你为什么还哭呢?"母亲说:"不是这样的。只因过去吴公为我儿的父亲吮吸脓疮,他父亲作战不后退,终于在战斗中牺牲了;如今吴公又为我儿子吮吸脓疮,我不知他会死在哪里,所以才为他哭泣。"魏文侯因吴起用兵廉洁公正,深得士兵拥护,让他镇守西河。吴起与诸侯大战共计七十六次,其中全胜的就有六十四次。

十四、威 战

【原文】

凡与敌战，士卒前进而不敢退后，是畏我而不畏敌也。若敢退而不敢进者，是畏敌而不畏我也。将使士卒赴汤蹈火而不违者，是威严使然也。法曰："威克厥爱，允济[1]。"

【注释】

[1] 兵法原文见《尚书·胤征》。

【译文】

凡是与敌作战，士兵奋力冲锋，勇往直前，而不敢后退，是因为畏惧将帅而不是害怕敌人。如果临阵退却而不敢前进，那是因为害怕敌人而不是畏惧将帅。将帅能让士兵赴汤蹈火而不敢违抗命令，那是将帅的威严使然。兵法说："严明胜过慈爱，就能取胜。"

【战例】

春秋齐景公时，晋伐阿、鄄[1]，而燕侵河上[2]，齐师败绩。晏婴乃荐田穰苴[3]，曰："穰苴虽田氏庶孽，然其人文能附众，武能威敌，愿君试之。"景公乃召穰苴，与语兵事，大悦之，以为将军，将兵捍燕、晋之师。穰苴曰："臣素卑贱，君擢之闾伍之中，加之大夫之上，士卒未附，百姓不亲，人微权轻，愿得君之宠臣，国之所尊，以监军，乃可。"于是，景公许之，使庄贾往[4]。穰苴既辞，与庄贾约："旦日日中会于军门。"穰苴先驰至军中，立表下漏待贾。贾素骄贵，以为将己之军而己为监，不甚急，亲戚左右送之，留饮，日中而贾不至。穰苴则仆表决漏，入，行军勒兵，申明约束。既

定,夕时,贾乃至。穰苴曰:"何为后期?"贾对曰:"不佞,大夫亲戚送之,故留。"穰苴曰:"将受命之日则忘其家,临阵约束则忘其亲,援枹鼓之急则忘其身。今敌国深侵,邦内骚动,士卒暴露于境,君寝不安席,食不甘味,百姓之命皆悬于君,何谓相送乎?"召军正问曰[5]:"军法期而后至者云何?"对曰:"当斩。"贾惧,使人驰报景公,请救。既往,未及返,于是遂斩庄贾以徇三军。三军皆震栗。久之,景公遣使持节救贾,驰入军中。穰苴曰:"将在军,君命有所不受。"问军正曰:"军中不驰,今使者驰云何?"对曰:"当斩。"使者大惧,穰苴曰:"君之使不可杀之。"乃杀其仆、车之左驸、马之左骖[6],以徇三军。遣使者还报,然后行事。士卒次舍、井灶、饮食、问疾、医药,身自拊循之。悉取将军之资粮,以享士卒,身与士卒平分粮食,最比其羸弱者。三日而后勒兵。病者皆求行,争奋出为之赴战。晋师闻之,为罢去;燕师闻之,渡河而解。于是,穰苴乃率众追击之,遂取所亡邦内故境,率兵而归。

【注释】

〔1〕阿、鄄:齐地名,都属于济阴。阿,东阿。鄄,鄄县。

〔2〕河上:黄河南岸,即沧州、德州附近。

〔3〕田穰苴:姓田,名穰苴,齐国人。官至司马,深通兵法。有《司马穰苴兵法》传世。

〔4〕庄贾:齐国大夫,景公宠臣。

〔5〕军正:官名,古代军中执法的武官。

〔6〕左驸:车厢外左侧的立木。左骖:驾车的左马。

【译文】

春秋齐景公时期,晋国攻打齐国东阿和鄄城,同时燕国侵犯齐国黄河南岸,齐国战败。晏婴于是推荐穰苴,说:"穰苴虽说是田氏妾妃所生,但是此人文能让众人归附,武可以威震敌人,希望君王可以试用他。"景公于是召见穰苴,与他谈论行军打仗之事,非常欣赏他的才能,就任命他为将军,统兵抗击燕、晋两军。穰苴说:"我向来地位低下,君王一下把我从平民中提拔上来,位居大夫之上,士兵不能归附,百姓不愿亲近,人微权轻,希望君王派一位君王宠信、举国尊崇的人来做监军,才可以统率三军。"于是,景公答应他,派庄贾前往。穰苴辞别景公后,对庄贾说:"明天中午在军营门前见。"第二天,穰苴先快速赶到军营,设置好测日影的标杆和计时间的漏壶,等待庄贾。庄贾一向骄横,并认为穰苴所率士卒是他自己的队伍,而且自己是监军,所以不是很着急。亲戚朋友为他送行,留其宴饮。中午了,庄贾还没到。穰苴便放倒了测影的标杆,撤掉了计时的漏壶,然后进入军营，检阅队伍，整顿士兵，申明军纪。部署完毕，等到傍晚时分，庄贾才到。穰苴问："为什么来晚了？"庄贾说："拗不过亲戚朋友的送行饯别，所以滞留了。"穰苴说："将帅从接受命令那天起，就应该忘掉自己的家庭；亲临战阵受军纪约束，就应该忘记自己的亲戚；擂鼓进攻的时候，就应该忽略自己的生命。如今外敌入侵，国内动荡，士兵们日夜坚守在边境之上，君王因此觉睡不踏实，饭也觉得无味，百姓的性命都维系在你的身上，还有心思送行饯别？"把军法官叫来，问道："军法上对于错过约定时间如何论处？"回答说："应当斩首。"庄贾吓得要死，急忙派人迅速向景公报告，请求解救。但是，还没等向景公报告的人返回，穰苴已将庄贾斩首示众，三军将士都为之震惊、战栗。过了很久，景公派使者手持符节来赦免庄贾，驱车冲入军营。穰苴说："将军领兵在外，君王的命令有的可以不接受。"问军法官说："军营中不准车马驰入，如今使者擅闯军营应当如何论处？"回答说："应当处斩。"使者非常害怕。穰苴说："君王的使者不可以斩杀。"于是就斩杀了使者的随从，砍断了车左边的车辕，杀了左边的马匹，并展示给三军将士。穰苴让使者返回报告给景公，然后继续处理军务。对于部队的行军宿营、掘井竖灶、士兵伙食、看病用药等事宜，穰苴都亲自安抚慰问。他还把自己的粮饷全部拿出来，和士兵们共同享用，自己和士兵一样平分粮食，标准接近身体瘦弱的士兵，三天后率军出发。生病的士兵都请求一同出征，大家争先恐后为报答将军而去战斗。晋军听说以后，撤兵而去；燕军听说后，渡河北撤。边境危机解除。因此，穰苴就率军追击，顺势收复了沦陷的国土，率军凯旋而归。

十五、赏 战

【原文】

　　凡高城深池，矢石繁下，士卒争先登；白刃始合，士卒争先赴者，必诱之以重赏，则敌无不克焉。法曰："重赏之下，必有勇夫[1]。"

【注释】

　　[1]兵法原文见《三略·上略》："香饵之下，必有悬鱼；重赏之下，必有死夫。"

【译文】

凡是要攻高城深池，箭石不断向下抛射时，我方士兵敢于强攻先登的；当敌我白刃格斗时，我方士兵敢于争先拼搏的，都必须用重赏加以鼓励，那么敌人占领的城池就没有不能攻克的。兵法说："重赏之下，必有勇士出现。"

【战例】

汉末，大将曹操每攻城破邑，得靡丽之物，则悉以赏有功者。若勋劳宜赏，不吝千金；无功妄施，分毫不与。故能每战必胜。

【译文】

东汉末年，曹操每当攻下城池，占领州县，缴获贵重和华丽的物品，都赏赐给立功的人。只要有大功该赏的，赏赐千两黄金也不吝惜；没有功劳的绝不乱赏，一分一毫也不给。所以他率军作战每次都能打胜。

十六、罚 战

【原文】

凡战，使士卒遇敌敢进而不敢退，退一寸者，必惩之以重刑，故可以取胜也。法曰："罚不迁列[1]。"

【注释】

[1]兵法原文见《司马法·天子之义第二》。迁列，变动行列，改变地方。不迁列，不改变地方，也即就地不动之意。此句意是，惩罚罪过要就地执行，绝不迁延姑息。

【译文】

凡是交战，要使士兵只敢前进而不敢后退，后退一寸，必须用重刑惩处，这样方可以争胜。兵法说："实施惩罚要就地执行。"

【战例】

隋大将杨素[1]，御戎严整[2]，有犯军令者，立斩之，无所宽贷[3]。每将对敌，辄求人过失而斩之，多者百余人，少者不下十数人。流血盈前，言笑自若。及其对阵，先令三百人赴敌，陷阵则已，如不能陷阵而还者，无问多少，悉斩之。又令二三百人复进，还如向者。将士股栗[4]，有必死之心，由是战无不胜。

【注释】

〔1〕杨素：弘农华阴（今属陕西）人，字处道。隋朝权臣、诗人，杰出的军事家、统帅。
〔2〕御戎：原意为掌驭兵车，后指治军或统御军队。
〔3〕宽贷：宽恕，饶恕。
〔4〕股栗：因害怕而两腿发抖。

【译文】

隋朝大将军杨素带兵以严整著称，有违反军令的，立刻处斩，向来不肯宽恕。每当战斗之前，总是寻找犯有过错的士兵进行处决，多的时候一次一百余人，少时也不下十余人。眼前虽然洒满鲜血，他却谈笑自如。当他指挥作战时，首先命令三百人向敌出击，攻破敌阵则可，如果不能攻破敌阵而活着回来，不论多少，全都处决。然后又派出两三百人再去进攻，处理方法仍然如前。所以将士每听到他发号施令，立刻双腿颤抖，抱着必死的决心，竭力拼杀，因而每次作战无不胜利。

十七、主 战

【原文】

凡战，若彼为客、我为主[1]，不可轻战。为吾兵安，士卒顾家，当集人聚谷，保城备险，绝其粮道。彼挑战不得，转输不至，候其困敝击之，必胜。法曰："自战其地为散地[2]。"

【注释】

[1]客：客军，进攻一方，深入敌境作战。主：主军，防御一方，在本国境内防御作战。

[2]兵法原文见《孙子·九地篇》。

【译文】

凡是对敌作战，如果敌方为客军，我方为主军，不要轻率出击。为使我军安全，鉴于士兵眷恋家室，就应当集合部队屯积粮食，守卫险要，保卫城池，切断敌人的粮道。使敌人挑战不能，辗转运输粮草又不能到达，等他们陷入困境和疲惫时再攻击，必定胜利。兵法上说："在自己的土地上作战的地区称为散地。"

【战例】

《晋书》：后魏武帝亲征后燕慕容德于邺城[1]，前军大败绩。德又欲攻之，别驾韩谅进曰："古人先决胜庙堂[2]，然后攻战。今魏不可击者四，燕不宜动者三。"德曰："何故？"谅曰："魏军远入，利在野战，一不可击也；深入近畿，致其死地，二不可击也；前锋既败，后阵必固，三不可击也；彼众我寡，四不可击也。官军自战其地，一不宜动；动而不胜，众心难固，二不宜动；城隍未修，敌来未备，三不宜动。此皆兵家所忌，不如深沟高垒，以佚待劳。彼千里馈粮[3]，野无所掠，久则三军靡费[4]，攻则士卒多毙，师老衅生，起而图之，可以捷也。"德曰："谅别驾之言，真良、平策也[5]。"

【注释】

[1]后魏武帝：拓跋珪，北魏开国皇帝，谥道武皇帝。

〔2〕庙堂：古代帝王祭祀和商议军国大事的地方。
〔3〕馈：送，运送。
〔4〕靡费：指耗费，过度地消耗。
〔5〕良、平：西汉张良、陈平。

【译文】

据《晋书》记载：后魏武帝拓跋珪率领军队到邺城征讨后燕慕容德。魏军前锋大败。慕容德想乘胜攻击，别驾韩𧨳进谏说："古人都要先在朝廷议决，有胜利的把握然后才出兵进攻。现在不能攻击魏国的理由有四个，燕国不宜出兵的理由有三个。"慕容德问："什么理由？"韩𧨳说："魏军从远方进入我境，野战对魏军是有利的，这是不宜攻击的第一个理由；敌军深入我城池的近郊，就将他的军队置于了死地（士兵必定拼死作战），这是不宜攻击的第二个理由；敌军前锋已经败阵，后面部队的阵势必然会加固，这是不宜攻击的第三个理由；敌众我寡，这是不宜攻击的第四个理由。我军是在自己的土地上作战，这是不宜出动的第一个理由；如果出动不能获胜，军心就难以稳固，这是不宜出动的第二个理由；护城墙和护城河未修，敌人来了而我军还未做好防御的准备，这是不宜出动的第三个理由。这三条都是兵家所忌讳的，不如深挖壕沟，高筑垒壁，以逸待劳。敌军从千里以外运来粮食，野外又没有什么可以掠取的，时间长了，三军耗费很大，如果向我进攻，则士兵就会伤亡惨重，军队疲惫了就会有机可乘，这时我军再乘虚谋取，一定能够获胜。"慕容德说："你的妙计，同张良、陈平的计策一样。"

十八、客　战

【原文】

凡战，若彼为主、我为客，唯务深入。深入，则为主者不能胜也。谓客在重地，主在散地故耳。法曰："深入则专[1]。"

【注释】

〔1〕兵法原文见《孙子·九地篇》。

韩信

【译文】

凡是作战，如果敌方是主军，我方是客军，就务必要深入到敌军腹地。深入其腹地，敌军就不能获胜。这就是所谓的"客军"处在"重地"，"主军"处于"散地"的原因。兵法说："深入敌境，则军心专一。"

【战例】

汉，韩信[1]、张耳以兵数万[2]，欲东下井陉击赵[3]。赵王及成安君陈馀聚兵井陉口，众号二十万。广武君李左车说成安君曰[4]："闻韩信涉西河，掳魏豹[5]，擒夏说[6]，新喋血阏与。今乃辅以张耳，议欲以下赵，此乘胜而去国远斗，其锋不可当也。臣闻千里馈粮，士有饥色，樵苏而爨，师不宿饱。今井陉之道，车不得方轨，骑不得成列，其势粮食必在其后。愿足下假臣奇兵三万人，从间道绝其辎重，足下深沟高垒勿与战。彼前不能斗，退不能还，野无所掠，不十日，两将之头可悬麾下。愿君留意。否则，必为所擒。"成安君自以为义兵，不听，果被杀。

【注释】

[1] 韩信（前231—前196）：汉初军事家。初属项羽，后为汉将，曾计占关中，破赵败魏取齐，围项羽于垓下，为汉朝建立立下汗马功劳。

[2] 张耳（前264—前202）：汉初诸侯王。陈胜起义后，他与同乡好友陈馀先后立武臣、赵歇为王。后被项羽封为常山王，不久为陈馀所败，转归刘邦，改封赵王。

[3] 井陉：又名土门关，故址在河北井陉北井陉山上。地势险要，为兵家必争之地。

[4] 广武君李左车：赵国谋臣，后被俘归汉。

[5] 魏豹：魏王豹，叛汉归楚，终被韩信所俘。

[6] 擒夏说：韩信破魏之后，同张耳合兵，北击赵、代，擒住了夏说、阏与。

【译文】

汉初，韩信、张耳率兵数万，企图东下井陉，攻打赵国。赵王和成安君陈馀屯兵扼守在井陉口，号称二十万人。广武君李左车游说成安君说："听说韩信东渡黄河，俘获了魏豹，擒住了夏说，刚刚血洗了阏与，如今又有张耳辅佐，商议要占领赵国，这是乘胜离开本国实施远征，他们胜利的消息无论传到何处，都令人闻风丧胆，可谓是势不可挡。我听说从千里之外运送粮食，士兵就要忍饥挨饿，临时打柴割草就不能烧火做饭，部队就得不到休息，难以吃饱。如今井陉的道路，车辆无法并排行走，骑兵不能成列通过，汉军行军数百里，从这种态势来看，其运粮车必在部队之后。希望您能给我奇兵三万人，从小路拦截他们的辎重粮草，您就凭借沟深垒高，不与其交战。这样他们前不能进，退不能还，野外也掠不到粮食，不出十天，这两将的人头就会挂在您的旗下。请君再三斟酌，否则，必被他们擒获。"成安君自以为正义之师不可使用阴谋诡计，没有采纳，果然被韩信部队所杀。

十九、强 战

【原文】

凡与敌战，若我众强，可伪示怯弱以诱之，敌必轻来与我战，吾以锐卒击之，其军必败。法曰："能而示之不能[1]。"

【注释】

[1]兵法原文见《孙子·计篇》。

【译文】

凡是对敌作战，如果我军兵多力强，可以故意显示出怯弱的样子，以引诱敌人来与我军交战，敌人必定轻率地向我军攻击，我用精锐部队攻击它，敌人必定失败。兵法说："能胜而故意表示出不能胜。"

【战例】

战国，赵将李牧常居代[1]、雁门，备匈奴。以便宜置吏，市租皆输入幕府[2]，为士卒费。日击数牛享士[3]，

习骑射，谨烽火，多间谍，厚遇将士，为约曰："匈奴入盗，急入收保[4]，有敢捕虏者斩。"匈奴每入盗，辄入收保，不与战。如是数岁，无所亡失。然匈奴以李牧为怯，虽赵边兵亦以为吾将怯。赵王谓李牧，李牧如故。赵王召之，使人代牧将。岁余，匈奴来，每出战，数不利，失亡多，边不得田畜。于是，复请牧。牧称疾，杜门不出。赵王乃复强起使将兵。牧曰："若用臣，臣如前，乃敢奉命。"王许之。李牧遂往，至，如故约。匈奴来无所得，终以为怯。边士日得赏赐，不用，皆愿一战。于是乃具选车得一千三百乘，选骑得一万三千匹、百金之士五万人、控弦者十万人，悉勒兵习战，大纵畜牧，人民满野。匈奴来，佯败不胜，以数千人委之。单于闻之，大率众来入。李牧多为奇阵，张左右翼以击之，大破之，杀匈奴十万余骑，单于奔走。其后十余岁，匈奴不敢犯赵边。

【注释】

〔1〕李牧：战国末赵国名将。长期防守北边，又曾大败秦军，被封为武安君。后因赵王中秦反间计，被杀死。

〔2〕幕府：远征军队的驻扎之地。

〔3〕享士：指犒劳士兵。享，通"飨"，用酒食款待人，泛指请人享受、享用。

〔4〕收保：收缩阵地，严密防守，而不轻易出战。

【译文】

战国时期，赵国大将李牧常年驻守在代郡、雁门郡防备匈奴进犯。他根据情况设置官吏，将收来的租税都送入幕府，作为官兵的费用。每天杀好几头牛慰劳士兵，练习骑马射箭，各处多设烽火，多派间谍，给士兵以优厚待遇，并规定："如果匈奴前来进犯，要立即收兵回城防御，谁胆敢捕捉敌人，立即问斩。"匈奴每次来犯，都立即收兵防守，不与敌军交战。这样几年，没有什么伤亡和损失。然而匈奴却以为李牧胆怯，就是赵国边关的士兵也以为自己的将领胆怯。赵王责备李牧，李牧依然坚持原来的做法。赵王将李牧召回，另派人代李牧为将领。一年以来，匈奴每次来犯时，都出兵交战，多数失利，损失伤亡很多，边境一带不能种田放牧。于是赵王又请李牧任将领。李牧声称有病，闭门不出。赵王便再一次强请李牧出来带兵。李牧说："如果任用我，必须允许我用以前那样的办法，我才敢接受命令。"赵王答应了他。李牧才前往边关，到后仍然像以前那样约法。匈奴进犯时一无所得，到头来还以为赵兵胆怯。边关士兵每天都得到赏赐，却不作战，都纷纷表示愿和匈奴决一死战。于是李牧就广选战车一千三百乘，挑选战马一万三千匹，挑选曾获重金奖赏的勇士五万人、弓箭手十万人，全都指挥他们练习进攻，又大肆放牧牲畜，老百姓满山遍野。匈奴来时，李牧佯装失败，将几千人丢弃给匈奴。匈奴单于听说后，率领大军来犯。李牧广设奇阵，展开两翼，包抄匈奴，杀死匈奴十万多骑兵，匈奴单于也败逃而走。以后十多年，匈奴再也不敢侵犯赵国的边境。

二十、弱 战

【原文】

凡与敌战，若敌众我寡，敌强我弱，须多设旌旗，倍增火灶，示强于敌，使彼莫能测我众寡、强弱之势，则敌必不轻与我战，我可速去，则全军远害。法曰："强弱，形也[1]。"

【注释】

[1] 兵法原文见《孙子·势篇》。意思是，兵力的强弱，是可以用"示形"之法伪装的。

【译文】

凡是对敌作战，如果敌众我寡，敌强我弱，就必须多设旌旗，加倍增筑锅灶，向敌人展示我方的强大，使对方不能判断我军多少、强弱的实情，这样敌人就不敢轻易与我交战。我军可迅速撤离，使全军脱离危险的境地。兵法说："兵力的强弱，可以用'示形'来伪装。"

【战例】

后汉，羌胡反，寇武都[1]，邓太后以虞诩有将帅之略[2]，迁武都太守。羌乃率众数千，遮诩于陈仓[3]、崤谷[4]，诩即停军不进，而宣言上书请兵，须到当发。羌闻之，乃分抄傍县。诩因其兵散，日夜进道，兼行百余里。令吏士各作两灶，日增倍之，羌不敢逼。或问曰："孙膑减灶，而君增之。兵法日行不过三十里，而今日且二百里，何也？"诩曰："虏众多，吾兵少。虏见吾灶日增，必谓郡兵来迎。众多行速，必惮追我。孙膑见弱，吾今示强，势有不同故也。"

【注释】

〔1〕武都：郡名。东汉时郡治在下辨（位于今甘肃成县西北）。

〔2〕邓太后：指邓绥，东汉和帝刘肇的皇后。虞诩：东汉时期名将，陈国武平（位于今河南鹿邑西北）人，字升卿。

〔3〕陈仓：古县名，位于今陕西宝鸡东。

〔4〕崤谷：即大散关，位于今陕西宝鸡西南大散岭上。

【译文】

后汉时，羌族反叛，寇掠武都郡。邓太后认为虞诩具有大将之谋略，提升他为武都太守。羌兵数千人截击虞诩于陈仓、崤谷一带。虞诩立刻命令部队停止前进，并放出风声说要向朝廷求援，等援军到来之后再走。羌兵听到后，便又分散到附近县境掳掠。虞诩乘羌兵分散，昼夜进军，兼程一百多里。同时下令宿营时官兵各砌两灶，每天增加一倍。这样，羌兵始终不敢逼近。有人问："古时孙膑减灶，而你却增灶。兵法说日行不过三十里，而现在我们却日行二百里。这是为什么呢？"虞诩回答："敌人兵多，我军兵少。敌见我军炉灶增多，必定认为诸郡救兵已前来接应；人多势众而行动迅速，因而敌人不敢追击。孙膑是故意显示软弱，我则伪装强大，这是态势不同的原因啊！"

第三卷

二十一、骄 战

卑而骄之

【原文】

凡敌人强盛，未能必取，须当卑辞厚礼，以骄其志，候其有衅隙可乘，一举可破。法曰："卑而骄之[1]。"

【注释】

[1]兵法原文见《孙子·计篇》。

【译文】

凡是敌人兵力强大，没有充分把握将其打败，就要施用谦辞重礼，促成其志骄意惰，待敌人有隙可乘，再发动突然袭击，便可彻底取胜。兵法说："以谦卑示弱，促使敌人骄惰起来。"

【战例】

蜀将关羽北伐[1]，擒魏将于禁[2]，围曹仁于樊[3]。吴将吕蒙在陆口称疾[4]，诣建业[5]，陆逊往见之[6]，谓曰："关羽接境，如何远下，后不堪忧也！"蒙曰："诚如来言，然我病笃[7]。"逊曰："羽矜其骁气，凌轹于人。始有大功，意骄志逸但务北进，未嫌于我。又下相闻病，必益无备。今出其不意，自可擒制。若见至尊，宜好为计。"蒙曰："羽素勇猛，既难与敌，且已据荆州，恩信大布，兼始有功，胆气益壮，未易图也。"蒙至都，权问："卿病，谁可代者？"蒙对曰："陆逊虑思深长，才堪负重，观其规虑[8]，终可大任。而未有远名，非羽所忌，无复是过。若用之，当令外自韬隐[9]，内察形便，然后可克。"权乃召逊，拜偏将军右都督代蒙。逊至陆口，书与羽曰："前承观衅而动[10]，以律行师，小举大克，一何巍巍！敌国败绩，利在同盟，闻庆抚节，想遂席卷，共奖王纲。某不敏，受任来西，延慕光尘，思禀良规[11]。"又曰："于禁等见获，遐迩欣叹，以为将军之勋足以长世，虽昔晋文城濮之师[12]，淮阴拔赵之略[13]，蔑以尚之。闻徐晃等步骑驻旌[14]，窥望麾葆。操猾虏也[15]，忿不思难，恐潜增众，以逞其心。虽云师老，犹有骁悍。且战捷之后，常苦轻敌，古术军胜弥警，愿将军广为方针，以全独克。仆书生疏迟，忝所不堪，嘉邻威德，乐自倾尽，虽未合策，犹可怀也。"羽览书有谦下自托之意，遂大安，无复所嫌。逊具启状，陈其可擒之要。权乃潜军而上，使逊与吕蒙为前部，至即克公安、南郡[16]。

【注释】

[1]关羽（？—220）：刘备部将。字云长，河东解（今山西临猗西南）人，封汉寿亭侯。刘备为汉中王，任他为前将军，率军围攻曹仁于樊城，降于禁，杀庞德，后被东吴设计所杀。

[2]于禁（？—221）：三国时曹操部将。字文则，泰山巨平（今山东泰安南）人，曾任平虏校尉、左将军。建安二十四年（219），被关羽所俘而降，后孙权夺取荆州，他被遣还魏国，惭恨而死。

[3]曹仁（168—223）：三国时魏国将领，曹操的堂弟，字子孝，沛国谯（今安徽亳县）人。曾任广阳太守、征南将军。曾与关羽对抗于樊城。樊：樊城，在湖北西北部、汉江中游。

[4]吕蒙：三国时吴将。字子明，曾与周瑜击破曹操于乌林，后定计取荆州，擒关羽。陆口：在今湖北嘉鱼县西南。

[5]建业：三国时东吴的都城。

[6]陆逊（183—245）：三国时吴将。字伯言，吴郡吴县（今江苏苏州）人，善谋略，掌吴国兵权，曾与吕蒙共谋袭取荆州，又以火攻大破刘备于猇亭。不久再破魏曹休于石亭。

[7]病笃：病重，病危。

[8]规虑：规划，思虑。

[9]韬隐：隐藏不露，等待时机。

[10]观衅而动：看出破绽而出动。

[11]思禀良规：向模范学习之意。思禀，想要承受。良规，好的规范。

[12]城濮之师：指春秋时晋楚的城濮之战。晋文公虽处劣势，但由于根据当地形势，采用诱敌深入的办法，战胜了楚军。

[13]拔赵之略：指韩信背水一战，以少胜多，大败赵军之事。

[14]徐晃：三国时魏曹操的大将。

[15]操：指东汉末政治家、军事家兼文学家曹操。

[16]公安：在今湖北南部、长江南岸，接邻湖南。南郡：即今湖北荆州。

【译文】

蜀将关羽向北进军，活捉魏将于禁，又把曹仁围困于樊城。吴将吕蒙在陆口声称有病，返回建业。陆逊前去与他相会，问："关羽最近所占领的地区和你比邻，你为什么这时却回到长江下游的建业来？你走后如果部署不当，就令人担忧啊！"吕蒙说："情况正如你所说的，但是我病得很厉害。"陆逊说："关羽仗着骁勇的气势，凌驾欺压于人。他刚立大功，骄傲放纵，现在一心只图北进，对吴国没有怀疑。他听到你生病的消息，必定越发不作防备。现在如果在其没料到之时突然出击，自然可以活捉并制服他。您谒见吴王时，应该就此好生计议。"吕蒙说："关羽一向勇猛，不但作战难以对付，而且他已占有荆州，威望和信义更加增大，加上新立战功，信心、气势更足，要制服他不容易！"吕蒙到了吴都去参见孙权，孙权问："你病了，谁可代替你？"吕蒙答曰："陆逊眼光远大，有军事才能，可负此重任。看他的筹划和思虑，他终究是可当大任的。现在因为他名声不大，关羽也不会有所顾虑，没有比他再合适的了。假若用他，应当告诉他要注意对外不露声色，对内加强侦察，等待时机，然后可以达到战胜关羽的目的。"孙权于是召见陆逊，任命他为偏军右都督，代替吕蒙。陆逊赴任到达陆口之后，立刻写信给关羽说："以前曾经看到贵军行动，按照军律用兵，以小的战斗换来伟大胜利，这是何等的崇高伟大啊！敌国遭到失败，有利于巩固我们两国的联盟。听到这一胜利消息，我们都击节庆贺，盼望您乘胜前进，席卷中原，以共扶汉室。鄙人才疏学浅，刚刚西来赴任，我一向十分敬仰阁下的荣耀，愿把您作为榜样。"信中还说："魏将于禁等已被阁下擒捉，远近的人们都欢欣赞叹，认为将军的功勋，可以万古流芳。就是古代晋文公城濮之战中用兵之法、韩信破赵之谋略，都难以超过将军。又听魏将徐晃等率步兵、骑兵刚刚赶到，他们也只能观望将军的麾旗而不敢轻动。只是曹操老奸巨滑，气急败坏时难免积邪火而不顾危险，暗地里增兵，以达到其南下的目的。虽然魏军长途行军到此，不免是疲惫之师，但还有猛将悍卒。而且战胜之军往往会产生麻痹轻敌的情绪，古代用兵术常讲军队胜了要越发警觉。愿将军广为筹划，以争取全部胜利。我不过是一个书生，所见不免疏漏迟钝，勉强陈述我所懂得不多的事情，如今我军有一个威德兼备的好邻居，我乐意讲出心里话，所讲的不一定合乎兵策，但确是我的一番心意啊！"关羽看了此信，认为其中有谦逊婉转、请求关照的意思，于是放了心，不再有所疑忌了。陆逊在这时却把情报上送孙权，说目前已经具备活捉关羽的条件。于是孙权秘密派兵而来，委任陆逊和吕蒙为先锋。东吴大军一到，立刻攻克公安和南郡。

二十二、交　战

【原文】

凡与敌战，傍与邻国，当卑辞厚赂以结之，引为己援。若我攻敌人之前，彼掎其后，则敌人必败。法曰："衢地则合交[1]。"

【注释】

[1] 兵法原文见《孙子·九地篇》："衢地则合交。"曹操注："结诸侯也。"另见《六韬·豹韬·少众》："以弱击强者，必得大国之与，邻国之助。"以上大意是：结成联盟，以共同对敌。

【译文】

凡是与敌军作战，如果有邻近战区的国家，就应当用谦和的言辞和贵重的礼物去结交该国，使之成为自己的同盟。如果我军向敌人发动正面攻击，盟国可在后方牵制敌方兵力，这样敌人就非败不可。兵法上说："在诸国交界的地区作战，就应搞好外交关系，结好盟友。"

【战例】

三国蜀将关羽，围曹仁于樊，魏遣左将军于禁等救之，会汉水暴起，羽以舟兵虏禁等步骑三万送江陵[1]。是时，汉帝都许昌[2]，魏武以为近贼，欲徙河北，以避其锋。司马懿谏曰："禁等为水所没，非战守之所失，于国家大计未有所损，而便迁都，既示敌以弱，又淮、沔之人俱不安矣[3]。孙权、刘备，外亲而内疏，羽今得意，权必不愿也。可谕权，令掎其后，则樊围自解。"魏武从之，遣使结权。权遂遣吕蒙西袭公安，拔之，羽果弃樊而去。

【注释】

〔1〕江陵：县名。在湖北中部偏南，长江沿岸。

〔2〕许昌：位于河南中部。三国时曹操建都于此。

〔3〕淮、沔：泛指河南、陕西南部和江苏等大片地区。淮，淮河。沔，沔水，今汉江。

【译文】

三国时期蜀将关羽，把魏将曹仁围困在樊城，魏国就派左将军于禁前去解围，正碰上汉江洪水暴涨，关羽带领水军乘船顺流而下，俘虏了于禁及其手下步兵、骑兵三万人，将他们押送到江陵。当时，汉献帝在都城许昌。曹操感到此地距前方太近，为避开关羽的锋芒，打算迁都黄河北。司马懿建议说："于禁等将士完全是由于遭洪水淹没而被擒，并不是作战方面的失误，这对国家根本不是什么大的损失，现在如果迁都北方，那就是向敌军示弱，而且会使淮河、汉水流域的民心动荡。孙权和刘备表面亲近，实则各有用心，现在关羽打了胜仗，孙权必定不高兴。这时候我们立即联络孙权，让他从背后牵制关羽，我们的樊城之围必能解除。"曹操接受了司马懿的建议，派去使者结好孙权。结果，孙权命令吕蒙带兵西上袭击并迅速占领公安。关羽得知，果然放弃围困樊城，把兵力撤走了。

二十三、形 战

【原文】

凡与敌战，若彼众多，则设虚形以分其势，彼不敢不分兵以备我。敌势既分，其兵必寡；我专为一，其卒自众。以众击寡，无有不胜。法曰："形人而我无形[1]。"

【注释】

〔1〕兵法原文见《孙子·虚实篇》。

【译文】

凡是与敌作战，如果敌人兵力众多，就需要制造假象用"示形"之法分散其兵力。敌军兵力一旦分散，其局部兵力必定短少。而我军集中兵力于一处，兵力自然众多。以多打少，没有不胜利的。兵法说："用计谋使敌人暴露而我军却不露行迹。"

【战例】

汉末，建安五年，曹操与袁绍相拒于官渡。绍遣郭图、淳于琼、颜良，攻曹将东郡太守刘延于白马，绍率兵至黎阳，将渡河。夏四月，曹操北救延。荀攸说操曰[1]："今兵少不可敌，若分其势乃可。公到延津，若将渡河向其后，绍必西应之。然后轻兵袭白马，掩其不备，颜良可擒也。"操从之。绍闻兵渡，即分兵西应之。操乃率军兼行趋白马，未至十余里，良大惊，来迎战。操使张辽、关羽前登，击破之，斩良，遂解白马之围。

【注释】

〔1〕荀攸：曹操谋士。字公达，颍川颍阴（今河南许昌）人。出身士族，屡进计谋，被任命为尚书令。

【译文】

东汉建安五年，曹操与袁绍在官渡对峙。袁绍派遣郭图、淳于琼、颜良，进攻驻扎于白马的曹操部将东郡太守刘延，袁绍率兵到达黎阳，准备南渡黄河。夏四月，曹操北进救援刘延。荀攸向曹操献策说："我们如今兵少难以匹敌，如果分散其兵力就可以。您带部分兵马挺进延津，假装要渡黄河攻打其后方，袁绍必定会西来应战。然后我们派轻骑部队偷袭白马，趁其不备，可以擒捉颜良。"曹操听从了他的建议。袁绍听说曹操准备渡河，立即分兵向西应战。曹操于是率军日夜兼程直奔白马，距白马不到十余里才被发现，颜良大吃一惊，急忙迎战。曹操派张辽、关羽为前锋，打败了袁军，斩杀了颜良，随即解了白马之围。

二十四、势 战

【原文】

凡战，所谓势者，乘势也。因敌有破灭之势，则我从而迫之，其军必溃。法曰："因势破之[1]。"

【注释】

[1]兵法原文见《黄石公三略·上略》。

【译文】

凡是作战，所说的"势"，就是善于利用形势。趁着敌人内部已经露出崩溃的态势，我方再施加军事压力，那么，敌人必定会溃败。兵法说："要利用有利态势去击破敌人。"

【战例】

晋武帝密有灭吴之计[1]，而朝议多违，惟羊祜[2]、杜预[3]、张华与帝意合[4]。祜病，举预自代。及祜卒，拜预镇南大将军，都督荆州诸军事。既至镇，缮兵甲，耀威武，遂拣精锐，袭破吴西陵都督张政，乃启请伐吴之期。帝报待明年方欲大举。预上表曰："凡事当以利害相较，今此举十有八九之利，而其害一二，止于无功耳。朝臣言破败之形，亦不可得，直是计不出己，功不在身，各耻其前言之失，故守之耳。昔汉宣帝议赵充国所上事效之后[5]，责诸议者，皆叩头而谢，以塞异端也。自秋以来，讨贼之形颇露之。若今中止，孙皓怖而生计[6]，或徙都武昌[7]，更添修江南诸城，远其居人，城不可攻，野无所掠，积大船于夏口[8]，则明年之计或无所及矣。"时帝与张华围棋，而预表适至。

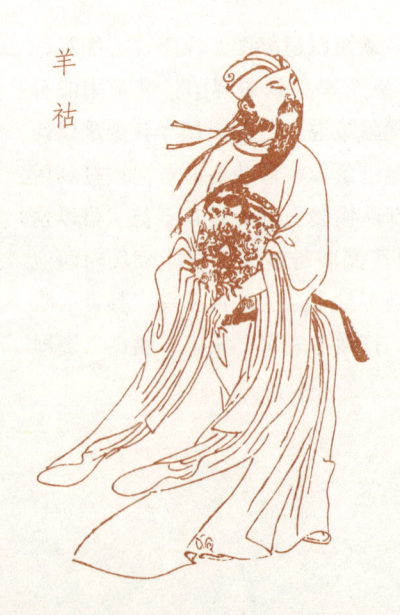

华推枰敛手曰[9]："陛下圣明神武，国富兵强，吴王淫虐，诛杀贤能，当今讨之，可不劳而定。"帝乃许之。预陈兵江陵，遣周旨、伍巢等率奇兵泛舟夜渡，以袭乐乡[10]，多张旗帜，起火巴山[11]，出于要害之地，以夺贼心，遂获吴都督孙歆。既平上流，于是湘江以南，至于交、广[12]，吴之州郡，望风归附，预仗节宣诏而抚绥之[13]。时诸将会议，或曰："百年之寇，未易尽克。今大暑，水潦方降，疾疫将起，宜伺来冬，更为大举。"预曰："昔乐毅藉济西一战，以并强齐。今兵威已振，譬如破竹，数节之后，皆迎刃而解，无复着手处也。"遂指授群帅，径造秣陵[14]，所过城邑，莫不束手，遂平孙皓。

【注释】

〔1〕晋武帝：即司马炎，晋朝开国皇帝，谥号武皇帝，史称晋武帝。

〔2〕羊祜：西晋大臣。字叔子，泰山南城（今山东新泰）人。西晋著名战略家、政治家。

〔3〕杜预：西晋著名军事家、政治家和学者。字元凯，京兆杜陵（今陕西西安东南）人。

〔4〕张华：字茂先，范阳方城（今河北固安）人。西晋政治家、文学家。

〔5〕赵充国：西汉大将，陇西上邽（位于甘肃天水西南）人，字翁孙。

〔6〕孙皓：三国时期吴国末代皇帝。

〔7〕武昌：吴国夏郡治所，今湖北鄂城。

〔8〕夏口：古地名。位于今湖北武汉武昌区。

〔9〕枰（píng）：棋盘。敛手：拱手，表示恭敬的动作。

〔10〕乐乡：地名，故址在今湖北江陵西南。

〔11〕巴山：山名，位于今湖北宜都东南的长江东岸。

〔12〕交、广：今广东、广西地区。

〔13〕抚绥：抚慰安定。

〔14〕秣陵：位于今南京江宁区。

【译文】

晋武帝司马炎暗中策划消灭吴国的计划，可是朝中大臣的某些看法与此相违背，唯有羊祜、杜预、张华和晋武帝的看法相同。羊祜病重，向晋武帝

推荐杜预代替自己。等到羊祜病死，就拜杜预为镇南将军，负责荆州府的军事大计。杜预到任后，整修装备，训练士兵以显示威武，并且整编能打仗的精锐队伍，打败了吴西陵都督张政，又请示发兵攻吴的日期。晋武帝回复说明年再大举进攻。杜预上表说："凡是国家大事，应当从利害关系出发进行相互比较。如果目前出兵有十之八九的胜利把握，而不利方面只有十之一二而已，要是停止不动，那就毫无胜利可言了。朝中大臣有的认为我军可能被打败，这种估计是毫无根据的，因为他们没有参与决策，功劳和成绩都与他们无关，他们还都羞于承认曾经讲过错话，因而这次又故意说不行。从前西汉宣帝评论赵充国的意见书时，经过反复比较之后，批评了那些参与评议的人，而评议者都行礼做了检讨，这是为了堵住反对者之口。从入秋以来，攻吴的大好形势已经存在。假若现在停下来，吴主孙皓怕被伐而被迫定计，或是迁都武昌，加固江南城防工事，远离居民，分兵防守，则城池不易攻破，野外也没有物资可以掠夺。如果吴国把大船集中于夏口，则明年的攻吴计划便要化为泡影了。"当时晋武帝和张华正在下棋，适逢杜预的意见书也刚刚送到。张华推开棋盘拱手说："陛下英明伟大又通达武事，国家殷富，兵力强大。吴王孙皓过于暴虐，迫害贤人，应当立刻出兵进行讨伐，不费多大代价就可以打败他。"晋武帝同意了。杜预立刻把兵力集中在江陵，派周旨、伍巢率领一支奇袭部队，于夜晚乘船出发，偷袭乐乡。他又设置许多旗帜，并在巴山放火，到处攻占重要地区，从心理上瓦解敌人斗志，在战斗中俘虏了吴都督孙歆。长江上游已被平定，于是从湘江以南到交、广二州，以及吴国其他州郡，都闻风投降，杜预在这些地方散发并张贴以武帝名义颁布的安民告示，做好安抚工作。这时召集将领开会，有人说："敌国已有百年根基，不易一举击灭。如今正是暑天，山洪到来，传染病也将蔓延，应当等到来年冬季，再大举进攻。"杜预说："过去东周时候燕国的乐毅凭借济西一战，吞并了强大的齐国。目前我国军队所取得的胜利，已使敌人震慑，现在好像用利刀劈竹，等到劈破几节，其余的就迎刃而解，不用再使多大劲了。"当即向部下讲明对策，大军直趋秣陵，所过城邑，未遇任何抵抗，很快便平定了吴国。

二十五、昼　战

【原文】

凡与敌昼战，须多设旌旗，以为疑兵，使敌莫能测其众寡，则胜。法曰："昼战多旌旗[1]。"

【注释】

[1]兵法原文见《孙子·军争篇》。

【译文】

凡是与敌人在白天作战，必须多设置旌旗，以此作为疑兵，用来迷惑敌人，使敌人无法弄清我军兵力多少，这样就可以取得胜利。兵法说："白天作战要多设旌旗。"

【战例】

春秋，晋侯伐齐，齐侯登山以望晋师[1]。晋人使斥山泽之险[2]，虽所不至，必旆而疏陈之[3]，使乘车者左实右伪，以旆先，舆曳柴而从之。齐侯见之，畏其众也，遂逃归。

【注释】

[1]齐侯：指齐灵公，齐桓公曾孙。
[2]斥：原意是斥候，侦察兵。此处做动词，侦察。
[3]旆：大旗。

【译文】

春秋时，晋侯率领大军进攻齐国。齐灵公登上山顶观察晋国军队。晋军派出侦察人员，凡山水等险要之处无所不到，许多军队不设防的地方都要多多少少设置一些旌旗，战车也是左边乘人，右边虚设旗帜，用大旗为先导，战车后边拖着树枝疾驶。齐灵公望见晋军旗帜众多，害怕晋军人多势众，便逃回去了。

二十六、夜 战

【原文】

凡与敌夜战，须多用火鼓，所以变乱敌之耳目，使其不知所以备我之计，则胜。法曰："夜战多火鼓[1]。"

【注释】

[1] 兵法原文见《孙子·军争篇》。

【译文】

凡是在夜里和敌人作战，必须多使用火光和战鼓，以扰乱敌人的耳目，使他们不知如何防备我方，我们才能取胜。兵法说："夜间作战要利用火光和鼓声。"

【战例】

春秋，越伐吴。吴子御之笠泽[1]，夹水而阵。越为左右两军，乘夜，或左或右，鼓噪而进；吴兵分以御之。越为中军潜涉[2]，当吴中军而鼓之，吴师大乱，遂败之。

【注释】

[1] 吴子：指吴王夫差。笠泽：在今吴江市。
[2] 越：即越王勾践。

【译文】

春秋时期，越国攻打吴国。吴国在笠泽进行防御，双方在两岸摆开阵势。越军兵分两路，趁着黑夜，一会儿从左路前进，一会儿从右路前进，鼓声震天；吴军只好也分两队人马予以反击。越王却率中军悄悄渡过笠泽，进至吴军的中军，擂鼓冲杀，吴军混乱不堪，大败而去。

二十七、备 战

【原文】

凡出师征讨，行则备其邀截，止则御其掩袭，营则防其偷盗，风则恐其火攻。若此设备，有胜而无败。法曰："有备不败[1]。"

【注释】

[1]兵法原文见《左传·宣公十二年》。

【译文】

凡出兵征战讨伐，在行军时要防备敌人中途拦截，停止时要防备敌人突然袭击，宿营时要防备敌人偷营，刮风时要防备敌人火攻。如果能这样处处充分戒备，就会有胜而无败。兵法说："有了戒备就能立于不败之地。"

【战例】

三国，魏大军南征吴，兵到精湖，魏将满宠帅诸将在前[1]，与敌夹水相对。宠谓诸将曰："今夕风甚猛，敌必来烧营，宜为之备。"诸军皆警。夜半，敌果遣十部来烧营，宠掩击破之。

【注释】

[1]满宠：三国时魏将。字伯宁，昌邑人。跟随曹操征战，屡立战功。文帝时，曾多次大战东吴。

【译文】

三国时期，魏国大军南下攻吴，军队抵达精湖（今江苏高邮湖），魏国将军满宠率领各将领作为先头部队同敌军隔水对抗。满宠对各将领说："今晚风很猛，敌人必然要来烧我营寨，应该严加防备。"魏各军营都加倍警戒。半夜，吴军果然派遣十个分队来放火烧营，满宠率军突然发动袭击，打败了敌人。

二十八、粮 战

【原文】

凡与敌垒相对持，两兵胜负未决，有粮则胜。若我之粮道，必须严加守护，恐为敌人所抄。若敌人饷道，可分遣锐兵绝之。敌既无粮，其兵必走，击之则胜。法曰："军无粮食则亡[1]。"

【注释】

[1]兵法原文见《孙子·军争篇》："是故军无辎重则亡，无粮食则亡，无委积则亡。"

【译文】

凡是和敌人相持、胜败未分的情况下，有粮食的一方就能获胜。如果是我军粮道，就必须严防死守，恐怕被敌人抄掠。如果是敌军粮道，就可以派遣精锐部队去切断它。敌军既然没有了粮草，他们的士兵必然会逃跑，追击他们就一定会获胜。兵法说："军队没有粮食必定会失败。"

【战例】

汉末，曹操与袁绍相持于官渡，袁遣军粮使淳于琼等五人将兵万余人送之，宿绍营北四十里。绍谋臣许攸贪财[1]，绍不能用，奔归操，因说操曰："今袁绍有辎重万余乘，而乏严备，今以轻兵袭之，燔其积聚[2]，不过三日，袁氏自败矣。"左右疑之，荀攸、贾诩劝操。操乃留曹洪守[3]，自将步骑五千人，皆用袁军旗帜，衔枚缚马口[4]，夜从间道出，人负束薪，所历道有问者，语之曰："袁公恐操抄掠后军，遣兵以益备。"闻者信以为然，皆自若。既至，围屯，大放火，营中大乱，大败之，绍弃甲而遁。

【注释】

[1]许攸：东汉南阳（今河南南阳）人，字子远。为曹操献火烧乌巢之计而出名。

[2]燔（fán）：焚烧。积聚：这里指袁绍囤积的军用粮草物资。

[3]曹洪：曹操从弟，字子廉。

〔4〕衔枚：古代军队密秘行动时，让士兵口中衔一枚像筷子的东西防止说话，以免敌人发觉。

【译文】

东汉末年，曹操和袁绍在官渡对抗，袁绍派军粮使淳于琼等五人押运粮草，并有将士一万多人护送，当晚在袁绍驻扎地区以北四十里处宿营。袁绍的谋臣许攸贪财，袁绍不能满足他的私欲，他就偷跑到曹营。他向曹操说："目前袁绍还有军需车一万多辆，而部队却不严密戒备，如果派轻兵偷袭，烧掉他的粮草物资，用不了三天，袁绍就会大败而去。"周围的人很怀疑，荀攸、贾诩劝曹操采纳许攸的计策。曹操就让曹洪守营，亲率步兵、骑兵五千人，打着袁绍的旗号，士兵口里衔枚，马嘴用绳子捆住，乘夜走小道，每人背一捆柴草，在路上如果有人问，就回答说："袁公恐怕曹军偷袭后方，特派前来加强戒备。"听者都信以为真，毫不恐慌。曹军到达目的地就立刻包围屯粮处并放火，袁军兵营大乱，被曹军打得大败。袁绍把全部军需都扔掉，仓皇逃命而去。

二十九、导　战

【原文】

凡与敌战，山川之夷险，道路之迂直，必用乡人引而导之，乃知其利，而战则胜。法曰："不用乡导者，不能得地利[1]。"

【注释】

〔1〕兵法原文见《孙子·九地篇》。

【译文】

凡是对敌作战，山川的平坦或险要，道路的曲折或直捷，必须使用熟悉当地情况的人作为向导，才

不用乡导者，不能得地利

能掌握有利地形，打起仗来，才能取得胜利。兵法说："不用熟悉当地情况的人士做向导的，就不能得地利。"

【战例】

汉武帝时，匈奴比岁入寇[1]，所杀掠甚众。元朔五年春，令卫青将三万骑出塞[2]，匈奴右贤王以为汉兵不能至此，遂醉卧帐中。汉兵夜至，围右贤王，房大惊，独与爱妾一人、骑兵数百，溃围夜逃北去。汉遣轻骑校尉郭成等追四百里，弗及，得房裨王十余人，男女五千余口，畜数十百万。于是，青率兵而还。至塞，天子使使者持大将军印，即军中拜青为大将，诸将皆以兵属，立号而归。皆用校尉。张骞以尝使大夏[3]，留匈奴久，导军，善知水草处，军得以无饥渴。

【注释】

〔1〕比岁：每年，连年。
〔2〕卫青：西汉名将。字仲卿，河东平阳（今山西临汾）人。
〔3〕张骞：西汉杰出的外交家。字子文，汉中郡城固（今陕西城固）人。大夏：西域古国名，即帕提亚帝国，又名安息国。

【译文】

汉武帝时期，匈奴连年入侵，杀人抢掠极其严重。元朔五年（前124）春天，武帝派卫青率领三万骑兵出了边塞，匈奴国右贤王以为汉军不能远到他的军营，吃醉酒后，躺在帐中睡觉。汉军乘夜奔袭，突然包围了他的军营。右贤王惊慌失措，独自和爱妾一人，仅带壮骑数百突围北逃。汉军派轻骑校尉郭成等追击了四百里，也没追上，俘虏偏将十余人、男女五千余人，掠夺牧畜数百万头。于是，卫青率兵大胜而归。回到边塞，汉武帝命特使手捧大将军印，就在军营中拜卫青为大将军，其余诸将都以其所部统归卫青指挥，给予封号后而回。汉军的胜利都是因为用了张骞，张骞曾经几次出使大夏，在匈奴的时间长，作为向导，熟悉水草地形，所以汉军往返从未遇到缺水断粮的情形。

三十、知 战

【原文】

凡兴兵伐敌，所战之地，必预知之；师至之日，能使敌人如期而来，与战则胜。知战地，知战日，则所备者专，所守者固。法曰："知战之地，知战之日，则可千里而会战[1]。"

【注释】

[1]兵法原文见《孙子·虚实篇》。

【译文】

凡是要出兵进攻敌人，一定预先探明战地。部队到达地点之后，还能牵制敌军按期自来，同敌人交战定能取胜。这是因为事先知道了作战的地点和时间，能集中力量等待敌人，进行坚固的防御。兵法说："只要预先知道了作战的具体地方和时间，就可以转战千里进行大的会战。"

【战例】

战国，魏与赵攻韩，韩告急于齐。齐用田忌将而往[1]，直走大梁。魏将庞涓闻之[2]，去韩而归魏。孙膑谓田忌曰[3]："彼三晋之兵[4]，素悍勇而轻齐，齐号为怯。善战者因其势而利导之。兵法：'百里而趋利者，蹶上将；五十里而趋利者，军半至。'使齐军入魏地为十万灶，明日为五万灶，又明日为三万灶。"涓追三日，大喜，曰："我固知齐军怯，入吾地三日，士卒亡者过半矣。"乃弃其步军，与精锐亲兵倍道兼行逐之。孙膑度其行，暮当至马陵，道狭，而旁多阻隘，可伏兵，乃斫大木白而书之曰："庞涓死此树下。"于是，齐军善射者万弩，夹道而伏斫木下。期约："暮见火举即万弩俱发。"涓果夜至，立木下见白书，乃钻火烛之。读其书未毕，齐军万弩俱发，魏军大乱。涓自知智穷，兵败乃自刎。

【注释】

[1]田忌：战国初期齐国将军。
[2]庞涓（？—前341）：战国时魏国将领。传说他早年曾与孙膑同学兵

法，后骗孙膑入魏并对其施以酷刑，致其残废。

〔3〕孙膑：战国时军事家。齐国阿（今山东阳谷东北）人。孙膑因受庞涓暗害，被处膑刑，故称孙膑。后由田忌推荐为齐军师，两次大败庞涓。有《孙膑兵法》传世。

〔4〕三晋：指晋分为韩、赵、魏三国。

【译文】

战国时期，魏国同赵国联兵攻打韩国，韩国急忙向齐国求救。齐国便派田忌率兵援救韩国，直接向魏国首都大梁进军。魏国大将庞涓听到这个消息后，立即撤兵回魏国。齐国军师孙膑对田忌说："魏军一向作战勇猛，骄傲轻敌，认为我们怯弱，非常瞧不起我军。善于用兵的将军就应利用这一形势而采取作战策略。兵法上说：'行军一百多里同敌军夺利，就会使上将受挫；行军五十里同敌人争利，军队就只能有半数赶到作战地点。'所以，我们应该在进入魏境后第一天垒十万个灶台，第二天则减少到五万个，第三天只垒上三万个。"庞涓沿路追赶齐兵三天，看到灶台日益减少，高兴地说："我早听说齐军胆小怕战，才三天，士兵就逃了一大半。"于是庞涓丢下步兵，只率领一些精锐的亲兵，日夜兼程追击齐军。孙膑根据魏军的行军速度，推测他们傍晚会到达马陵，马陵附近道路狭窄，地势险要，两边是悬崖峭壁，是埋伏部队的好地方，就让士兵把一棵大树刮去表皮，在露白之处写道："庞涓死于此树下！"于是，田忌命令一万名弓箭手在砍过的大树两边设下埋伏，约定说："夜里看见火光亮起，就万箭齐发。"庞涓于天黑时追到马陵，发现树上露白之处的字迹，便叫人点火看字，还没读完，齐军万箭齐发，魏军乱成一团。庞涓深知自己智穷力竭，败局已定，自杀而亡。

第四卷

三十一、斥 战

刘询

【原文】

凡行兵之法，斥候为先。平易用骑，险阻用步。每五人为甲，人持一白旗，远则军前后左右，接续候望。若见贼兵，以次递转，告白主将，令众预为之备。法曰："以虞待不虞者胜[1]。"

【注释】

[1] 兵法原文见《孙子·谋攻篇》。

【译文】

凡是行军作战的法则，都以侦察敌情为先务。平坦开阔的地方用骑兵侦察，险要狭隘的地方用步兵侦察，每五个侦察兵编为一甲，每人手拿一面白旗，远离大军，前后左右反复侦察。如果发现敌情，就由远及近地报告情况给部队主将，主将下令部队预先做好应敌准备。兵法说："有战备的部队等待打击无战备的敌人，一定胜利。"

【战例】

汉宣帝时，先零诸羌叛，犯边塞，攻城邑，杀长吏。时后将军赵充国，年七十余，上老之，使问："谁可将者？"充国曰："百闻不如一见，兵难隃度，臣愿驰至金城，图上方略。然羌戎小夷，逆天背叛，灭亡不久，愿陛下属之老臣，勿以为忧。"上笑曰："诺。"充国至金城，领兵满万骑，欲渡河，恐为虏所遮。即夜遣三校衔枚先渡，渡辄营阵；会明，遂以次尽渡。虏数十百骑来，出入军傍。充国曰："吾士马新至，困倦不可驰逐。此皆骁骑难制，又恐为其诱兵也。击虏以殄灭为期[1]，小利不足贪。"令军中勿击。遣骑候望四望峡中，无虏。夜半兵至落都，召诸校司马，谓曰："吾知羌虏不能为矣。使虏发数千人守杜四望峡中[2]，兵众岂得人来！"充国常以远斥候为务，行必为战备，止必坚营壁，尤能持重，爱士卒，先计而后战[3]。遂平先零。

【注释】

〔1〕殄灭：歼灭，灭绝。
〔2〕守杜（dǔ）：严密防守。杜，通"堵"。
〔3〕先计：事先做好计划、计谋。

【译文】

西汉宣帝时期，先零羌等少数民族部落发动叛乱，进犯边塞，攻打城镇，杀害官员。当时，后将军赵充国已经七十多岁了。宣帝认为他年迈，派御史大夫问他："谁可以带兵出征？"充国说："听一百次不如亲眼见证一次，战争是难以在远离前线的地方做出评估的，我愿意快马加鞭驰往金城前线，实地绘制军事地形图，制订作战方案报给陛下。然而羌、戎这些小部落，违背天意而叛乱，自取灭亡的日期不会太久，希望陛下把平叛的任务交给我，不要为此事担忧。"宣帝笑着说："好。"充国来到金城，率领一万骑兵，准备渡过黄河，但又怕遭到羌兵拦截，随即派三校部队衔枚率先渡河，渡过后立刻安营布阵。等到天明，部队依次全部渡过。几百羌族骑兵过来，在汉军附近游走。赵充国说："我们刚渡河，人困马乏，不要去追击。这些羌兵都骁勇善战难以制服，又怕他们是诱兵。打击羌敌要以全歼为目的，小的胜利不是我们所要的。"下令全军不要随意出击。派骑兵侦察，四望峡没有发现羌兵。半夜时分，率军来到落都谷，召集将校指挥官说："我知羌戎不会用兵的。假使他们派几千人扼守四望峡，我们的军队怎么能进得来呢？"赵充国常常派侦察兵到远处侦察敌情，行军时特别加强戒备，驻扎时必定构筑坚固营垒。尤其难能可贵的是，他用兵谨慎持重，关心爱护士卒，每次都是先制订作战计划，再投入战斗。所以，他很快平定了先零羌族人的叛乱。

三十二、泽 战

【原文】

凡出军行师，或遇沮泽、圮毁之地，宜倍道兼行速过，不可稽留也。若不得已，与不能出其地，道远日暮，宿师于其中，必就地形之环龟，都中高，四下为圆营，四面受敌。一则防水潦之厄，一则备四周之寇。法曰："历沛历圮，坚舍环龟[1]。"

【注释】

〔1〕兵法原文见《司马法·用众第五》，但与原文略异。原文是"历沛历圯，兼舍环龟。"

【译文】

凡是行军作战，可能会遇到低洼的沼泽地或被水冲毁的坍塌地域，应当加速行进，尽快通过，不能在这些地方滞留。如果迫不得已或路远天黑走不出去，要在里面宿营，就必须按照地形呈龟壳状驻扎，形成中间高而四周环绕的圆形营，居高临下，可以四面抗击敌人。一方面可以防水淹，另一方面可以防备周围的敌人。兵法说："经过沼泽、水毁地域而宿营，要坚守成环龟形状。"

【战例】

唐调露元年[1]，突厥阿史德温傅反[2]，诏礼部尚书、检校右卫大将军裴行俭为定襄道行军大总管讨之[3]。军次单于界北[4]，暮已立营，堑壕既周，行俭更命徙营高冈。吏曰："吏士安堵，不可扰。"不听，徙之。比夜，风雨雷霆暴至，前设营所，水深丈余，众莫不骇叹，因问何以知风雨也，行俭笑曰："自今但依我节制，毋问我所由知也。"

【注释】

〔1〕调露：即唐高宗李治的年号。

〔2〕突厥：我国古代北方地区的一个游牧民族，隋朝时分为东、西两部，此指东突厥。阿史德温傅：东突厥首领。

〔3〕裴行俭（619—682）：唐朝官吏。字守约，绛州闻喜（今山西闻喜东北）人，曾多次击败突厥。

〔4〕次：停留，驻扎。单于：指唐时的云中都护府，治所在云中古城（位于今内蒙古和林格尔西北）。

【译文】

唐朝调露元年（679），东突厥首领阿史德温傅叛乱，朝廷命礼部尚书兼右卫大将军裴行俭为定襄道行军大总管前往征讨。唐军开到单于都护府的边境北边，到黄昏时营帐已立好，四周挖好了堑壕。裴行俭却命令将营帐迁往高冈上。一个官吏建议说："将士刚安睡，不宜再打扰他们。"裴行俭不听，仍然迁移了营帐。等到深夜，电闪雷鸣，狂风暴雨突起，迁移前扎营的地方，水深有一丈有余，部众无不惊叹称幸，因此问裴行俭怎么知道天要刮风下雨。裴行俭笑着说："从今以后只管听我调遣，不必问我怎么知道要这样做。"

三十三、争 战

【原文】

凡与敌战，若有形势便利之处，宜争先据之，以战则胜。若敌人先至，我不可攻，候其有变则击之，乃利。法曰："争地勿攻[1]。"

【注释】

[1]兵法原文见《孙子·九地篇》。

【译文】

凡是对敌作战，如果遇到有利的地形，就应该抢先占领，以保证战斗胜利。如果这样的地形敌军已经占据，我方就不能贸然进攻对方，等待敌情发生变化后再发动攻击，才有利。兵法说："敌我双方都争占地利，如果敌军占据了有利的地形，就不要强攻。"

【战例】

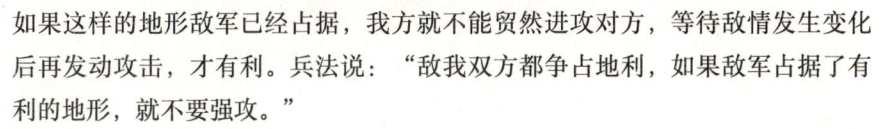

三国，魏青龙二年[1]，蜀将诸葛亮出斜谷，并田于兰坑。是时，魏将司马懿屯渭南，郭淮策亮必争北原[2]，宜先据之，议者多谓不然。淮曰："若亮跨渭登原，连兵北山，隔绝陇道，摇荡民心，此非国之利也。"懿善之，淮遂屯北原。堑垒未成，蜀兵大至，淮遂逆击之。后数日，亮盛兵西行，淮将皆以为欲攻西围[3]，淮独以亮见形于西，欲使兵众应之，必攻东耳。其夜，果攻阳遂，有备不败。

【注释】

[1]青龙二年：即234年。
[2]郭淮：三国时期魏国名将，时任雍州刺史。

司马懿

〔3〕西围：指魏军营垒。

【译文】

三国魏明帝青龙二年（234），蜀军在诸葛亮的指挥下从斜谷攻伐魏国，且在蓝坑一带垦田种地。那时，魏国的司马懿带兵屯守在渭河南岸，魏将郭淮推测诸葛亮必定要夺取渭河南岸的北原，便建议抢先占领那里，许多人都不以为然。郭淮说："假若诸葛亮渡过渭水进入平原，依靠北山把陇道截断，必使民心不安，对整个国家非常不利。"司马懿很赞赏郭淮的建议。于是，郭淮派兵进驻北原，还没有修好营寨，蜀国大批部队就到了这里，郭淮依靠有利地形迎面攻击。过了几天，诸葛亮大张旗鼓地向西部调集兵力，魏军其余部将认为诸葛亮要进攻西部地区，只有郭淮看出诸葛亮用的声东击西之计，实际是诱使魏军调往西部，而去偷袭东边的阳遂。夜里，果然如郭淮所料，蜀军攻打阳遂，魏军因为已做了充分准备，所以没有失败。

三十四、地 战

【原文】

凡与敌战，三军必要得其地利，则可以寡敌众，以弱胜强。所谓知敌之可击，知吾卒之可以击，而不知地利，胜之半也。此言既知彼又知己，但不得地利之助，则亦不全胜。法曰："天时不如地利[1]。"

【注释】

〔1〕兵法原文见《尉缭子·战威》："天时不如地利，地利不如人和。"

【译文】

凡是对敌作战，部队必须占据有利地形，这样就能以少胜多、以弱胜强。这就是说，知道敌人可以攻击，也知道自己的部队可以进行攻击，但不知道利用有利地形，胜利的把握只能有一半。也就是说，既知敌情又知己情，但得不到地形的帮助，那么仍然不能全胜。兵法说："得天时不如得地利。"

【战例】

晋安帝讨南燕[1]，慕容超召群臣议拒晋师[2]。公孙五楼曰[3]："晋师劲果，所利在速战，初锋勇锐，不可击也。宜据大岘[4]，使不得入，旷日延时，沮其锐气。可徐拣精兵二千骑，循海而南，绝其粮道；别遣段晖率诸州之军[5]，缘山东下。腹背击之，此上策也。各命守宰依险自固，较其资储之外，余悉焚荡，芟除粟苗，使敌来无所资，坚壁清野，以待其衅，中策也。纵贼入岘，出城迎战，下策也。"超曰："京都富盛，户口众多，非可以一时入守。青苗布野，非可以卒芟。设使芟苗守城，以全性命，朕所不能。据五州之强，带山河之固，战车万乘，铁马万群，纵令过岘，至于平地，徐以精骑蹂之，必成擒也。"慕容镇曰[6]："若如圣旨，必须平原十里而军，军垒成，用马为便。宜出岘逆战，而不胜，犹可退守。不宜纵敌入岘，自贻窘迫。昔成安君不守井陉之险[7]，终屈于韩信；诸葛瞻不守马阁之险[8]，卒擒于邓艾[9]。臣以天时不如地利也，阻守大岘，策之上也。"超又不从，而摄莒、梁父二戍[10]，修城隍，拣士马，蓄锐以待之。其夏，晋师已次东莞，超遣其左军段晖等步骑五万，进据临朐[11]。俄而，晋师渡岘，慕容超惧，率兵四万就段晖等于临朐，战败，超奔广固[12]，数日而拔，燕地悉平。

【注释】

[1]南燕：古代国名。晋时十六国之一，慕容德建立，后被晋所灭。
[2]慕容超：南燕末帝。为慕容德之侄，被晋军所俘，后被处死。
[3]公孙五楼：南燕大臣，慕容超的心腹。
[4]大岘：山名，即大岘山，在山东沂山东侧。
[5]段晖：南燕武将，在与晋军交战中战死。
[6]慕容镇：南燕大臣。
[7]成安君：即陈馀。
[8]诸葛瞻（227—263）：三国时蜀汉将领。字思远，诸葛亮之子，后因抵挡邓艾伐蜀而兵败被杀。
[9]邓艾：三国时魏国大将。义阳棘阳（今河南新野东北）人，字士载，大破蜀军，攻入成都，灭亡蜀汉，后为钟会所构，被冤杀。
[10]莒：古地名，在今山东莒县。梁父：古山名，在今山东泰安东南。
[11]临朐：县名。在今山东省中部，位于沂山北麓，弥河上游。
[12]广固：古城名。在山东青州。

【译文】

　　东晋安帝进攻南燕时,南燕慕容超召集群臣研究抵抗晋军的办法。公孙五楼说:"晋军强大,利在速战,刚来时的士气勇猛锋锐,不能攻击。宜据守大岘山,使晋军不能进来,拖延时间,以挫其锐气。然后从容挑选精锐的骑兵两千,沿海向南,切断晋军的粮道;再派段晖率领各州军队,沿大岘山东下。腹背夹击晋军,这是上策。命令守军依托险阻地形各自固守,除必要的钱粮储备之外,其余的全部焚毁,铲除青苗,使敌人来后什么也得不到,实行坚壁清野,以等待敌人发生破绽,再乘机进攻,这是中策。放敌兵进入大岘山,我军再出城迎战,这是下策。"慕容超说:"京都物资丰富,人口众多,很难立即转入战时防御。青苗遍野,一时也难以铲除。即使能铲除青苗,固守城池而得以保全性命,我也不能答应。我占据着五州的强地,控制着山河的险固,有战车万乘、铁骑万群,纵使晋军过岘山来到平地,我以精兵徐徐攻击,也必定能全部俘获他。"慕容镇说:"如果按照您的旨意办,必须在平原地带每十里处扎营,营垒建成后,使用骑兵比较方便。因此,最好能前出至大岘山以外,这样即使在迎战时不能取胜,也可以退守。不可将敌放进大岘山,给自己造成极为不利的局面。过去赵成安君不守井陉之险,终于被韩信所屈服;诸葛瞻不守马阁之险,终于被邓艾所擒获。臣以为天时不如地利,据守大岘山,确实是上策。"慕容超又不听从,只是命令驻莒县、梁父山二地的部队修筑城墙和护城河,挑选官兵和战马,养精蓄锐等候晋军。那年夏天,晋军已进至东莞,慕容超派遣左军段晖等步骑兵五万进驻临朐。不久,晋军通过了大岘山,慕容超十分恐慌,忙率兵四万向段晖部队靠拢,在临朐战败,慕容超逃奔广固固守,数日后,广固也被晋军攻破,南燕终于全部被晋军扫平。

三十五、山　战

【原文】

　　凡与敌战,或居山林,或居平陆,须居高阜,恃于形势,顺于击刺,便于奔冲,以战则胜。法曰:"山陵之战,不仰其高[1]。"

【注释】

〔1〕兵法原文见《诸葛亮集》卷三《便宜十六策·治军第九》。

【译文】

凡是对敌作战，或者是山林地带，或者是平原陆地，都必须抢战高地。凭借这种有利地形，便于兵器攻击刺杀，利于部队奔跑冲锋，这样就能获胜。兵法说："在山陵地带作战，不要仰攻高处之敌。"

廉颇

【战例】

战国，秦伐韩。韩求救于赵，王召廉颇而问曰[1]："可救否？"曰："道远路狭，难救。"又召乐乘而问曰[2]："可救否？"乐乘对如颇言。又召赵奢问[3]，奢曰："道远险狭，譬如两鼠斗于穴中，将勇者胜。"王乃令奢将，救之。兵去赵国都三十里，垒不进，而令军中曰："有以军事谏者死。"秦军武安。有一人谏，奢立斩之。坚壁，留二十八日不行，复益增垒。秦间来入，赵奢善食而遣之。间以报秦将，秦将大喜，曰："夫去国三十里而军不行，乃增垒，非赵地也。"赵奢既遣秦间，乃卷甲而趋之，二日一夜至，令善射者去阏与五十里而军。军垒成，秦人闻之，悉甲而至。军士许历请入谏，赵奢内之。许历曰："秦人不意赵师至此，其来气盛，将军必厚集其阵以待之。不然，必败。"奢曰："请受教。"历曰："请受刑。"奢曰："须后令至邯郸。"历复请曰："先据北山者胜，后至者败。"赵奢曰："诺。"即发万人趋之。秦兵后至，争山不得上，奢纵兵击之，大破秦兵，遂解其围。

【注释】

〔1〕廉颇：战国时赵国名将。屡次战胜齐、魏、燕等国，任相国，封信平君，后遭谗言而居魏，最终老死于楚国。

〔2〕乐乘：燕将乐毅的族人，后封武襄君。

〔3〕赵奢：战国时赵国名将。精于用兵，曾大败秦军，因功封马服君。

【译文】

　　战国时期，秦国讨伐韩国。韩国向赵国乞求援助，赵惠文王召见廉颇，问他："能救不？"廉颇回答说："路途遥远且道路狭窄，不易救援。"赵王随后又召见乐乘问："能否救援？"乐乘的回答和廉颇一样。又召见赵奢问，赵奢回答说："道远路窄，就像两只老鼠在洞中打斗，英勇的一方将会取胜。"赵王于是下令赵奢率兵前去救援。部队离开赵国都城三十里，却构筑营垒而不再前进，并下令对全军说："有谁进谏讨论军事问题就处死。"秦军进驻武安。有一人进谏，被赵奢立即处死。坚守营垒，赵奢命令部队驻守二十八天不起兵，并且进一步增筑营垒。秦军间谍进入赵军驻地，赵奢好菜好饭招待后将他放回。间谍回去后把赵军的情况报告给秦军将领，秦军将领非常高兴，说："离开国都三十里，而驻守不前，还增筑营垒，如此看来阏与不是赵国的领土了。"赵奢送走秦国间谍后，立即下令部队轻装前进，两天一夜赶到前线，下令善射的骑兵在距离阏与五十里的地方扎营。军营筑成，秦军听说以后，全军前来迎战。此时，军中谋士许历前来谏言，赵奢请他进入帐内。许历说："秦军想不到赵军突然而至，他们来势汹汹，将军一定要集中优势兵力严阵以待，否则必败。"赵奢说："请赐教！"许历说："请求接受惩罚！"赵奢说："等到了邯郸再听候命令。"许历于是进一步谏言说："先占据北山的获胜，后到的失败。"赵奢说："明白了。"随即发兵一万赶至北山。秦军后到，争夺北山失败，赵奢乘势挥军攻击，大败秦军，于是解除了阏与之围。

三十六、谷 战

【原文】

　　凡行军越过山险而阵，必依附山谷，一则利水草，一则附险固，以战则胜。法曰："绝山依谷[1]。"

【注释】

　　[1] 兵法原文见《孙子·行军篇》。

【译文】

凡是行军作战，越过高山险阻而布阵时，必须依山傍谷，一则便于取水草，二则有险固地形可做依托，这样，作战就能取胜。兵法说："在山险处作战要靠山近谷。"

【战例】

后汉将马援为陇西太守[1]，三降羌与塞外诸种为寇[2]，杀长吏。援将四千余人击之，至氐道县。羌在山上，援军据便地[3]，夺其水草，不与战，羌遂穷困，豪帅数十万户亡出塞外，诸种万余人悉降。羌不知依谷之利，而取败焉。

【注释】

〔1〕马援（前14—49）：东汉名将。字文渊，扶风茂陵（今陕西兴平）人。

〔2〕三降羌：即参狼羌，汉代时羌族的一支，主要分布于今甘肃陇南武都区，尤其是白龙江一带。

〔3〕便地：方便有利的地形。

【译文】

东汉将领马援为陇西太守时，参狼羌与塞外诸族勾结作乱为寇，杀了长吏。马援带四千余人，追击至氐道县境。羌兵先抢占了山头，马援率军占据了山下有利地形，夺取了羌人的水草，不与之交战，羌兵很快便处于穷困的境地，首领率数十万羌军逃出塞外，其他种族边民万余人前来投降。这是羌兵不懂得靠近平原谷口可以取得水草的好处，最终遭到了失败。

三十七、攻 战

【原文】

凡战，所谓攻者，知彼者也。知彼有可破之理，则出兵以攻之，无有不胜。法曰："可胜者，攻也[1]。"

【注释】

[1]兵法原文见《孙子·形篇》："故曰：胜可知，而不可为。不可胜者，守也；可胜者，攻也。"

【译文】

凡是作战，所谓的进攻一方，都是了解了敌军可以被打败的因素，知道了敌军的许多致命弱点，因而发起进攻，没有不稳操胜券打胜仗的。兵法说："能够战胜敌军时，就要发动进攻。"

【战例】

三国，魏曹公遣朱光为庐江太守[1]，屯皖，大开稻田，又令间人招诱鄱阳贼帅，使作内应。吴将吕蒙曰："皖田肥美，若一收熟，彼众必增，如是数岁，操难制矣，宜早除之。"乃具陈其状。于是，孙权亲征，一朝夜至，问诸将计策，诸将皆劝作土山、添攻具。蒙趋进曰："治攻具及土山，必历日乃成，彼城备已修，外救必至，不可图也。且乘雨水以入，若淹留经日，水必向尽，还道艰难，蒙窃危之。今观此城，不甚固，以三军锐气，四面攻之，不移时可拔，及水以归，全胜之术也。"吴主权从之。蒙乃荐甘宁为开城都督[2]，率兵攻其前，蒙以精锐继之。侵晨进攻，蒙手执枹鼓，士卒皆腾踊自升，食时破之。既而张辽至夹石[3]，闻城已拔，乃退。权嘉蒙功，即拜庐江太守。

【注释】

[1]朱光：三国时曹操部将，任庐江太守，后被俘而死。

〔2〕甘宁：三国时吴国将领，字兴霸，巴郡临江（今重庆忠县）人。

〔3〕夹石：在今安徽桐城北。

【译文】

三国时，魏国曹操任命朱光为庐江太守，驻扎在皖城，朱光让士兵开垦荒地，广种稻子，又派间谍专门联络鄱阳湖农民反吴首领，请他们作为内应。东吴大将吕蒙对孙权说："皖城现在良田成片，如果一季丰收，屯粮充裕，魏军就会扩充军队，不用几年，曹操就不易对付了，不如早点杀了朱光。"又详细分析了目前的战争形势。孙权便亲自率兵讨伐朱光，行军一天，夜里便到达皖城近郊。孙权向部下询问对策，众将都建议堆筑距堙、添置攻城器械。吕蒙快步进前说："添置攻城器械及堆筑距堙，我军要用好几天时间，但是敌人的城防已经加固，外边增援部队也可能赶到，我们很难破城。而且我军是冒雨来的，再迟误几天，江水必将退尽，回去的路更是泥泞不堪，撤退就很难了，我认为这是非常危险的。我看皖城并不坚固，而且我军目前士气高涨，包围此城，不需多久就能攻下，然后趁水位还未涨，立即撤回，这才是取得全胜的最好计谋啊。"吴主孙权赞同吕蒙的建议。吕蒙举荐甘宁任攻城指挥官，带兵先攻，随后吕蒙又率精锐部队做后备。清晨便发动攻击，吕蒙亲自擂鼓发号，士兵奋勇争先，到早晨已经攻下了皖城。接着，张辽带魏军增援部队到达夹石，听说皖城失守，就仓皇退走。孙权论功嘉奖吕蒙，当时便提升他为庐江太守。

三十八、守 战

【原文】

凡战，所谓守者，知己者也。知己未有可胜之理，则我且固守，待敌有可胜之理，则出兵以击之，无有不胜。法曰："知不可胜者，则守[1]。"

【注释】

〔1〕兵法原文见《孙子·形篇》。意思是，知道自己力量尚未达到足以立即战胜敌人的时候，就要采取防御作战以消耗敌人。

【译文】

凡是作战，所谓防守者，是了解己方的战斗力的。知道进攻打不赢敌人，我就坚守不战，等到敌人出现可以被我战胜的条件时，再不失时机地出兵攻击它，是没有不胜利的。兵法说："了解到自己不能立即战胜敌人，就要采取防守作战方式。"

【战例】

汉景帝时，吴、楚七国反[1]，以周亚夫为太尉[2]，东击吴、楚七国。因自请于上曰："楚兵剽轻[3]，难与争锋，愿以梁委之[4]，绝其食道，乃可制也。"上许之。亚夫至，会兵荥阳[5]，吴方攻梁，梁急，请救于亚夫。亚夫率兵东北走昌邑[6]，坚壁而守。梁王使使请亚夫，亚夫守便宜，不往救。梁上书于景帝，帝诏亚夫救梁。亚夫不奉诏，坚壁不出，而使弓高侯等将轻骑绝吴、楚兵后食道[7]。吴、楚兵乏粮，饥，欲退，数挑战，终不出。夜，亚夫军中惊乱，自相攻击至于帐下。亚夫坚卧不起，顷之，自定。后吴奔壁东南陬[8]，亚夫使备西北。已而，吴兵果奔西北，不得入。吴、楚兵饥，乃引兵退。亚夫出精兵追击，大破之。吴王濞弃其军，与壮士数千人亡走，保于江南丹徒。汉兵因乘胜追击，尽虏之，降其郡县。亚夫下令曰："有得吴王者，赏千金。"月余，越人斩吴王首以告。凡相攻守三月，而吴、楚悉平。

【注释】

[1]吴、楚七国反：汉景帝三年（前154），七个刘姓诸侯国发生叛乱，亦称"七国之乱"。

[2]周亚夫：西汉著名军事家，沛郡（今江苏丰县）人。太尉：官名，秦汉时全国最高的军事长官。

[3]剽（piāo）轻：勇猛凶悍，行动迅速。

[4]梁：即梁国。

[5]荥阳：地名，今属河南。

[6]昌邑：地名，位于今山东金乡。

[7]弓高侯：前100年，韩王信逃到匈奴，其子颓归降汉朝，被文帝封为弓高侯。

[8]陬：角落。

【译文】

汉景帝时，吴、楚等七国叛乱，朝廷委任周亚夫为太尉，率军东征。周亚夫向朝廷建议说："楚军剽悍、矫捷，难以速胜，希望暂时放弃梁国，牵制敌军，并切断他们的运粮通道，那样就可以制服楚军了。"景帝同意了他的计策。亚夫率军到达楚国,要在荥阳会战。吴国正在进攻梁国,梁国危急,向亚夫求援。亚夫向东北进军占据昌邑之后,便坚守城堡不出。因为情况紧急,梁王派使者前往,请求亚夫出援,亚夫坚守要害之处,而不去救援。梁王上书汉景帝,汉景帝诏命亚夫出援。亚夫不听,仍然坚守不出,只派弓高侯等轻骑兵出击,截断吴、楚军队的运粮通道。吴、楚军队粮食不继,士兵饥饿,想要退兵,屡次挑战,亚夫始终不应。一天夜里,亚夫军营发生骚动,自相火并,动乱扩及中军帐旁。亚夫卧床不起,很快动乱就平定了。其后,吴军攻击汉军东南角,亚夫命令部队加强西北戒备。不一会儿,吴军主力果然向西北发起强攻,未能突破。吴、楚联军缺粮,于是率军撤退。亚夫派精锐主力乘机追击,大破吴军。吴王刘濞扔下部队,仅带强壮士兵数千人乘夜逃窜,逃到了江南丹徒。汉军正好乘胜扩大战果,迅速追击,消灭全部刘濞部队,郡、县也都降服。周亚夫因为未捉到吴王刘濞,发出命令说:"有抓住吴王来献者,赏黄金千两。"过了一个多月,越人拿着吴王的首级前来报告。这次战争,从进兵到结束,只用了三个月时间,吴、楚叛乱就完全平定了。

三十九、先 战

【原文】

凡与敌战,若敌人初来,阵势未定,行阵未整,先以兵急击之,则胜。法曰:"先人有夺人之心[1]。"

【注释】

[1]兵法原文见《左传·昭公二十一年》引《军志》。

【译文】

凡是对敌作战,如果敌军刚进入阵地,部署还未完成,队形也没整好,应当马上派出主力部队进行攻击,这样定能获胜。兵法说:"先发制人,可以一举摧毁敌人的士气。"

【战例】

春秋,宋襄公及楚人战于泓[1],宋人既成列,楚人未既济。司马子鱼曰[2]:"彼众我寡,及其未既济,请急击之。"公弗许。既济未成列,子鱼复

宋襄公及楚人战于泓

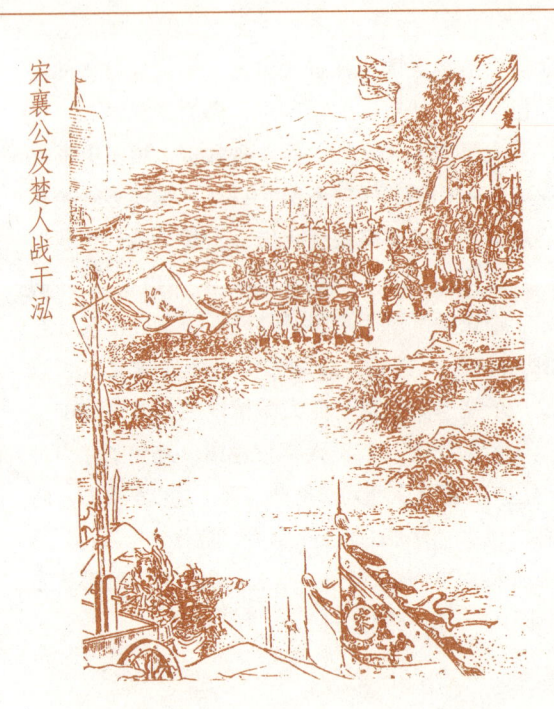

请，公复未之许。及成列而战，宋师败绩。

【注释】

〔1〕宋襄公：春秋时宋国国君，名兹甫。
〔2〕子鱼：即公子目夷，宋襄公庶兄。

【译文】

春秋时，宋襄公和楚国在泓水作战。宋国军队的阵势已经部署完毕，可是楚军还没有过河。司马子鱼说："楚军众多，我军寡少，乘他们尚未全部渡河，请下令进攻。"宋襄公不允许。等到楚军全部过了河，但是还没有排好队形，司马子鱼再次向他请求进攻，宋襄公又不同意。等到楚军排好队形向宋军发起攻击，宋国的军队果然被打得大败。

四十、后 战

【原文】

凡战，敌人若行阵整而且锐，未可与战，宜坚壁待之。候其阵久气衰，起而击之，无有不胜。法曰："后于人以待其衰[1]。"

【注释】

〔1〕兵法原文见《左传·昭公二十一年》："《军志》有之，先人有夺人之心，后人有待其衰，盍及其劳且未定也。"

【译文】

凡是作战，如果敌人布阵严整，士气旺盛，就不能与他交战，应当坚持防守以等待时机。等到敌人列阵久了，士气衰弱了，再发起攻击，就没有不取胜的。兵法说："后发制人以等待敌军士气衰落。"

【战例】

唐武德中，太宗围王世充于东都[1]。窦建德悉众来救[2]。太宗守武牢以拒之[3]。建德阵汜水东[4]，弥亘数里，诸将皆有惧色。太宗将数骑登高以望之，谓诸将曰："贼起山东，未见大敌。今渡险而嚣，是军无政令；逼城而阵者，有轻我之心也。我按兵不动，待彼气衰，阵久卒饥，必将自退，退而击之，何往不克！"建德列阵，自辰至午时，卒饥倦，皆列坐，又争饮水。太宗令宇文士及率三百骑[5]，经贼阵之西，驰而南，诫曰："贼若不动，正宜退归；如觉其动，宜率东出。"士及才过，贼众果动。太宗曰："可击矣。"乃命骑将建旗列阵，自武牢乘高入南山，循谷而东，以掩贼背。建德遽率其阵，却止东原[6]，未及整立，太宗轻骑击之，所向披靡。程咬金等众骑缠幡而入[7]，直突出贼阵后，齐张旗帜，表里俱备，贼众大溃，生擒建德。

【注释】

［1］太宗：即李世民（598—649），唐朝皇帝，李渊次子。随父起兵反隋，唐建国后，封秦王，为唐朝创建和统一立下汗马功劳。王世充（？—621）：字行满，新丰（今陕西临潼东北）人。隋末割据势力之一。东都：指洛阳。

［2］窦建德（573—621）：隋末农民起义领袖。清河漳南（今河北故城东北）人。后战败，为李世民所俘。

［3］武牢：古关名。即虎牢关，又名古崤关。军事重地。

［4］汜水：水名。发源于河南巩县东南，流经荥阳汜水镇西，北注黄河。

［5］宇文士及：唐秦王李世民的部将。代郡武川（今内蒙古武川）人。隋末大臣宇文述之子，隋大将宇文化及之弟。

［6］东原：古地名。即汉东平郡地，相当于今山东东平、汶上、宁阳一带。

［7］程咬金（589—665）：唐朝开国大将，原名咬金，字义贞，济州东阿（今山东东平西南）人。

【译文】

唐武德年间，李世民将王世充包围在东都（今洛阳）。窦建德率领全部兵马前来援救。李世民坚守武牢关以抵御窦军。窦建德在汜水东面列阵，纵横长达数里，唐军将领看了都有些恐慌。李世民带几名骑兵登高观察，对诸将领说："贼兵来自山东，没有遇到过强敌。现在他们渡河涉险时还吵吵闹闹，是军队政令不明的表现；靠着城池列阵，是因为有轻视我军的心理。我现在按兵不动，等他们士气松懈，列阵久了，士兵饥饿了，必然会自行撤退。敌军撤退时再进攻，还怕不能战胜他们吗？"窦建德从早晨列阵到中午，士兵又饿又累，都坐下来，又争先恐后地喝水。李世民便命令宇文士及率领三百骑兵，经敌阵的西面驰向南，并告诫说："敌军如果不动就停下来，最好退回来；如果察觉到有动静，就率领部众向东攻击。"士及率领骑兵刚从敌阵西面经过，敌阵果然动了起来。李世民说："可以攻击了！"于是命令骑兵将领树旗列阵，从武牢山上行进到南山，再沿着山谷向东，迂回偷袭敌军后部。窦建德率领队伍后退到东原，还没来得及整顿队伍，李世民的轻骑兵就向他发起了进攻，唐军所到之处，敌人都望风而逃。程咬金等率骑兵展开轮番冲锋，猛攻窦军的阵后，同时，唐军展开旗帜，里外夹击，窦建德部众大败溃散，唐军活捉了窦建德。

第五卷

四十一、奇 战

大将军司马昭指授节度

【原文】

凡战,所谓奇者,攻其无备,出其不意也。交战之际,惊前掩后,冲东击西,使敌莫知所备,如此,则胜。法曰:"敌虚,则我必为奇[1]。"

【注释】

[1] 兵法原文见《唐太宗李卫公问对》卷中:"敌实,则我必以正;敌虚,则我必以奇。苟将不知奇正,虽知敌虚实,安能致之哉?"注:"因敌虚实以为奇正,然能知奇正,则能使敌常虚而不实矣。"另见《孙子·势篇》:"凡战者,以正合,以奇胜。"正,是常规作战。奇,是暗取、偷袭等。奇、正是古代用兵的基本方法。奇、正互相配合,根据情况,灵活运用,就能取胜。

【译文】

凡是作战,所谓奇,就是让敌人意料不到和无法防备。两军交战时,在前面威逼敌人,从后面偷袭敌人,向东冲击是为进攻西边,使敌人不知在何处设防,这样作战就可以取胜。兵法说:"造成敌人无法防守的局面,我军就必定要用奇兵。"

【战例】

三国,魏景元四年,诏诸军征蜀,大将军司马昭指授节度[1],使邓艾与蜀将姜维相缀连[2],雍州刺史诸葛绪邀维,令不得归。艾遣天水太守王颀等直攻维营,陇西太守牵弘邀其前,金城太守杨欣诣甘松。维闻钟会诸军已入汉中,退还。欣等蹑于强川口,大战,维败走。闻雍州已塞道,屯桥头,从孔函谷入北道,欲出雍州后。诸葛绪闻之,却还三十里。维入北道三十里,闻绪军却,还,从桥头过,绪趣截维,较一日不及。维遂东还守剑阁。钟会攻维,未能克。艾上言:"今贼摧折,宜遂从阴平由邪径经汉德阳亭趋涪,去剑阁西百里,去成都三百里,奇兵冲其腹心。剑阁之守必还赴涪,则会方轨而进;剑阁之军不还,则应涪之兵寡矣。军志曰:'攻其无备,出其不意。'今掩其空虚,破之必矣。"艾自阴平道行无人之地七百余里,凿山通道,造作桥阁,山高谷深,而甚艰难,粮运将匮,频至危殆。艾以毡自裹,推转而下,将士皆攀木缘崖,鱼贯而进,先登至江油,蜀守将马邈降。蜀卫将军诸葛瞻自涪还绵竹,列阵待艾。艾遣其子惠唐亭侯忠等出其右,司马师纂出其左。忠、纂战不利,并退还,曰:"贼未可胜。"艾怒曰:"存亡之分,在此一举,何不可之有?"乃叱忠、纂等,将斩之。忠、纂驰还更战,大破,斩瞻,进军到雒。刘禅遣使请降[3],遂灭蜀。

【注释】

〔1〕司马昭:司马懿之子,字子上。在魏任大将军,专国政。三国魏元帝景元四年(263),发兵灭蜀汉,自称晋公,后封晋王。死后被追尊为文帝。

〔2〕姜维:三国时蜀将。字伯约,天水冀县(今甘肃甘谷东)人。本为魏将,后归蜀,得到诸葛亮的信任,拜征西将军。诸葛亮死后,继统蜀军。后任大将军,屡次攻魏无功。蜀灭后,他准备与魏将钟会联合反魏,企图乘机恢复蜀汉,事败被杀。

〔3〕刘禅:三国时蜀汉后主。223—263年在位。字公嗣,小字阿斗,刘备之子。十七岁时即位,初由丞相诸葛亮辅政,诸葛亮死后,他信任宦官黄皓,朝政日趋腐败。后来魏军兵临成都,他率众出降。

【译文】

三国时期,魏元帝景元四年(263),元帝曹奂诏令各军进攻蜀国。大将军司马昭被任命为节度使。魏国将领邓艾与蜀汉将领姜维对峙于雍州,刺史诸葛绪拦截姜维后军,截断了姜维的退路。邓艾又派遣天水太守王颀等人直接进攻姜维的营寨,派陇西太守牵弘率兵从正面进行钳制,派金城太守杨欣去甘松把守。姜维得悉魏国将领钟会的军队已进入汉中,便领兵退还。杨欣等追击到强川口,与姜维大战一场,姜维败退。姜维得知去雍州的道路已被堵截,便屯兵桥头,从孔函谷进入北道,想进到雍州后方。诸葛绪听到后,将军队后撤三十里。姜维进入北道三十里,得知诸葛绪军后撤,便又返回,从桥头通过。诸葛绪出兵阻击姜维,因迟了一天未能赶上。姜维这才向东逃跑,退守剑阁。钟会进攻姜维,未能攻克。邓艾建议说:"现在要挫败敌人,最好从阴平出发,走斜路,经德阳亭去涪城。这个地方在剑阁以西百里,距离成都三百里。以奇兵冲击敌军心腹之地,剑阁守军必然退回,援救涪城,那么钟会就可以大摇大摆地前进；如果剑阁的守军不退回去，那么，援救涪城的兵就会寥寥无几。《军志》说："进攻他所意料不到和无法戒备的地方。"现在我军偷袭敌军空虚的地方，必能打败他。"于是邓艾取道阴平，在荒无人迹之地跋涉七百余里，凿山开路，架阁为桥，一路上山高谷深，十分艰难，加上粮食供应不上，军兵几度面临绝境。邓艾用毛毡裹住自己，让人推滚至山下。将士们也都攀着树木，沿着悬崖，一个跟一个到达山下。军队到达江油后，蜀守将马邈投降。蜀卫将军诸葛瞻则由涪城退守绵竹，布成阵势，等待邓艾。邓艾派儿子惠唐亭侯邓忠等从右翼进攻，派师纂从左翼进攻。邓忠、师纂作战失利，一起退回，说："敌军不可战胜。"邓艾大怒说："我军生死存亡全在此一举，为什么说不能打败敌人？"于是叱骂邓忠、师纂，并要杀掉他们。邓忠、师纂调转马头重返前线，奋勇再战，大破蜀军，斩杀了诸葛瞻，大军一直攻入雒县。蜀后主刘禅派人求降，从此蜀汉灭亡。

四十二、正 战

【原文】

凡与敌战，若道路不能通，粮饷不能进，计谋不能诱，利害不能惑，须用正兵。正兵者，拣士卒，利器械，明赏罚，信号令，且战且前，则胜矣。法曰："非正兵，安能致远[1]？"

【注释】

[1]兵法原文见《唐太宗李卫公问对》卷上："若非正兵，安能致远？"

【译文】

凡是对敌作战，如果前进道路不能畅通，粮饷物资不能运进，施计不能诱敌上钩，所设利害不能迷惑敌人，就必须采用正兵战法。所谓正兵者，就是使用训练有素、武器精良、信赏明罚、号令严明的正规部队，采取边打边进、步步为营的正面进攻战法，这样作战就能取得胜利。兵法说："不发动正面突击，怎么能远程作战？"

【战例】

宋檀道济为高祖北伐前锋[1]，至洛阳，凡拔城破垒，俘四千余人。议者谓应戮以为京观[2]。道济曰："伐罪吊民，正在今日。王师以正为律，何必杀人？"皆释而遣之。于是戎夷感悦[3]，相率归之者众。

【注释】

〔1〕檀道济：南朝宋将领，京口（今江苏镇江）人。高祖：指南朝宋武帝刘裕，高祖为其庙号。文中之时刘裕尚未代晋称帝。

〔2〕京观（guàn）：古代战争中，胜利者为炫耀其武功，常常将敌人尸首收集在一起，盖土夯实，形成金字塔形的土堆。

〔3〕戎夷：即戎和夷。泛指少数民族。本篇这里指后秦人。

【译文】

南朝宋檀道济曾在宋武帝刘裕北伐时统率前锋部队，攻至洛阳，攻城破垒，俘获当地军民四千余人。他的部下有人提出把这些俘虏都杀害埋人坑内，垒起大丘，以威吓当地人。檀道济不同意，他说："我军出征是为讨伐罪人、怜惜受害民众，今天的事正是要体现这种精神。我们是王师，要以正道为行兵律令，何必靠杀人显威风呢？"他下令把这些俘虏释放、遣返了。这样做后，后秦民众感动信服，结队前来向宋军归顺的人大大增加。

四十三、虚 战

【原文】

凡与敌战，若我势虚，当伪示以实形，使敌莫能测其虚实所在，必不敢轻与我战，则我可以全师保军。法曰："敌不敢与我战者，乖其所之也[1]。"

【注释】

〔1〕兵法原文见《孙子·虚实篇》："敌不得与我战者，乖其所之也。"

【译文】

凡是与敌作战，如果我军兵力薄弱，就要善于伪装成兵力强大的模样，使敌人摸不清底细，不敢轻率进攻我军，我军可免遭损失，保存兵力。兵法说："敌人不敢同我军交战，那是因为我们善于伪装，用计转移了他的进攻方向。"

【战例】

三国，蜀将诸葛亮在阳平道[1]，魏延诸将并兵东下[2]，亮惟留万余守城。魏司马懿率二十万众拒亮，与延军错道，径前，当亮军六十里，候还，白懿云："亮城中兵少力弱。"亮亦知懿军垂至，恐与己相逼，欲赴延军，相去又远，势不能及。将士失色，莫知其计。亮意气自若，敕命军中皆偃旗息鼓，不得妄出；又令大开四门，扫地却洒。懿尝谓亮持重，而复见以弱势，疑其有伏兵。于是，率众退北山。明日食时，亮与参佐拊手大笑曰："司马必谓吾怯，将有强伏，循山走矣。"候还白，如亮言。懿后知之，深以为恨。

【注释】

[1]阳平：关隘名。在今陕西勉县西白马河入汉水处，为川陕交通要冲。

[2]魏延（？—234）：三国时蜀将。字文长，义阳（今河南桐柏东）人。因有战功，曾任镇北将军，封都亭侯、西郑侯等。后与杨仪争权，率兵击仪，兵败被杀。

【译文】

三国时期，蜀将诸葛亮驻军于阳平关，派魏延率领精锐将士向东进攻魏国，仅留一万余人防守阳平城。魏国大将司马懿带兵二十万人前来截击诸葛亮，未能和魏延遭遇，所以一直抵达离阳平六十里的地方，侦察兵回来报告司马懿说："阳平城内蜀军很少，兵力非常薄弱。"这时，诸葛亮也深知魏军要到达这里，担心魏军向自己逼近，现在同魏延靠拢是来不及的，因为相距太远，势态来不及。蜀军将士惊慌失色、不知所措。而诸葛亮却稳若泰山，毫无恐慌之色。他让士兵放倒旗帜，停止擂鼓鸣金，任何人不能擅自出入营地；又命令大开四面城门，让士兵洒水扫地。司马懿一向认为诸葛亮用兵慎重，如今又显示出将少兵弱的模样，怀疑城中有埋伏，于是迅速率兵从北山退走。第二天用饭时，诸葛亮和参谋们拍手大笑说："司马懿必定认为我们故意露出虚弱的样子，目的是要打他的埋伏，因此就顺着山脚撤回了。"蜀军侦察兵回来报告，正如诸葛亮所言。司马懿后来知道了事情的原委，很是悔恨。

四十四、实　战

【原文】

凡与敌战，若敌人势实，我当严兵以备之，则敌人必不轻动。法曰："实而备之[1]。"

【注释】

[1] 兵法原文见《孙子·计篇》。

【译文】

凡是对敌作战，假若敌人部署严密，军力的确不小，我军就要认真戒备，则敌人必不敢轻举妄动。兵法说："敌人实力可观，我军就要充分做好临战准备。"

【战例】

三国，蜀先主为汉中王，拜关羽为前将军，假节钺，屯江陵。是岁，羽留兵屯公安、南郡，以备吴，而率兵攻魏将曹仁于樊。曹操遣于禁等救仁。秋，大雨，汉水泛滥，禁所督七军皆没，禁降羽，庞德被诛。梁、郏、陆浑群盗或遥受羽印号，为支党，羽威震华夏。

【译文】

三国时，蜀国刘备登基汉中王之后，委任关羽为前将军，赏赐给他符节斧钺，驻兵在江陵。这年（219），关羽把一部分兵力留在公安、南郡，用于防备吴国，他亲率大军围困魏将曹仁于樊城。曹操忙派于禁等援救曹仁。那时，正是秋天雨季，汉水泛滥成灾，于禁所指挥的七路军马因遭遇大水，全被淹没。于禁兵败，被迫投降关羽，庞德也因战败而被诛杀。梁、郏、陆浑等反魏的小股势力也接受了关羽的委任，成为关羽的编外队伍，以配合行动，关羽的声威震动了整个中原地区。

四十五、轻 战

【原文】

凡与敌战，必须料敌详审而后出兵。若不计而进，不谋而战，则必为敌人所败矣。法曰："勇者必轻合，轻合而不知利[1]。"

【注释】

[1]兵法原文见《吴子·论将》。

【译文】

凡是对敌作战，必须估计敌人的情况，经过筹划后才能出兵。如果不计算对比就前进，不制订作战计划就进攻，那么必定要被敌人打败。兵法说："有勇无谋的将领就必然会轻率地接战，轻率接战而不知生死存亡的利害关系，是绝对不可以的。"

【战例】

春秋，晋文公与楚战[1]，知楚将子玉刚忿褊急[2]，文公遂执其使者宛春以挠之。子玉怒，遂乘晋军，楚师大败。

【注释】

[1]晋文公：姓姬，名重耳。前636—前628年在位，曾在外流亡十九年，回国后大力富国强兵，最终称霸诸侯。
[2]子玉：即楚国令尹成得臣。为人刚愎自用、轻率无谋，在城濮之战中大败后自杀。

【译文】

春秋时，晋文公与楚国交战，而晋文公知道楚将子玉一向不听别人的意见，性格刚直偏激，便故意捉住楚军派来的使者宛春激怒子玉。子玉果然上当，便进攻晋军，结果楚军大败。

四十六、重 战

【原文】

凡与敌战，须务持重，见利则动，不见利则止，慎不可轻举也。若此，则必不陷于死地[1]。法曰："不动如山[2]。"

【注释】

〔1〕死地：本处指处于危亡的境地。
〔2〕兵法原文见《孙子·军争篇》。意思是，屯兵防守要像山岳那样稳固不可动摇。

【译文】

凡是和敌军作战，必须保持慎重，有机可乘就马上出击，观察不到有利的战机，就暂时停止进攻，要慎重考虑而不可轻举妄动。如能这样，就一定不会陷入危亡境地。兵法说："军队不动时就像山岳一样稳固。"

【战例】

春秋，晋将栾书伐楚[1]，将战，楚晨压晋军而阵，军吏患之。裨将范匄趋进[2]，曰："塞井夷灶，陈于军中，而疏行首[3]。"栾书曰："楚师轻佻，吾持重固垒而待之，三日必退。退而击之，必获全胜。"于是败楚师于鄢陵。

【注释】

〔1〕栾书：姬姓，栾氏，人称栾武子，春秋时期晋国将领。
〔2〕范匄（gài）：即士匄，按封地又封为范氏。卒后谥"宣子"，故又称"范宣子"。
〔3〕疏：疏通。行首：即行道，战道。

【译文】

春秋时，晋国大将栾书率领军队进攻楚国，将要与楚军作战的时候，发现楚军清晨已经抢先压着晋军营地布了阵。栾书部下参谋人员很为这种事态着急。副将范匄到栾书面前说："塞井平灶，在军营中列阵，把行列间的距离拉宽。"栾书说："楚军这样做是轻举妄动的表现。我军要慎重镇定，固守营垒以等待其锐气衰败。不出三天，楚军必退，乘他们退兵我军大举进攻，必定能大获全胜。"结果真的在鄢陵大败楚军。

四十七、利 战

【原文】

凡与敌战，其将愚而不知变，可诱之以利。彼贪利而不知害，可设伏兵以击之，其军可败。法曰："利而诱之[1]。"

【注释】

[1] 兵法原文见《孙子·计篇》。

【译文】

凡是对敌作战，敌将愚顽而不知变通，可以用小利来引诱他。敌人贪图小利而不知晓危害，可以设下圈套，打他埋伏，这样，敌人就可以被打败。兵法说："对于贪婪好利的敌人，就用小利去引诱它。"

【战例】

春秋，楚伐绞。莫敖屈瑕曰[1]："绞小而轻，轻则寡谋。请无捍采樵者以诱之。"从之。绞获三十人。明日，绞人争出，驱楚役徒于山中。楚人坐其北门[2]，而伏诸山下，大败之。

【注释】

[1] 莫敖：春秋时楚国官职名称，掌管全国军政大权。
[2] 坐：等待，守。

【译文】

春秋时期,楚国进攻绞国。楚国的莫敖屈瑕向楚王建议说:"绞国地小而为人轻佻,人一轻佻就缺少计谋。因此,请大王派出一些没有护卫的士兵,化装成拾柴的人,以此来引诱绞人就范。"楚王采纳了屈瑕的建议。这样,绞军便轻而易举地捕获了楚军三十名砍柴人。第二天,绞军又争相出城,于山中追逐楚军砍柴人。楚军预先守候在绞城北门,并设伏兵于山下,伺机而动,结果大败绞军。

四十八、害 战

【原文】

凡与敌各守疆界,若敌人寇抄我境,以扰边民,可于要害处设伏兵,或筑障塞以邀之,敌必不敢轻来。法曰:"能使敌人不得至者,害之也[1]。"

【注释】

〔1〕兵法原文见《孙子·虚实篇》:"能使敌人自至者,利之也;能使敌人不得至者,害之也。"

【译文】

凡是与敌对抗,各自防守边界,如果敌人进犯我边境,袭扰我边民,可在边界要害之处设置伏兵,或者构筑障碍要塞以拦截敌人。这样,敌人必定不敢轻率来犯。兵法说:"能使敌人无法进犯我防区,是我方在险隘要塞进行拦截的缘故。"

【战例】

唐时,朔方总管沙吒忠义为突厥所败[1],诏张仁愿摄御史大夫代之[2]。既至,贼已出。率兵蹑击,夜掩其营,破之。始,朔方军与突厥以河为界,北

岸有拂云祠[3]，突厥每犯边，必先谒祠祷祀，然后引兵渡河而南。时默啜悉兵西击突骑施[4]，张仁愿请乘虚取漠南，于河北筑三受降城，绝虏南寇路。唐休璟以为："两汉以来，皆北守河，今筑城虏腹中，终为所有。"仁愿固请，中宗许之。表留岁满兵以助其功。时咸阳兵二百人逃归，仁愿擒之，尽斩城下，军中股栗，役者尽力，六旬而三城就。以拂云为中城，南直朔方，西城南直灵武[5]，东城南直榆林[6]。三垒相距各四百余里，其北皆大碛也，斥地三百里远。又于牛头朝那山北置烽堠千八百所[7]。自是突厥不敢逾山牧马，朔方复无寇。岁省费亿计，减镇兵数万。

【注释】

〔1〕朔方：唐方镇名。设节度使，为边防十节度使之一。治所在今内蒙古杭锦旗北。沙吒忠义：唐时番将。沙吒，复姓。

〔2〕张仁愿（？—714）：唐朝大臣。曾为朔方总管，有效地抵挡了突厥的进攻。

〔3〕拂云祠：唐代著名古寺，位于今内蒙古包头哈德门沟口坡地上。

〔4〕默啜（？—716）：东突厥可汗。初助唐攻契丹，后犯唐边，受阻后大掠西北各族。突骑施：唐代西突厥部落。

〔5〕灵武：古县名。在今宁夏贺兰县西北。

〔6〕榆林：古县名。治所在今内蒙古准格尔旗东北十二连城。

〔7〕牛头朝那山：山名。在内蒙古土默特右旗西北，接乌拉特、茂明安两部界。蒙古名集兰陀罗海，又名牛头年那山。

【译文】

唐朝时，朔方总管沙吒忠义被突厥人打败，朝廷下诏派张仁愿任御史大夫去接替他打突厥军。到任后，敌人已经撤离，仁愿派兵跟踪，夜袭敌方营盘，打败了敌人。开始时，朔方军队与突厥军队以河为界，界北有一座拂云祠，突厥每次侵犯边界，必先到拂云祠祭祀祷告，然后再出兵南侵。当时突厥首领默啜已把全部兵力派出攻打西突厥，张仁愿建议乘敌内部空虚进兵漠南，于黄河以北构筑三座受降城，截断敌兵南侵的道路。唐休璟以为："从两汉以来，都坚守河北，如今要把城垒筑在敌人心脏里，迟早会被敌人吃掉。"仁愿再三建议，唐中宗李显答应了。仁愿上表挽留服役已满期的士兵，帮助完成筑城任务。不料发生了两百名咸阳兵逃亡的事件，仁愿把他们全部抓回，在城外处决了，这件事使全军上下都很紧张，此后筑城的人都很卖力，用六十天建好了三座城。以拂云为中城，南到朔方，西城南到灵武，东城南到榆林。三城相隔各四百余里，它的北边都紧靠广大沙漠，此举开拓疆界三百里远。又在牛头朝那山以北，设置烽火台一千八百所。从此，突厥人不敢越山牧马，朔方也看不到敌兵的踪迹。每年能节省上亿的白银，缩减镇兵几万人。

四十九、安 战

【原文】

凡敌人远来气锐，利于速战；我深沟高垒，安守勿应，以待其敝。若彼以事挠我求战，亦不可动。法曰："安则静[1]。"

【注释】

[1]兵法原文见《孙子·势篇》。本谓木石放在平坦安稳之处就静止，但在本篇指实施坚守防御的部队，应像木石置于平地那样静止不动。

【译文】

凡是敌人远道而来，士气正盛，利在速战速决；我方应当深沟高垒，固守阵地，等待敌军疲惫。若对方用计扰乱、诱我出战，也不要理睬他们。兵法说："军队固守不战，就要保持静止不动。"

【战例】

三国，蜀将诸葛亮率众十余万出斜谷，垒于渭水之南。魏遣大将司马懿拒之，诸将欲往渭北以待之，懿曰："百姓积聚皆在渭南，此必争之地也。"遂率军而济，背水为垒。因谓诸将曰："亮若勇者，当出武功[1]，依山而东。若西上五丈原[2]，则诸军无事矣。"亮果上五丈原。会有长星坠亮之垒，懿知其必败。时朝廷以亮率军远入，利在急战，每命懿持重，以俟其变。亮数挑战，懿不出，因遗懿以巾帼妇人之饰[3]，懿终不出。懿弟孚书问军事[4]，懿复曰："亮志大而不见机，多谋少决，好兵而无权，虽持兵十万，已堕吾画中，破之必矣。"与之对垒百余日，会亮病卒，诸将烧营遁走，百姓奔告，懿出兵追之。亮长史杨仪反旗鸣鼓[5]，若将向懿者。懿以归师不之迫，于是杨仪结阵而去。经日，行其营垒，观其遗事，获其图书、粮食甚众。懿审其必死，曰："天下奇才也！"辛毗以为尚未可知[6]。懿曰："军家所重，军书密计、兵马粮食，今皆弃之，岂有人损五脏而可以生乎？宜急追之。"关中多蒺藜[7]，懿使军士二千人着软材平底木屐前行，蒺藜着屐，然后马步俱进。追到赤岸，乃知亮已死。时百姓为之谚曰："死诸葛走生仲达。"懿笑曰："吾能料生，不能料死故也。"

【注释】

〔1〕武功：县名，今陕西武功。
〔2〕五丈原：古地名。位于今陕西宝鸡岐山。
〔3〕巾帼：本指古代妇女的头巾和发饰，后作为妇女的代称。
〔4〕懿弟孚：即司马懿之弟司马孚，字叔达。与其兄懿同佐魏明帝曹叡，官至尚书令。
〔5〕杨仪：字威公，襄阳（今湖北襄樊）人。三国时期蜀国政治家。
〔6〕辛毗：字佐治，阳翟（今河南禹州）人。三国时期曹魏大臣。
〔7〕蒺藜：一种果实带刺的草本植物。

【译文】

　　三国时期，蜀将诸葛亮领兵十余万从斜谷出发，在渭河南岸扎营。魏国派大将司马懿率军阻击，司马懿的部将都建议到河北岸等待截击，司马懿却说："百姓和军资都在渭河以南，那里是双方必争之地。"于是率大军过河，背靠渭水扎营布阵。司马懿对部下说："诸葛亮假若是个大勇之人，就会从武功出发，凭借山险向东进击。如果西进五丈原，我们也就没有什么危险了。"诸葛亮果然进驻五丈原。正逢天空中有一颗流星落入诸葛亮扎营的方向，司马懿料准诸葛亮非吃败仗不可。当时，魏帝也再三叮嘱司马懿，蜀军远道入侵，最宜速战速决，指示司马懿持慎重态度，等待蜀军内部发生变化。诸葛亮多次挑衅，司马懿都不应战。于是诸葛亮给司马懿送去妇女的用品来激怒他，司马懿仍不予理会。司马懿的弟弟司马孚来信询问军情，司马懿回信说："诸葛亮确实身怀大志，但不会选择战机；虽然能出谋划策，但是又犹豫寡断；虽然善于治军，但却没有兵权，所以他这次虽率十万大兵，却已经进了我的圈套之中，击败他是必定无疑的。"两军就这样相持了一百多天。后来诸葛亮病死在营中，蜀将烧毁营寨退兵而走。老百姓把这些情况告诉了司马懿，司马懿立即率兵追杀。诸葛亮的长史杨仪指挥军队把旗帜指向北，擂鼓鸣号，摆出反击魏军的阵势。司马懿觉得对返回本国的敌军不能过分逼迫，因此杨仪便率军安然撤走了。过了一天，司马懿经过蜀军烧过的营地观察遗迹，发现了许多图书和粮食，司马懿判定诸葛亮的确死了，感慨地说："诸葛亮确实是天下奇才啊！"军师辛毗觉得目前还不能断定诸葛亮的确死了。司马懿反驳说："军事家看重的，莫过于军事档案、作战记录、兵马册簿和粮草，如今这些东西遗弃遍地，正像人损掉了五脏六腑，哪能有存活之理？我们应马上追杀蜀军。"关中地区有很多蒺藜，司马懿派二千士兵穿上软木鞋在遍地蒺藜的关中地区开路，这样蒺藜都扎在鞋底上，于是后面的步兵、骑兵也安然穿过该地区。一直追赶到赤岸，才得以证实诸葛亮确实死了。当时老百姓还为这件事编了谚语："死了的诸葛亮能吓跑活着的司马懿。"司马懿听后，笑着说："因为我只能料到活人的事，不能预见死人的事啊！"

五十、危 战

【原文】

凡与敌战，若陷在危亡之地，当激励将士决死而战，不可怀生，则胜。法曰："兵士甚陷，则不惧[1]。"

【注释】

[1] 兵法原文见《孙子·九地篇》。

【译文】

凡是对敌作战，如果我军陷入了危险的境地，就应当激励将士决一死战，只要不苟且偷生，就能取胜。兵法说："士兵敢赴汤蹈火，就不会惧怕。"

【战例】

后汉将吴汉讨公孙述[1]，进入犍为界[2]。诸县皆城守。汉攻广都[3]，拔之。遣轻骑烧成都市桥[4]，武阳以东诸小城皆降[5]。帝戒汉曰："成都十余万众，不可轻也。但坚据广都，待其来攻，勿与争锋。若不敢来，公须转营迫之，须其力疲，乃可击也。"汉不听，乘利遂自将步骑二万余人进逼成都，去城十余里，阻江北为营，作浮桥，使别将刘尚将万余人屯于江南，相去二十余里。帝大惊，责汉曰："比敕公千条万端，何意临事悖乱？既轻敌深入，又与尚别营，事有缓急，不复相及。贼若出兵缀公，以大众攻尚，尚破，公即败矣。幸无他者，急率兵还广都。"诏书未到，述果遣其将谢丰、袁吉将众十余万出攻汉[6]；使别将万余人劫刘尚，令不得相救。汉与大战一日，兵败，走入壁，丰围之。汉召诸将厉之曰："吾与诸将逾越险阻，转战千里，所在斩获，遂深入敌地，今至城下，而与尚二处受围，势既不接，其祸难量。欲潜师就尚于江南御之。若能同心协力，人自为战，大功可立，如其不然，败必无余。成败之机，在此一举。"诸将皆曰："诺。"于是，飨士秣马，闭营三日不出，乃多立幡旗，使烟火不绝，夜衔枚引兵与尚合军。丰等不觉，明日，乃分兵拒江北，自将攻江南。汉悉兵迎战，自旦至晡，遂大败之，斩谢丰、袁吉。于是，率兵还广都，留刘尚拒述，具状以闻，而深自谴责。帝报曰："公还广都，甚得其宜，述必不敢略尚而击公。若先攻尚，公从广都五十里悉步骑赴之，适当值其危困，破之必矣。"于是，汉使与述战于广都、成都之间，八战八克，遂军于郭中。述自将数万人出城大战，汉使护军高午、唐邯将锐卒数万击之[7]。述兵败走，高午奔阵刺述，杀之。旦日城降，斩述首传送洛阳。蜀遂平。

【注释】

[1] 吴汉（？—44）：东汉初将领。字子颜，南阳宛县（今河南南阳）人。助刘秀立国，入蜀讨公孙述，升任大司马，封广平侯。公孙述：字子阳，茂陵（今陕西兴平）人。王莽时自立为蜀王，建都成都，称天子，为吴汉所败而死。

[2] 犍为：郡名。西汉建元六年（135）置，治所在武阳（今四川眉山彭山区）。

[3] 广都：地名。在四川成都双流区。

[4] 成都：战国时秦置县，治所在今四川成都市。市桥：地名。在四川成都市西，一名金花桥。

[5] 武阳：秦置。在今四川眉山彭山区。

[6] 谢丰：东汉初，公孙述之部将。袁吉：东汉初，公孙述之部将。

[7] 高午：东汉初，吴汉部将。唐邯：东汉初，吴汉部将。

【译文】

东汉大将吴汉攻打公孙述，率军进入犍为界。那里的县城到处都有部队防守。吴汉攻克广都以后，派骑兵烧毁了附近的市桥，武阳以东地区的小城都投降了。光武帝告诫吴汉说："成都有十余万敌兵，不要轻视，可以坚守广都，等待敌军来攻，也不要马上分出胜负。假若敌军不敢出来，你要调遣部队逼它出战，必须使它疲惫不堪，那时才能大举进攻。"吴汉不听，趁着胜利，亲率步兵、骑兵二万余人，向成都逼近，离城还有十余里，吴汉在江北扎营，搭成浮桥，又派副将刘尚带万余人，在江南扎营，二营相距二十余里。光武帝知道后，大惊失色，批评吴汉说："我曾千叮咛万嘱咐地敕命你，为什么行动起来却又违背我？你轻敌深入，又和刘尚分别扎营，敌情紧急，不能相互支援。假若敌人出兵牵制你，另派主力进攻刘尚，一旦刘尚被歼，那时你也危险了。现在侥幸尚未发生问题，你急速带兵回到广都。"诏书还未送到吴汉手里，公孙述果然派部将谢丰、袁吉带十余万兵力进攻吴汉；又另派出一万多人袭击刘尚，迫使他二人不能互相救援。吴汉与敌军大战一天，兵败回军营，谢丰马上把城围困了。吴汉召集各位将领，激励他们说："我与各位将领涉越险阻，转战千里，所到之处，无不胜利，因而今天才深入敌境。逼近成都时，我们却与刘尚在两个地方被包围，实难互相接应，眼前的灾祸是难以估量的。我想偷偷地将军队移至江南，与刘尚合兵防守，便于集中兵力对敌。如果大家能同心协力、人自为战，大功便可以告成；如其不然，必败无疑。成败在此一举。"各将领都说："是。"于是用酒饭招待士兵，喂饱马匹，闭住营门，三天不出，并树立起许多旌旗，使烟火缭绕不断，到了夜晚，部队口衔竹片，悄悄出动，与刘尚合兵一处。谢丰等人没有察觉，第二天，谢丰仍然分兵阻挡住江北汉军，而自己领兵攻打江南汉军。吴汉率领全军出战，自清晨杀到黄昏，大败敌军，斩了谢丰、袁吉。于是，吴汉率军退还广都，留下刘尚继续抗击公孙述，吴汉向光武帝上报了这一情况，并深深地责备自己。光武帝回诏文说："你退回广都，是很合适的，公孙述必然不敢丢开刘尚直接进攻你。如果他先攻刘尚，你就从广都率全部步兵、骑兵赶五十里到那里，其时当是公孙述十分疲惫之时，这样就必然能打败他。"于是，吴汉与公孙述交战于广都至成都之间，吴汉八战八胜，遂进入成都外城。公孙述亲自率领几万人出城大战，吴汉派护军高午、唐邯带领几万名精锐士兵迎击。公孙述兵败溃逃，高午冲到敌阵中将公孙述刺死。第二天，成都被迫投降，吴汉把公孙述的首级传送到京都洛阳，从此蜀地被平定。

第六卷

五十一、死 战

【原文】

凡敌人强盛，吾士卒疑惑，未肯用命，须置之死地，告令三军，示不获已[1]。杀牛燔车，以享战士，烧弃粮食，填夷井灶，焚舟破釜，绝去其生虑，则必胜。法曰："必死则生[2]。"

【注释】

〔1〕不获已：不得已。
〔2〕必死则生：语出《吴子·治兵第三》。意思是，抱定必死决心奋战的就能获得胜利而生存。

【译文】

凡是敌人兵力强大，我军官兵惶惑不安，不肯努力向前时，就必须要将他们置于绝境，通告三军，表示实属迫不得已。杀牛烧车，让将士吃饱，然后烧掉粮草，填平水井，夷平灶坑，焚烧舟船，砸毁饭锅，断绝一切侥幸心理，就必定能胜利。兵法说："抱着必死的决心就能获得胜利而生存。"

【战例】

秦将章邯已破楚将项梁军[1]，以为楚地兵不足忧，乃渡河击赵，大破之。当此时，赵歇为王，陈馀为将，张耳为相，兵败皆走入巨鹿城[2]。章邯令王离、涉间围巨鹿[3]，章邯军其南，筑甬道而输之粟[4]。楚怀王以宋义为上将[5]，项羽为次将[6]，范增为裨将[7]，救赵，诸别将皆属焉。宋义行至安阳[8]，留四十余日不进，遣其子宋襄相齐，自送之无盐[9]，饮酒高会。项羽曰："今国兵新破，王坐不安席，扫境内而专诸将军，国家安危，在此一举。今不恤士卒而徇其私，非社稷之臣[10]。"项羽晨朝宋义，即其帐中，斩之，下令军中曰："宋义与齐谋反，楚王阴令羽诛之。"是时，诸将皆慴服，莫敢支吾，皆曰："首立楚者，将军家也。今将军诛叛乱。"即共立羽为假上将军[11]。使人追宋义子襄，及之齐，杀之。使桓楚报命于楚怀王，因命项羽为上将军。当阳君、蒲将军皆属焉。项羽以杀宋义，威震楚国，名闻诸侯。乃遣当阳君、蒲将军率二万众渡河救巨鹿。战少利，陈馀复请兵，项羽乃悉兵渡河，沉舟，破釜甑[12]，烧庐舍，持三日粮，以示士卒必死，无还心。则围王离，与秦军遇，九战，绝其甬道，大破之，杀苏角，虏王离。当是时，诸侯救巨鹿下者十余壁，莫敢纵兵。楚兵击秦军，诸侯皆从壁上观。楚战士无不以一当十，楚兵呼声动天地，诸侯人人慴恐。于是，大破秦军。

【注释】

〔1〕章邯：秦将，官至少府。项梁：秦末起义军首领之一。下相（位于今江苏宿迁西南）人，楚将项燕之子。

〔2〕巨鹿城：位于今河北巨鹿西南。

〔3〕王离：秦将。秦朝名将王翦之孙。涉间：秦将。

〔4〕甬道：指两旁筑有墙垣或其他障碍物用来保证运输安全的驰道或通道。

〔5〕宋义：原为楚国令尹。秦末，楚怀王熊心以其为上将军，后为项羽所杀。

〔6〕项羽：名籍，字羽。秦亡后，自立为西楚霸王。楚汉战争中，兵败垓下，自杀而亡。

〔7〕范增：项羽谋士，被项羽尊为"亚父"。

〔8〕安阳：地名，今属河南。

〔9〕无盐：地名，位于今山东东平。

〔10〕社稷（jì）：代指国家。社，土神。稷，谷神。

〔11〕假：代行，代理。

〔12〕釜：一种敛口圆底，或有两耳的锅。甑：古代蒸饭的一种瓦器，类似现代的蒸锅。

【译文】

秦朝大将章邯打败楚将项梁后，以为楚国的兵力不足为忧，便渡过黄河去攻击赵国，大败了赵军。此时赵歇为赵王，陈馀为将军，张耳为丞相，军队失败后，都逃进了巨鹿城。章邯令部将王离、涉间包围了巨鹿城，章邯军驻扎在巨鹿南侧，修筑甬道为部队输送粮食。楚怀王命宋义为上将、项羽为次将、范增为裨将，前去援救赵国，众将领都归宋义部署。宋义行至安阳时，逗留四十多天不前进，派遣自己的儿子宋襄去齐国做宰相，亲自送他到无盐，并大摆酒宴。项羽说："现在我国军队刚遭受失败，国王坐卧不安，调集全国军队专门委任给将军指挥，国家的安危，在此一举。现在你却不体恤士兵，而只徇私情，这不是国家重臣的行为。"第二天，项羽早起去谒见宋义，即在宋义的军帐中将他杀了，并在军中传令说："宋义与齐国谋反，楚王暗令我杀掉他。"当时，诸侯都很害怕而表示服从，谁也不敢吭声，都说："首先起来恢复楚国的，是将军您家的人，如今将军又解除了叛乱。"大家就共同拥立项羽为代理上将军。项羽派人追赶宋义的儿子宋襄，追至齐国并将其杀死。又派桓楚将此事上报楚怀王，楚怀王就任命项羽为上将军。当阳君、蒲将军都归其指挥。因为杀了宋义，项羽威震楚国，各路诸侯也很敬佩。项羽派遣当阳君、蒲将军率领两万人渡江去援救巨鹿城。战争稍稍取得胜利，赵将陈馀又前来向项羽请求救兵，项羽便令全军渡江，然后凿沉舟船，砸碎锅盆，焚烧营房，只让士兵携带三天的粮食，向士兵讲明这次如果不去做决死战斗，绝不能生还。项羽过江后包围了王离，与秦军遭遇，九次交战，切断了秦军输粮的甬道，并彻底打败了秦军，杀了苏角，俘获了王离。当时，各诸侯国前来援救巨鹿而驻于城下的有十余个营垒，没有人敢发兵援救。楚军进攻秦军时，各诸侯国的部队都持观望态度。楚国前去援救巨鹿军队的官兵无不以一当十，呼喊声惊天动地，诸侯也人人都感到恐惧，最后楚军终于大败了秦军。

五十二、生　战

【原文】

　　凡与敌战，若地利已得，士卒已阵，法令已行，奇兵已设，要当割弃性命而战，则胜。若为将临阵畏怯，欲要生，必反为所杀。法曰："幸生则死[1]。"

【注释】

　　[1]兵法原文见《吴子·治兵》。

【译文】

　　凡是对敌作战，如果有利地形已被我军占领，参战部队已经进入阵地，军法号令已经通行无阻，奇袭分队已经部署停当，那么，此时最重要的就是全军将士都要舍生忘死地去奋战，这样才能取得胜利。倘若将领临阵怕死或犹豫，企图活命，反而会被敌人所杀。兵法说："侥幸求生的反而会被杀死。"

【战例】

春秋时,楚子伐郑[1],晋师救之,与战于敖、鄗之间。晋赵婴齐使其徒先具舟于河,欲败而先济,故将士懈,卒不可胜。

【注释】

[1]楚子:指楚庄王,芈姓,名旅(一作吕、侣),"春秋五霸"之一。

【译文】

春秋时,楚庄王兴师讨伐郑国,晋国派军队去救郑国,晋军与楚军在敖山和鄗山之间会战。晋国主将之一赵婴齐在作战之前先安排手下人在己方后面的黄河上备好船只,想一旦打败仗,自己能从这里先逃渡到河那边去。这种做法使得将士斗志松懈,终于不能战胜楚军。

五十三、饥 战

【原文】

凡兴兵征讨,深入敌地,刍粮乏阙,必须分兵抄掠,据其仓廪,夺其蓄积,以继军饷,则胜。法曰:"因粮于敌,故军食可足也[1]。"

【注释】

[1]兵法原文见《孙子·作战篇》:"善用兵者,役不再籍,粮不三载;取用于国,因粮于敌,故军食可足也。"

【译文】

凡是出兵征讨,深入敌国境内,粮草供应缺乏时,必须分兵抢掠,占据敌国粮仓,夺取它的积蓄,用于接济军饷,这样就能胜利。兵法说:"出国作战所需的粮草靠在敌国就地补充,这样部队的给养就充足了。"

【战例】

《北史》:后周将贺若敦率兵渡江赴救湘州[1]。陈将侯瑱讨之[2]。

因粮于敌，故军食可足也

秋水泛溢，江路遂断，粮援既绝，人怀危惧。敦于是分兵抄掠，以充资费。恐瑱等知其粮少，乃于营内多聚土，覆之以米。召侧近村人，佯有访问，随即遣之。瑱等闻之，以粮为实。敦又增修营垒，造庐舍，示以持久。湘、罗之间[3]，遂废农业，瑱等无如之何。初，土人乘轻船，载米粟及笼鸡鸭以饷军。敦患之，乃伪为土人船，伏兵甲于中。瑱军望见，谓饷船至，逆水争取。敦甲士遂擒之。又敦军数有叛者乘马投瑱，瑱辄纳之。敦乃取一马，牵以趣船，令船中人以鞭鞭之。如是者再三，马畏船不敢上。后伏兵于江岸，使人乘畏船马诈投瑱军，瑱即遣兵迎接，争来牵马。马既畏船不上，伏兵发，尽杀之。后实有馈饷及亡奔瑱者，犹恐敦设诈兵，不敢受。相持岁余，瑱不能制。

【注释】

〔1〕后周：即北周，宇文觉所建。贺若敦：北周将领，代（在今河北蔚县）人，善射多智，累官骠骑大将军、开府仪同三司，进爵为公，后被宇文护逼死。

〔2〕侯瑱：陈国将领，弘远之子，因破侯景迁南豫州刺史。

〔3〕湘、罗之间：今湖南及湖北宜城一带。

【译文】

据《北史》记载：后周将领贺若敦率军过江救援湘州。陈将侯瑱前来迎战。此时正值秋水泛滥季节，水路交通严重受阻，致使贺若敦部队粮援断绝，将士人人心怀恐惧。贺若敦于是分兵四出搜掠粮物，用来充作部队的军资费用。贺若敦害怕侯瑱了解到自己部队的缺粮情况，就在军营中大量积土堆丘，在其上面覆盖一层粮米，然后召集附近村庄的百姓到军营来，装作向他们询问事宜的样子，让他们看见后，又马上让他们离开。侯瑱等人听到以后，认为贺若敦粮食充足。贺若敦还增筑营垒，建造房屋，以示长久驻守。湘州、罗州之间，农业种植遭到废弃，侯瑱等人无可奈何。起初，当地百姓驾驶小船，装载粮米和整笼鸡鸭送给侯瑱部队作饷粮。贺若敦有些担心，于是伪装成当地百姓的船只，船上埋伏着全副武装的士兵。侯瑱的士兵看见后,说是运送粮饷的船只,逆水而上,争先恐后去接取东西。贺若敦的士兵于是将他们全部抓获。另外,常有贺若敦的士兵叛逃,骑着马去投奔侯瑱,侯瑱都一一接纳。贺若敦于是就找来一匹马,让它靠近船,再让船中人拿鞭子抽打它。像这样多次,马害怕靠近不敢上船。随后,贺若敦让士兵在江岸埋伏,让人骑着这匹害怕船只的马去诈降侯瑱军。侯瑱立即派士兵去迎接,士兵们争着去牵马,马因害怕船而不敢上船。这时贺若敦的伏兵突然冲出,将他们全部杀死。此后,即便有真正运送粮饷或投奔侯瑱的人,侯瑱依旧害怕是若敦的诈降士兵,再也不敢接纳。相持了一年多,侯瑱也未能取胜。

五十四、饱 战

【原文】

凡敌人远来,粮食不继,敌饥我饱,可坚壁不战,持久以敝之,绝其粮道。彼退走,密遣奇兵,邀其归路,纵兵追击,破之必矣。法曰:"以饱待饥[1]。"

【注释】

[1]兵法原文见《孙子·军争篇》。

【译文】

凡是敌人远来作战,粮食供应往往接济不上,敌饥我饱,便应坚壁防守,不与交战,持久坚持以待时机,截断敌人的粮源。而当敌人退走时,秘密派遣奇兵截断其退路,再派兵追击,就必定能大败敌人。兵法说:"以我之饱对待敌人之饥饿。"

【战例】

唐武德初,刘武周据太原[1],使其将宋金刚屯于河东。太宗往征之,谓诸将曰:"金刚悬军千里入吾地[2],精兵骁将皆在于此。武

周自据太原，专寄金刚以为捍蔽[3]。金刚虽众，内实空虚，虏掠为资，意在速战。我当坚营待其饥，未宜速战。"于是，遣刘洪等绝其粮道，其众遂馁，金刚乃遁。

【注释】

〔1〕刘武周：隋末唐初主要割据势力之一，被李世民打败，北奔突厥，后被突厥杀死。

〔2〕垂：指楔入。

〔3〕捍蔽：屏蔽。

【译文】

唐武德年初，刘武周占据太原，派其大将宋金刚驻扎河东。唐太宗李世民率兵前往征讨，李世民对诸将领说："宋金刚大军千里行军深入我境，其精兵勇将都集中在这里。刘武周自己据守太原，完全倚仗宋金刚作为屏障。宋金刚虽然人数众多，但内部其实是空虚的。他到处抢掠以补充供给，目的在于速战速决。我军应坚守阵营，等待敌人饥饿，不应马上出战。"于是，李世民派刘洪等人截断敌人的粮道，敌人部队很快发生了粮荒，宋金刚只好逃走。

五十五、劳 战

【原文】

凡与敌战，若便利之地，敌先结阵而据之，我后去趋战，则我劳而为敌所胜。法曰："后处战地而趋战者劳[1]。"

【注释】

〔1〕兵法原文见《孙子·虚实篇》。

【译文】

凡是对敌作战，如果有利地形被敌先列阵占据，而我军后到而仓促应战，就会因为疲劳被动而被敌人战胜。兵法说："后到战场而仓促应战就会因疲劳被动而导致失败。"

【战例】

晋司空刘琨遣将军姬澹领步兵二万讨石勒[1]。勒将拒之，或谏曰："澹兵马精盛，其锋不可当，且深沟高垒以挫其锐，攻守势异，必获万全。"勒曰："澹军远来，体疲力竭，人马乌合，号令不齐，一战可擒也，何强之有？寇又垂至，胡可舍去？大军一动，岂易中还？若澹乘我之退，顾身无暇，焉能深沟高垒乎？此谓不虞而自取灭亡之道。"遂斩谏者。以孔苌为前锋都督，令三军后出者斩。设疑兵于山上，分为二伏。勒率兵与澹战，伪收众而北，澹纵兵追之，伏发夹攻，澹大败而退。

【注释】

[1] 刘琨：晋朝将领，诗人。字越石，中山魏昌（今河北无极）人。长期坚守并州，与刘聪、石勒相对抗。后为石勒所败，被幽州刺史段匹磾所杀。姬澹：刘琨部将。后魏代（今河北蔚县）人。字世雄。石勒：十六国时期后赵的建立者。字世龙，上党武乡（今山西榆社北）人，羯族。319年，自称赵王，史称后赵。攻灭前赵后，称帝，建都襄国（今河北邢台）。

【译文】

西晋时期，司空刘琨派将军姬澹领步兵二万讨伐石勒，石勒准备迎战，有人向石勒谏言，说："姬澹兵强马壮，气势正盛，其锋芒不可阻挡，我们应当挖深沟筑高垒，以此挫败他的锐气，使攻守形势发生变化，这样一定可以大获全胜。石勒说："姬澹部队远道而来，体疲力竭，一帮乌合之众，号令都不能统一，一战便可将其擒获，哪有强盛可谈？敌军即将到来，怎可放弃这大好机会？大军一旦行动，怎么容易中途返还？如果姬澹乘我军退还之机，突然进攻，我们将自顾不暇，还怎么能够挖深沟筑高垒？你说的其实是不战而自取灭亡的建议。"于是杀死了谏言者。让孔苌任前锋都督率军即刻迎战，并传令三军后出战者一律处死。接着在山上设置疑兵，分别埋伏两支部队。然后石勒率兵与姬澹交战，假装失败收兵后退，姬澹挥军追击，结果被石勒埋伏部队左右夹击，大败而逃。

五十六、佚 战

【原文】

凡与敌战，不可恃己胜而放佚[1]，当益加严励以待敌，佚而犹劳。法曰："有备无患[2]。"

【注释】

[1] 放佚：这里作放松警惕或放松戒备解。
[2] 兵法原文见《尚书·商书·说命中》（又见于《左传·襄公十一年》）。

【译文】

凡是对敌作战，不可倚仗自己取得了胜利，就放纵部队而丧失警惕，应当越发严加戒备以等待敌人的再次进攻，做到处于安逸的条件下，仍像在劳困的环境中一样常备不懈。诚如兵法所说："有了充分的战争准备，才能避免祸患。"

【战例】

秦王翦将兵六十万代李信击荆[1]，荆闻王翦益军而来[2]，乃悉国中兵以拒秦。王翦至，坚壁而守之，不肯战。荆兵数出挑战，终不出。王翦日休士洗沐[3]，而善饮食抚循之，亲与士卒同食。久之，王翦使人问："军中戏乎？"对曰："方投石超距[4]。"于是，王翦曰："士卒可用。"荆兵数挑战而秦不出，乃引而东。翦因举兵追之，令壮士击，大破荆军。

【注释】

[1] 王翦：战国时期秦国名将，关中频阳东乡（今陕西富平东北）人。李信：字有成，槐里（今陕西兴平）人，战国末期秦国著名将领。荆：古代楚国的别称。
[2] 益军：增加兵力。
[3] 休士：使士兵得到休整。洗沐：谓沐浴休息。
[4] 投石超距：古代军中的习武练功活动。投石，投掷石弹。超距，跳越障碍。

【译文】

秦国王翦率领六十万秦军代替李信去攻击楚国,楚君得知王翦增加兵力前来进攻,就调动全国军队以对付秦军。可是,王翦到了与楚军对阵的地方,却坚壁守营,不肯交战。楚军多次出兵挑战,秦军总是不出来应战。王翦下令每天让士兵休整,让他们洗澡并且给他们改善伙食,予以多方面关怀,王翦自己也与士兵一起吃饭。过了一段时间,王翦让人问:"各营士兵在做军事训练吗?"下属看了之后报告说:"士兵们正在投石和跳远。"听了以后,王翦说:"这样的士兵可以用来对楚军作战了。"楚军屡加挑战而秦军不出,就向东转移。王翦乘机下令追击,让精锐的秦军士兵进攻,大败楚军。

五十七、胜 战

【原文】

凡与敌战,若我胜彼负,不可骄惰,当日夜严备以待之。敌人虽来,有备无害。法曰:"既胜若否[1]。"

【注释】

[1]兵法原文见《司马法·严位》。

【译文】

凡是对敌作战,如果我们打了胜仗,不可滋长骄傲和麻痹的情绪,要日夜加强警戒,严防敌人。这样,敌人来攻时,我们才能有备无患。兵法说:"打了胜仗,也要像没有打胜仗之前一样慎重戒备。"

【战例】

秦二世时[1],项梁使沛公[2]、项羽别攻城阳[3],屠之;西破秦军濮阳东[4]。秦收兵入濮阳。沛公、项羽乃攻定陶[5],因西略地至雍丘[6],再破秦军,斩李由[7],还攻外黄[8],项梁益轻秦,有骄色。宋义进谏于梁曰:"战胜而将骄卒惰者败。今兵少惰矣,而秦兵日益,臣为君畏之。"梁弗听。而使宋义于齐。义道遇齐使者高陵君显,曰:"公将见武信君乎[9]?"曰:"然。"曰:"今武信君军必败,公徐行免死,疾行则及祸。"秦果悉兵益章

项羽

邯击楚军，大败之，项梁死。

【注释】

〔1〕秦二世：名胡亥，秦始皇少子，秦始皇死后，在赵高、李斯等人的扶助下继承皇位。后三年，二世为赵高所杀。

〔2〕沛公：即汉高帝刘邦。初时起兵于沛，称沛公。

〔3〕城阳：在今山东莒县。

〔4〕濮阳：今河南濮阳西南。

〔5〕定陶：秦所置县，故治在山东定陶县西北四里。

〔6〕雍丘：古地名，今河南杞县。

〔7〕李由：丞相李斯长子，任三川郡郡守，与项羽作战时阵亡。

〔8〕外黄：地名，在今河南商丘市民权县。

〔9〕武信君：项梁的自称。

【译文】

秦二世时，项梁派刘邦、项羽率军进攻城阳，城破之后，屠杀了城中的居民；而后，率部西进，在濮阳东打败秦军，把秦军逼进濮阳城。刘邦、项羽又进军定陶，沿路向西攻取城邑，直达雍丘，再次打败秦军，斩杀守将李由，回兵途中又攻下外黄。由于节节胜利，项梁滋长了轻敌思想，露出了骄傲情绪。宋义劝项梁："取得了一定的胜利将领就骄傲起来，必使士兵轻敌松懈，必败无疑。现在我军有这些苗头，秦军又正在增加兵力，我深为将军担心。"项梁不听劝诫，让宋义出使齐国，宋义在路上碰到齐国使者高陵君显，说："你是去拜见武信君吧？"高陵君点头称是。宋义接着说："现在我认为武信君必定会打败仗，你可行动迟缓些，以免遭杀身之祸，如果快了就会遭受祸害连累。"秦国果然增派兵力支援章邯部队进攻项梁，项梁部队大败，项梁战死。

五十八、败 战

【原文】

凡与敌战，若彼胜我负，未可畏怯，须思害中之利，当整励器械，激扬士卒，候彼懈怠而击之，则胜。法曰："因害而患可解也[1]。"

【注释】

〔1〕兵法原文见《孙子·九变篇》："杂于害，而患可解也。"

【译文】

凡是对敌作战，如果敌胜我败，不要恐慌，要想到害中还存在有利的一面，应当整顿武器装备，激励士气，等待敌人攻势过后而产生松懈状态，立刻进攻，就能胜利。兵法说："从不利中看到有利因素，才能解除祸患。"

【战例】

晋末，河间王颙在关中[1]，遣张方讨长沙王乂，率众自函谷入屯河南。惠帝遣左将军皇甫商拒之[2]，方潜军破商，遂入洛阳。又奉帝命讨方于城内，方军望见乘舆，于是少却，方止之不可得，众遂大败，杀伤满衢巷。方退壁于十三里桥，人情挫衄[3]，无复固志，多劝方夜遁。方曰："兵之利钝是常事[4]，贵因败以为成耳。我更前作垒，出其不意，此兵法之奇也。"乃夜潜进逼洛阳城七里。乂既新捷，不以为意，忽闻方垒成，乃出战，遂大败而还。

【注释】

〔1〕河间王颙：司马颙，晋武帝司马炎的堂兄弟。

［2］惠帝：西晋惠帝司马衷，司马炎之次子。
［3］衄：损伤，受到严重打击。
［4］利钝：此处指胜利或失败。

【译文】

西晋末年，河间王司马颙在关中，派张方攻打长沙王司马乂，张方率领大军自函谷关进入河南境内。晋惠帝派左将军皇甫商前来截击，张方暗中偷袭并打败皇甫商，进入洛阳。司马乂根据惠帝命令在城里同张方展开激战，张方的部队远远望见皇帝的乘舆，于是稍退，张方阻止不住，部队立刻溃败，大街小巷到处扔下不少的伤员。张方后撤驻扎在十三里桥，士气受到严重打击，没有什么斗志，很多人劝说张方乘夜撤走。张方说："胜败乃是兵家之常事，可贵的是转败为胜。此时我军更要把阵地向前移，打敌军个措手不及，这才是用兵的奇谋。"当夜他让部队悄悄向前，集中在靠近洛阳只有七里的地方。司马乂因为刚打了胜仗，丝毫没有防备，突然发觉张方的营垒已经修成，匆忙出战，于是被打得大败而回。

五十九、进 战

【原文】

凡与敌战，若审知敌人有可胜之理，则宜速进兵以捣之，无有不胜。法曰："见可则进[1]。"

【注释】

［1］兵法原文见《吴子·料敌》。

【译文】

凡是对敌作战，如果察知有战胜的把握，就应当迅速出兵进攻它，这样没有不胜利的。兵法说："发现有可胜之机，就迅速发动进攻。"

【战例】

唐李靖为定襄道行军总管[1]，击破突厥，颉利可汗走保铁山[2]，遣使入朝谢罪，请举国归附。以靖往迎之。颉利虽外请朝谒，而内怀迟疑。靖揣知其意。

时诏鸿胪卿唐俭等慰谕之[3]。靖谓副将张公谨曰："诏使到彼,虏必自安。若万骑赍二十日粮,自白道袭之,必得所欲。"公谨曰："上已与约降,行人在彼,奈何?"靖曰："机不可失,韩信所以破齐也。如唐俭辈何足惜哉!"督兵疾进,行至阴山,遇其斥候千余,皆俘以随军。颉利见使者大悦,不虞官兵。靖前锋乘雾而行,去其牙帐七里[4],虏始觉,列兵未及阵,靖纵兵击之,斩首万余级,俘男女十余万,擒其子叠罗施,杀义成公主[5]。颉利亡去,为大同道行军总管张宝相擒之以献[6]。于是,斥地自阴山北至大漠矣。

【注释】

〔1〕李靖:唐初军事家,本名药师,京兆三原(今属陕西)人。精熟兵法,封卫国公。著有《李卫公兵法》(即《唐太宗李卫公问对》)。

〔2〕颉利可汗:唐朝时东突厥可汗,姓阿史那氏,名咄苾,追赠归义王。

〔3〕鸿胪卿:官名,鸿胪寺之长官,掌宾客及凶仪之事。

〔4〕牙帐:将军之帐,中军大帐。帐门用象牙做装饰品,故名。

〔5〕义成公主:隋朝皇室之女,曾四嫁胡主,屡次挑唆突厥进攻唐境,企图恢复隋朝。

〔6〕张宝相:唐朝武官。他曾率兵突然袭击沙钵罗营,活捉颉利。

【译文】

唐朝李靖任定襄道行军总管时,大败突厥,颉利可汗逃到铁山以后,特派专使到唐朝廷请罪,请求举国归降。朝廷也专派李靖前往迎接。颉利虽然对唐请求朝见,但心里却是犹豫徘徊的。李靖猜到他的心意。当时正是朝廷派鸿胪卿唐俭等去安抚和宣谕的时候。李靖对副将张公谨说:"等到派的诏使到达,他必定很快安下心来,如果立刻派出一万骑兵带二十天的粮食,从白道进行偷袭,我们一定能得到我们想要的。"张公谨问:"皇上已经答应颉利投降,特使也在那边,怎么办?"李靖说:"不能失去时机,这是韩信能打败齐国的原因。像唐俭等辈也没有什么可惜之处。"说完立刻派兵出发,抵达阴山,遇到敌方侦察队一千多人,把他们全部俘获并随队一起行动。颉利看见唐朝特使到来,十分高兴,对唐军毫无戒备。李靖的先头部队在大雾掩护中迅速行进,当部队离颉利大帐还有七里路程时,颉利才发觉,想指挥部队抵抗为时已晚,士兵还没有排成阵式,李靖就发起了总攻,杀死突厥兵一万多人,活捉男女俘虏十余万人,还捉到颉利的儿子叠罗施,杀死了义成公主。颉利虽然逃走,但是被大同道行军总管张宝相捉住送回。于是唐朝由此扩大疆界,从阴山以北直到大沙漠。

六十、退 战

【原文】

凡与敌战,若敌众我寡,地形不利,力不可争,当急退以避之,可以全军。法曰:"知难而退[1]。"

【注释】

[1]兵法原文见《左传·僖公二十八年》引自《军志》;又见于《左传·宣公十二年》。

【译文】

凡是对敌作战,如果敌众我寡,地形又对我不利,尽最大力量仍然不能争得胜利,就应当迅速撤退以避开敌军,这样可以保全自己的军队。兵法说:"知道难以取胜就赶快撤退。"

【战例】

三国魏将曹爽伐蜀[1],司马昭同行出骆谷[2],次于兴势[3]。蜀将王平乘夜袭击[4],昭令坚卧不动,平退。昭谓诸将曰:"费祎据险拒守[5],进不获战,攻之不可,宜急旋军,以为后图。"爽等遂退,祎果驰兵趋三岭争险[6],爽等潜师越险,乃得过。

【注释】

[1]曹爽:曹操之侄孙,字昭伯。魏明帝死后,与司马懿受遗诏同辅齐王曹芳,后因与司马懿争权被杀。
[2]骆谷:即傥骆道,北口称骆谷,在今陕西西安周至西南,南口称傥谷,在今陕西汉中洋县北,是关中通往汉中的交通要道。
[3]兴势:即兴势山,位于今陕西洋县北。

〔4〕王平：三国蜀将，巴西宕渠（位于今四川渠县东北）人，字子均。蜀魏街亭一战，蜀军大败，王平所领部众独全而回，封安汉侯。

〔5〕费祎：三国时蜀汉名臣，江夏鄳县（位于今河南罗山）人，字文伟。

〔6〕三岭：即沈岭、衙岭、分水岭，均在今陕西周至西南的骆谷中。

【译文】

三国时期，魏将曹爽进攻蜀国，司马昭与曹爽同行，军队通过了骆谷，随后进驻兴势岭。蜀将王平乘夜偷袭魏营，司马昭下令坚壁防守不准出战，王平退兵。司马昭又对众将领说："现在费祎占据着险要地形进行防守，我军向前也不能交战，进攻又不能速战速决，应立即把部队调回，再做打算。"于是曹爽等率兵后撤，费祎果然领兵急速驰向三岭，抢占险要地形，曹爽等偷偷地率军队绕过了险地，才得以退回。

第七卷

六十一、挑 战

【原文】

凡与敌战，营垒相远，势力相均，可轻骑挑攻之，伏兵以待之，其军可破。若敌用此谋，我不可以全气击之。法曰："远而挑战，欲人之进也[1]。"

【注释】

[1] 兵法原文见《孙子·行军篇》。

【译文】

凡是对敌作战，如果两军营垒距离比较远，力量对比也差不多，可派轻骑兵去挑逗敌军，诱使他们出兵追杀，同时在路边设下重兵埋伏，待其追时一举歼灭敌军。如果反过来，敌人来诱使我军，我军不要全部出动。兵法说："敌军远道而来挑战我们，就是诱使我们出兵前进。"

【战例】

十六国，姚襄据黄落[1]，苻生遣将苻黄眉[2]、邓羌等率步骑讨襄[3]。襄深沟高垒，固守不战。邓羌曰："襄性刚愎，易以挠动。若长驱一行，直压其垒，襄必忿而出战，可一战而擒也。"黄眉从之，遣羌率骑三千军于垒门。襄怒，尽锐出战。羌伪不胜，率骑而退。襄追之于三原[4]，羌回拒襄，而黄眉至，大战，斩之，尽俘其众。

【注释】

[1] 姚襄（？—375）：十六国时羌族首领。字景国，南安赤亭（今甘肃陇西县）人。姚弋仲第五子，姚苌之兄。初属后赵，降晋后又叛晋。后被前秦邓羌杀于三原。黄落：地名。在今甘肃庆阳西南。

[2] 苻生（335—357）：十六国时前秦国君。字长生，氐族，苻健第三子。皇始五年（355）即位，改元寿光。后为苻坚所杀。苻黄眉：前秦将领。苻健之子。封广平王，后因有功而不受赏，欲谋杀苻生自立，事觉伏诛。

[3] 邓羌：前秦骁将，因战功累进并州刺史。

[4] 三原：今陕西三原。

【译文】

十六国时期，姚襄割据黄落地区，前秦国君苻生派苻黄眉、邓羌等率步兵、骑兵进攻姚襄。姚襄凭借深沟高垒，固守不战。邓羌献策说："姚襄为人任性固执，容易被激怒。我们如果派一支部队假装声势浩大地去进攻他，兵临城下，他必定出兵迎战，我们就可以活捉了他。"苻黄眉同意邓羌的意见，派邓羌率领三千骑兵抵达敌城下。姚襄果然大怒，率全部精锐部队出城迎战。邓羌假装抵挡不过，向后撤退。姚襄率军追杀，追到三原时，邓羌返回迎击姚襄，苻黄眉带伏兵也杀过来，两军激战，结果杀死了姚襄，他的士兵也全部被俘。

六十二、致 战

【原文】

凡致敌来战，则彼势常虚；不能赴战，则我势常实。多方以致敌之来，我据便地而待之，无有不胜。法曰："致人而不致于人[1]。"

【注释】

〔1〕兵法原文见《孙子·虚实篇》。

【译文】

凡是诱使敌人前来应战，那么他们的兵势常处在疲于应付而显得虚弱的状态；不受敌人调动而前往作战，那么我们的兵势往往稳健而充实。要千方百计诱使敌人前来，这样我军预先占据着有利地形，等待敌人，就一定得胜。兵法说："要牵制敌人，而不能被敌人牵制。"

【战例】

后汉建武五年，光武诏耿弇[1]，悉收集降附，结部曲，置将吏，弇帅骑督尉

歆、泰山太守陈俊将兵而东。张步闻之，使其将费邑军历下，又令兵屯祝阿，别于泰山、钟城列营数十以待之。弇渡河先击祝阿，拔之，故开围一角，令其众得奔归钟城。人闻祝阿已溃，大恐，遂空壁亡去。费邑分兵，遣其弟费敢守巨里。弇进兵先胁巨里，严令军中趣修攻具，后三日悉力攻巨里城。阴缓生口，亡归，以弇期告邑。邑至日果自将精兵来救。弇谓诸将曰："吾所以修攻具者，欲诱致之耳。野兵不击，何以城为？"则分兵守巨里，自帅精锐上冈阪[2]，乘高合战，大破之，斩邑。既而取首级以示巨里，城中惧，费敢亡归张步。弇悉收其积聚，纵兵攻诸未下者，平四十余营，遂定济南。

【注释】

〔1〕耿弇：东汉大将，曾奉命率兵击灭了齐地割据势力张步。

〔2〕冈阪：较陡的山坡，此指山顶。

【译文】

东汉建武五年（29），光武帝刘秀诏谕耿弇将各地投降和归附的兵士全部召集起来，重新整编，委任将吏。耿弇率领骑兵都尉刘歆、泰山太守陈俊带领这些军队东进。张步得知后，便派部将费邑屯兵历城，又分兵驻守祝阿，此外还在泰山、钟城等处布列几十个营阵以等待耿弇。耿弇首先渡过黄河，进攻祝阿，打下城池后，却故意放开一个缺口，让守敌部众逃往钟城。守卫钟城的士兵听说祝阿的军队已经溃败，都十分恐慌，便留下空城而逃。费邑又分兵派他的弟弟费敢防守巨里。耿弇率兵大举进攻，威胁巨里，严令军队赶制攻城的器械，准备三天后全力攻打巨里城。耿弇又把城里逃跑的人偷偷放走，逃跑的人将耿弇攻城时间报告费邑。到了那天，费邑果然率领精锐部队前来救援。耿弇对众将领说："我之所以要制造攻城器械，就是要诱敌前来。如果我军不在这次野战中消灭它，难道我们还愿意屯兵城下？"于是耿弇分出一部分兵力围困，而自己率领精锐士兵，登上山冈，居高作战，结果大败敌军，斩了费邑。然后取下费邑的首级悬在巨里城外，城里的人都感到恐惧，费敢逃回到张步那里。耿弇缴获了巨里城里的全部物资积蓄，又指挥军队攻打各个还未攻下的地方，扫平敌营四十余座，终于平定了济南。

六十三、远 战

【原文】

凡与敌阻水相拒，我欲远渡，可多设舟楫，示之若近济，则敌必并众应之，我出其空虚以济。如无舟楫，可用竹木、蒲苇、罂瓴、瓮囊、枪杆之属，缀为排筏，皆可济渡。法曰："远而示之近[1]。"

远而示之近

【注释】

〔1〕兵法原文见《孙子·计篇》。

【译文】

凡是与敌人隔水相对峙，如果我军想从远处渡河，就要多准备船只，并做出想从近处渡河的样子。这样敌军必然集中兵力进行防守，我军就可以从敌人防守薄弱的地方渡河。如果没有船只，就可以用竹木、蒲草、芦苇以及罂瓴、瓮囊、枪杆等物连接在一起，扎成竹排、木筏，也可以渡河。兵法说："想从远处进攻就要装作从近处进攻的样子。"

【战例】

汉初，魏王豹初降汉[1]，复以亲疾请归，至国，即绝其河关反汉，与楚约和。汉王遣郦生往说豹，不听。汉王以韩信为左丞相击豹。盛兵蒲坂，塞临晋[2]；信乃益为疑兵，陈船欲渡临晋，而伏兵从夏阳以木罂瓴渡军[3]，袭安邑。魏王豹惊，帅兵迎战，信遂虏豹，定魏。

【注释】

〔1〕魏王豹：秦末魏国公子，自立为魏王，附属于汉，后被韩信击败俘虏，为楚将周苛所杀。

〔2〕塞临晋：封锁临晋关。临晋关，又叫蒲关、河关、蒲津关，在今陕西

大荔东。

〔3〕木罂缻：木桶、瓦盆、大缸之类的器皿。

【译文】

西汉初年，魏王豹刚投降汉朝，以探视母病为由，请求回到魏地，一到魏国，立即封锁了临晋关，反叛汉朝，并和楚缔结和约。汉王派遣郦食其前去劝说魏王豹，魏王豹不听从。于是汉王任命韩信作为左丞相领兵讨伐魏王豹。魏王豹将军队陈列在蒲坂一带，封锁了临晋关，韩信便在临晋广设疑兵，摆出要从临晋渡河的样子，实际上却引兵从夏阳用木桶等器皿将军队渡过了河，袭击安邑，魏王豹获悉后大吃一惊，率兵迎战韩信，韩信活捉了魏王豹，平定了魏地。

六十四、近 战

【原文】

凡与敌夹水为阵，我欲攻近，反示以远；须多设疑兵，上下远渡，敌必分兵来应，我可以潜师近袭之，其军可破。法曰："近而示之远[1]。"

【注释】

〔1〕兵法原文见《孙子·计篇》。

【译文】

凡是与敌隔水相峙，我方意图是从附近攻击，就要佯作从远处渡河；必须多方设置疑兵，从上下游等远处装作强渡，敌人必定要分兵堵截，这时我方可以从近处偷袭而打败敌人。兵法说："要从近处突击，反而假装从远处出击。"

【战例】

春秋，越人伐吴[1]，吴人御之笠泽，夹水而阵。越人为左右阵，夜鼓噪而进，吴师分以御之。越子以三军潜涉[2]，当吴中兵而鼓之。吴军大败，遂至灭亡。

【注释】

[1]越人伐吴：即周敬王四十二年（前478）越王勾践进攻吴国，双方在笠泽展开大战，此为越国灭亡吴国的关键性一战。

[2]越子：指越王勾践。

【译文】

春秋时期，越国进攻吴国，吴王夫差率军于笠泽进行防御，与越军隔笠泽对阵相抗。越军分兵一部为左右两阵，乘夜擂鼓呼号以吸引吴军注意力，吴军则分兵进行抵御。越王勾践亲率三军主力偷偷从中央近处渡过笠泽，直奔吴王中军主力而击鼓冲杀过去。吴军大败，吴国最终被越国灭亡。

六十五、水　战

【原文】

凡与敌战，或岸边为阵，或水上泊舟，皆谓之水战。若近水为阵，须去水稍远，一则诱敌使渡，一则示敌无疑。我欲必战，勿近水迎敌，恐其不得渡。我欲不战，则拒水阻之，使敌不能济。若敌率兵渡水来战，可于水边伺其半济而击之，则利。法曰："涉水半渡可击[1]。"

【注释】

[1]兵法原文见《吴子·料敌第二》。

【译文】

凡是对敌作战，无论在岸边布营设阵，还是在水中用船摆阵，都叫作水战。如果在岸边布阵，必须要离水稍远一点，一来可以诱敌渡河，二来可以使敌军消除疑虑。如果我军想要出击，就不要在靠近河水的地方迎击敌军，以免敌人疑惑而退兵。如果我方不愿作战，就要紧靠河岸驻兵，迫使敌军不能过河。如果敌军要渡河进攻我们，我们就在岸边等敌军还未全部渡河时立即进攻，就会胜利。兵法说："让一半敌人渡过河时，可以进行突击。"

【战例】

汉郦生说齐下之[1]，齐王日与生纵酒为乐[2]，而罢守备。蒯通说信，遂渡河，袭破齐。齐王以郦生卖己，烹之，而走高密，请救于楚。楚遣龙且将兵救齐。或曰："汉兵远来，其锋难当，齐、楚自居其地，兵易败散。不如深壁，令齐王使其信臣招所亡城，闻其王在，楚来救，必反汉。汉兵客居，其势无所食，可不战而擒也。"龙且曰："吾知韩信为人，易与耳。今若救齐不战而降之，有何功？若战而胜，齐半可得。"遂进兵与汉军夹潍水而阵。信夜使人囊沙壅水上流[3]，且渡击且，佯败走。龙且喜曰："吾固知信怯。"遂追之。信使人决壅囊，水大至，且军大半不得渡，即击，杀且。且水东军散走，亡去。遂平齐。

【注释】

[1] 郦生：即郦食其，著名的辩士，被刘邦封为广野君。后说齐王田广，因韩信出兵袭齐，田广误以为被其出卖而将其烹杀。

[2] 齐王：即田广，秦末齐国狄县（今山东高青）人。

[3] 壅水：谓堆土阻塞水流。

【译文】

汉朝初年，刘邦派郦食其游说齐国，劝齐王田广与汉约和，齐王整天设宴款待郦食其，而且撤除了防卫部队。这时，蒯通说服韩信，渡过黄河，突袭齐军，攻破齐国。齐王便以为是郦食其预谋蒙骗自己，把他活活烹死，逃往高密，并向楚国求救。楚王派龙且带援兵救齐。有人对龙且说："汉军到远地顽强作战，锋芒难以阻挡，必定拼命作战，而齐、楚军队在自己地盘上战斗，很容易因顾家保命而溃散。我们现在不如坚守不战，让齐王命亲信到沦陷的各城招抚将士，城内的人听说齐王还在，而且楚军也来援战，必定反汉。汉军客居别国，必定会无军需供应，这样我们就可以不交战而擒获他。"龙且听后说："我很了解韩信的为人，很好应付。而且我率军救齐，如果不动刀枪就使汉军投降，我哪里还有什么功劳？如果同汉军交战而打败他，我们就可得到齐国一半的疆域。"于是率军进攻汉营，两军在潍河两岸摆开阵势。韩信夜里命士兵做了大批袋子，装上河沙堵住上游，清晨又渡河进攻龙且的营垒，没过多久，就装作抵挡不住逃走。龙且大喜，说："我早就料到韩信胆小怕战。"立即率兵追杀汉军。这时，韩信命手下扒开上游的沙袋，大水直冲下来，龙且的部队尚有大半没有渡过潍河。韩信立即率兵冲杀渡过河的楚兵，杀死龙且。河东岸的敌军吓得四处逃窜，齐王田广吓得逃跑。于是韩信平定了齐地。

六十六、火　战

【原文】

　　凡战，若敌人居近草莽，营舍茅竹，积刍聚粮，天时燥旱，因风纵火以焚之，选精兵以击之，其军可破。法曰："行火必有因[1]。"

【注释】

　　[1] 兵法原文见《孙子·火攻篇》。

【译文】

　　凡是对敌作战，如果敌人宿营靠近荒草，并用茅竹构筑房屋，粮草又堆聚在一起，天气又干燥时，可根据风向放火焚烧，再派主力配合攻击，敌军就会被打败。兵法说："火攻一定要有条件。"

【战例】

　　汉灵帝中平元年，皇甫嵩讨黄巾[1]，汉将朱儁与贼波才战[2]，败，贼遂围嵩于长社[3]。贼依草结营，会大风。嵩敕军士束苣乘城，使锐卒间出围外，纵火大呼，城上举燎应之，嵩因鼓而奔其阵，贼惊乱奔走。会帝遣曹操将兵适至，合战大破之，斩首数万级。

【注释】

[1] 皇甫嵩（？—195）：东汉末年名将，字义真，安定朝那（今甘肃镇原）人。

[2] 朱儁（？—195）：东汉大臣，字公伟，会稽上虞（今浙江绍兴上虞区）人。同皇甫嵩镇压黄巾军有功，位列九卿。波才：东汉末黄巾军将领，曾击败汉中郎将朱儁，后于长社又为皇甫嵩所破。

[3] 长社：县名，治所在今河南长葛。

【译文】

汉灵帝中平元年，皇甫嵩进攻黄巾军，汉朝将领朱儁与波才交战，朱儁被击败，波才乘胜在长社包围了皇甫嵩。波才靠近草地扎营，当时正好有大风，皇甫嵩下令军士手持火把登城，又派精锐士兵冲出城外，纵火并大声呼喊，城上士兵也举起火把响应。皇甫嵩乘势击鼓奔向敌阵，波才军惊慌奔逃。这时正好又赶上灵帝派遣曹操领兵到来，两人合兵作战，彻底击败敌军，杀死一万多人。

六十七、缓 战

【原文】

凡攻城之法，最为下策，不得已而为之。若彼城高池深，多人而少粮，外无救援，可羁縻取之，则利。法曰："其徐如林[1]。"

【注释】

[1] 兵法原文见《孙子·军争篇》。

【译文】

凡是攻城之法，是战法中的最下策了，只有在不得已的情况下才使用它。如果敌人城高壕深，且兵多粮少，外无援兵，对于这种守城之敌，可采取钳制笼络的计谋夺取它，这样作战对我军有利。兵法说："军队行动舒缓从容时，就像树林一样稳便齐整。"

【战例】

十六国，前燕将慕容恪击段龛于广固[1]，围之。诸将请恪急攻，恪曰："军势有宜缓以克敌，若彼我势均，外有强援，恐有腹背之患，则攻之不得不速。若我强彼弱，外无救援，当羁縻守之，以待其敝。兵法'十围五攻'，正谓此也。龛党尚众，未有离心。今凭阻坚城，上下戮力，尽锐攻之，数旬可拔，然杀吾士卒必多矣。当持久以取耳。"乃为壁垒以守之，终克广固。

【注释】

〔1〕慕容恪：十六国时前燕大臣，字玄恭，昌黎棘城（今辽宁义县西）人，慕容皝之第四子，很有政治、军事才能。段龛：段辽的侄子，父亲死后，他接收其众，自号齐王，向晋称藩，因攻击燕将，导致燕主派兵前来征讨。

【译文】

东晋十六国时期，前燕将领慕容恪率军攻打广固的段龛，将其围困。众多将军建议慕容恪速战速决，恪说："作战情势，有时宜用缓战克敌。如果敌我双方势均力敌，敌人有强大的外援，我军恐怕有腹背受敌的危险，这样进攻不得不快。如果我强敌弱，敌人又无援军，应当长久地围困它，以等待敌人疲惫松懈。兵法说'十倍于敌人的兵力就包围它，五倍于敌人的兵力就进攻它'，说的就是这个道理。段龛兵力还很多，将士也没有离德分心。如今凭借坚城固垒，上下齐心协力，如果我们尽遣精锐部队攻打它，几十天就可攻克，那样我们士卒死伤也一定很多。因此要根据敌情灵活变通。"于是，命令部队构筑工事以围困晋军，最终攻克广固。

六十八、速　战

【原文】

凡攻城围邑，若敌粮多人少，外有救援，可以速攻，则胜。法曰："兵贵神速[1]。"

【注释】

[1]兵法原文见《孙子·作战篇》。

【译文】

凡是围攻城邑，如果守城之敌粮多兵少，且有外援，可以采取快速进攻战法，就能乘其外援未至而取得胜利。兵法说："用兵进攻，越快越好。"

【战例】

三国蜀将孟达降魏[1]，遂领新城太守，未几，复连吴附蜀以叛魏。司马懿潜军进讨，诸将言达与蜀交结，宜观望而后可。懿曰："达无信义，此其相疑之时，当及其未定，促而决之。"乃倍道兼行，八日至其城下。吴、蜀各遣将救达，懿乃分兵拒之。初，达与诸葛亮书曰："宛去洛八百里[2]，去吾一千二百里，闻吾举事，表上天子，比相往反时，一月间也，则吾城已固，诸将足办。吾所在深险，司马公必不自来；诸将来，吾无患矣。"及兵到，达又告亮曰："吾举事八日，而兵至城下，何其神速也！"上庸城三面阻水[3]，达于外为木栅以自固。懿渡水，破其栅，直造城下，旬有六日，李辅等斩达首[4]，开门以降。

【注释】

[1]孟达：字子度，本字子敬。初事刘璋，后归刘备。后又叛蜀降魏，驻兵于上庸城。蜀建兴五年，诸葛亮率兵伐魏之时，曾致书诱达为援，被魏主所疑。孟达于是叛魏，结果遭部将杀害。

[2]宛：即宛县。三国魏南阳郡治所，位于今河南南阳。洛：即洛阳。

[3]上庸：县名，今湖北竹山县。

[4]李辅：三国时期曹魏将领，初为孟达部将。

【译文】

　　三国时,蜀将孟达投降了魏国,魏国任他为新城太守。不久,孟达又叛魏联吴,重新回归蜀国。司马懿于是暗中调遣军队,准备讨伐。部下将领说,孟达和蜀国往来十分密切,应当观察一下,然后再做决策。司马懿说:"孟达此人向来没有信义,现在他们正处于相互猜忌之时,应当乘其举棋未定,果敢出兵予以解决。"于是昼夜行军,八天到达上庸城下。这时吴国和蜀国都派兵前来增援孟达,司马懿立刻分兵防守。开始时,孟达写信给诸葛亮说:"宛城距洛阳八百里,但离新城有一千二百里,若司马懿听到我在此起事,他上奏天子,往来需要一月时间,那时,城已加固,诸将所属部队都已部署停当。此地又是重险,估计司马懿必定不会亲自来;别的将领来,我就一点都不担忧了。"等到魏军到达,孟达又向诸葛亮写信说:"从我发难以来,仅仅八天,而司马懿的大军已经到此,他们真是神速啊!"上庸城三面靠水,孟达在城外又造了一道木栅加固城防。哪知司马懿的军队渡过河水,把木栅破坏,兵临城下,十六天之后,李辅等人便将孟达斩首,开城门向司马懿投降。

六十九、整 战

【原文】

　　凡与敌战,若敌人行阵整齐,士卒安静,未可轻战,伺其变动击之,则利。法曰:"无邀正正之旗[1]。"

【注释】

　　[1] 兵法原文见《孙子·军争篇》。

【译文】

　　凡是对敌作战,如果敌人队伍和阵容严整,官兵安稳平静,就不能轻率进攻,而要等敌军有变动时才可出击,这样才能胜利。兵法说:"不要去进攻旗帜整齐而有戒备的敌人。"

【战例】

三国魏司马懿征公孙渊[1]，懿泛舟潜济辽水，作围，弃城而向襄平[2]。诸将曰："不攻城而作围，非所以示众也。"懿曰："贼坚营高垒，欲以老吾军也。攻之，正堕其计。贼大众在此，其巢穴虚失，我直指襄平，必人怀内惧，惧而求战，破之必矣。"遂整阵而过。贼见兵出其后，果邀之，乃纵兵逆击，大破之。

【注释】

〔1〕公孙渊：魏明帝时任辽东太守、大司马，后叛魏自立为燕王，被司马懿所攻杀。

〔2〕襄平：三国魏辽东郡郡治，在今辽宁辽阳，公孙渊据此自立为燕王。

【译文】

三国时，魏将司马懿进攻公孙渊。司马懿军乘船偷渡辽河，公孙渊派人构筑了防御阵地，司马懿不攻这边，却先引军直指襄平城。魏军将领说："不攻打城池，却构筑长围，这不是在展示我们的军威啊。"司马懿说："敌方之所以构筑坚固阵地和高垒防守，就是企图拖垮我军体力和士气，如果攻击，就正中他的计谋。敌兵主力集中于此，而他的后方必定薄弱，如果直接进攻敌军心脏襄平，敌人惊恐，非出战不可，那时就必定可以打败他们。"于是命令大军整队沿敌营垒不远处通过，敌人发现了，果然仓皇赶来堵截。司马懿指挥大军进行逆袭，大败敌军。

七十、乱　战

【原文】

凡与敌战，若敌人行阵不整，士卒喧哗，宜急出兵以击之，则胜。法曰："乱而取之[1]。"

【注释】

〔1〕兵法原文见《孙子·计篇》。

【译文】

凡是对敌作战,如果敌军布阵杂乱,士兵嘈嘈嚷嚷,就要迅速袭击他们,必胜无疑。兵法说:"对混乱之敌,我军就立即歼灭他们。"

【战例】

唐段志玄从刘文静拒屈突通于潼关[1]。文静为通将桑显和所败,军营已溃,志玄率二十骑赴之,击杀数十人而还;还为流矢中足,虑众心动,忍而不言,更入贼阵者再三。显和军乱,大军因而复振,击大破之。

【注释】

[1]段志玄:唐初李世民部将,临淄人,骁勇善战,屡立战功,卒谥壮肃。刘文静:彭城人,世居京兆武功,隋末任晋阳令,与李世民关系密切,共谋促使李渊起兵反隋,拒屈突通时,段志玄为其部下。

【译文】

唐将段志玄随同刘文静率军于潼关抵抗隋将屈突通的进攻。刘文静所部被屈突通的部将桑显和打败,军队已经溃散,这时,段志玄率领二十名骑兵赶来救援,奋力冲杀,斩杀隋军数十人,而返还军营时,其脚部为敌人乱箭射伤,因害怕引起部众情绪波动,段志玄不但忍受伤痛不说,而且三番五次地率先冲入敌阵,奋力拼杀。桑显和部队大乱,段志玄所部士气因而重新振作,勇猛冲击,大破敌军。

第八卷

七十一、分 战

【原文】

凡与敌战,若我众敌寡,当择平易宽广之地以胜之。若五倍于敌,则三术为正,二术为奇;三倍于敌,二术为正,一术为奇。所谓一以当其前,一以攻其后。法曰:"分不分为縻军[1]。"

【注释】

[1]兵法原文见《唐太宗李卫公问对》卷下。

【译文】

凡是对敌作战,如果我军人数众多,敌军人数较少,应当选择地势平坦开阔的地方来战胜它。如果我军人数是敌军的五倍,就可以用三份兵力正面进攻,其余两份作为奇兵;如果我军人数是敌军的三倍,就要以两份兵力正面进攻,一份兵力作为奇兵。这就是所说的一边从正面进攻,一边从侧后偷袭。兵法说:"应当分散兵力时而不分,就会束缚自己的军队。"

【战例】

梁将陈霸先[1]、王僧辩讨侯景[2],军于张公洲。高旗巨舰,截江蔽空,乘潮顺流。景登石头望之不悦,曰:"彼军士有如是之气,不可易也。"帅铁骑万人,鸣鼓而前。霸先谓僧辩曰:"善用兵者,如常山之蛇,首尾相应。贼今送死,欲为一战。我众彼寡,宜分其势。"僧辩从之,以劲弩当其前,轻锐蹂其后,大阵冲其中。景遂大溃,弃城而走。

【注释】

[1]陈霸先:即南朝陈武帝,南朝陈的建立者。字兴国,吴兴长城(今浙江长兴)人。出身小吏,梁时任征虏将军,封陈王。

〔2〕王僧辩：南朝梁太原祁（今山西祁县）人，字君才。初仕北魏，归梁后任湘东王的左常侍及司马，平侯景有功，后为陈霸先所杀。侯景：南朝梁武帝时降将。字万景，怀朔镇（今内蒙古固阳南）人。鲜卑化羯人。先属北魏尔朱荣，继归高欢。高欢死后，投奔西魏，不久又投奔梁，封河南王。后叛梁，举兵攻破京师，困死武帝，改立新帝。后自立为帝，国号汉。不久被梁军击败而逃亡，终被部下所杀。

【译文】

南朝梁将陈霸先和王僧辩讨伐侯景，军队进至张公洲。梁军巨大的战船上，旌旗高挂，横截江面遮天蔽日，趁着潮水顺流而下。侯景登上石头城，不开心地说："敌军有如此气势，不可能轻易取胜。"率领万名铁甲骑兵，擂动战鼓前进。陈霸先对王僧辩说："善于用兵打仗的人，如同常山的蛇，首尾能相互照应。敌人如今前来送死，想决一死战。我军众多敌军较少，应当分散敌人的兵力。"王僧辩听从了陈霸先的建议，派硬弩军在前迎敌，轻装精锐部队袭击敌军后防，以主力部队冲击敌军中央。侯景部队随即大败，弃城而逃。

七十二、合 战

【原文】

凡兵散则势弱，聚则势强，兵家之常情也。若我兵分屯数处，敌若以众攻我，当合军以击之。法曰："聚不聚为孤旅[1]。"

【注释】

〔1〕兵法原文见《唐太宗李卫公问对》卷下。

【译文】

凡是兵力分散，战斗力就薄弱；集中兵力，战斗力就强大。这是兵家的正常情况。如果我军队伍分驻几个地方，敌人大举进攻我们，应迅速集结部队迎战。兵法说："应集中兵力时而不集中，那就成了孤军。"

【战例】

开元时[1]，吐蕃入寇[2]，报新城之役[3]。晨压官军，众寡不敌，师人皆惧焉。王忠嗣策马而进[4]，左右驰突，如此无不辟易[5]，出而复合，杀数百人，贼众遂乱。三军翼而击之，吐蕃大败。

【注释】

[1] 开元：唐玄宗李隆基的年号，713—741年。

[2] 吐蕃（bō）：中国古代藏族在青藏高原建立的政权。

[3] 新城：地名，在今青海门源。

[4] 王忠嗣：唐朝名将。太原祁县（今属山西）人。本名训，少时丧父而被唐玄宗收养在宫中，并赐名忠嗣。

[5] 辟（bì）易：避开，退避。

【译文】

唐代开元时期，吐蕃军进犯，企图报唐军进驻新城之仇。吐蕃军仗其兵力多，一大早就抢先向唐军摆下压阵之势，唐军兵少不敌，全军的人都很恐慌。唐将王忠嗣策马进击，在敌军阵内左右奔驰冲荡，所到之处，敌人都退避，他冲进又冲出，杀敌数百人，吐蕃军就溃乱了。接着，乘敌混乱，唐军三军会合作为王忠嗣所率部队的两翼一起掩杀过去，吐蕃军大败。

七十三、怒 战

【原文】

凡与敌战，须激励士卒，使忿怒而后出战。法曰："杀敌者，怒也[1]。"

【注释】

〔1〕兵法原文见《孙子·作战篇》。

【译文】

凡是对敌作战，必须激励部队士气，使他们对敌人充满愤怒和仇恨，然后再出战杀敌。兵法说："要使将士奋勇杀敌，就要激励将士同仇敌忾。"

【战例】

汉光武建武四年，诏将军王霸[1]、马武讨周建于垂惠[2]。苏茂将兵四千余救建，先遣精骑遮击马武军粮[3]，武往救之。建于城中出兵夹击武，武恃霸援，战不甚力，为茂、建所败，过霸营，大呼求救。霸曰："贼兵势盛，出必两败，努力而已。"乃闭营坚壁。军吏皆争之。霸曰："茂兵精锐，其众又多，吾吏士心恐，而与吾相恃，两军不一，败道也。今闭营坚守，示不相救，彼必乘势轻进；武恨无救，则其战当自倍。如此，茂众疲劳，吾乘其敝，乃可克也。"茂、建果悉兵出攻武，合战良久，霸军中壮士数十人断发请战。霸乃开营后，大吡精骑袭其背。茂、建前后受敌，遂败走之。

【注释】

〔1〕王霸：东汉大将。字元伯，颍川颍阳（今河南许昌西）人。从刘秀击破王寻、王邑于昆阳，后封向侯。

〔2〕马武：东汉将领。字子张，南阳湖阳（今河南唐河南）人。初曾加入绿林起义军，后归顺刘秀，任捕虏将军。周建：反汉的割据势力。

〔3〕遮击：阻击，拦截。

【译文】

建武四年，光武帝刘秀诏令将军王霸、马武讨伐割据于垂惠的周建。苏茂率兵四千余人救援周建，先派精锐骑兵拦截马武的军粮，马武前去救援。周建从垂惠城中出兵夹击马武，马武依仗有王霸作为援军，交战不太用力，被苏茂、周建打败，逃跑经过王霸营地时大声呼喊，寻求救援。王霸说："敌军气势正盛，此时救援定会两败俱伤，还是自己努力奋战吧。"于是关闭营门坚守不出。军中将领都力争救援，王霸说："苏茂率领的是精锐骑兵，而且人数众多，我军官兵心怀恐惧，而马武又对我过于依赖，两军思想不一，这是失败的根源。如今关闭城门坚守不出，表明不再救援，敌军势必乘胜贸然进攻；马武愤恨没有援救，一定会加倍努力战斗。这样一来，苏茂军队疲惫劳困，我军乘其困敝不堪，就可以打败它。"苏茂、周建果然出动全部兵力进攻马武，双方激战很久，王霸军中有几十名壮士断发请求出战。王霸于是打开营门，三军将士全部出动，精锐骑兵突袭敌军背后。苏茂、周建前后受敌，于是大败而逃。

七十四、气　战

【原文】

夫将之所以战者，兵也；兵之所以战者，气也；气之所以胜者，鼓也。能作士卒之气，则不可太频，太频则气易衰；不可太远，太远则力易竭。须度敌人之至六七十步之内，乃可以鼓，令士卒近战。彼衰我胜，败之必矣。法曰："气实则斗，气夺则走[1]。"

【注释】

[1] 兵法原文见《尉缭子·战威第四》。

【译文】

大凡主将之所以能实施作战，是因为有军队，军队赖以攻战的是士气，士气之所以高昂是击鼓激励的结果。击鼓能够振作官兵的士气，但不能太频繁，太频繁了士气就容易衰竭；也不可太远，太远则力气容易耗尽。必须把握着离敌人六七十步之内，才可以击鼓，命令官兵待敌人靠近时作战。这时敌衰我盛，就一定能打败他。兵法说："士气高涨的时候就战斗，士气低落的时候就撤退。"

【战例】

春秋，齐师伐鲁，庄公将战[1]，曹刿请从[2]，公与之同乘，战于长勺[3]。公将鼓之，刿曰："未可。"齐人三鼓。刿曰："可矣。"鼓之，齐师败绩。公问其故。刿对曰："夫战，勇气也。一鼓作气，再而衰，三而竭。彼竭我盈，故克之。"

【注释】

〔1〕庄公：鲁庄公。桓公之子，名同，在位十三年。
〔2〕曹刿：一作曹翙。春秋时鲁国武士。庄公十年（前684），在长勺献策而败齐军，成为中国战史上有名的以弱敌强的战例。
〔3〕长勺：在今山东莱芜东北。

【译文】

春秋的时候，齐国军队进攻鲁国，鲁庄公将要迎战，曹刿请求一起前往。庄公与他同乘一辆车，和齐军在长勺相遇。庄公想击鼓进攻，曹刿说："不行。"齐国军队三通鼓过，曹刿说："可以了。"鲁军击鼓，大败了齐军。庄公问他原因，曹刿回答说："作战，靠的是勇气。第一次击鼓时激起了士气，第二次击鼓时有些松劲，等第三次击鼓时士气就泄了。敌人士气已泄尽，我军的士气刚刚鼓足，所以打败了他们。"

七十五、逐 战

【原文】

凡追奔逐北，须审真伪。若旗齐鼓应，号令如一，纷纷纭纭[1]，虽退走，非败也，必有奇也，须当虑之。若旗参差而不齐，鼓大小而不应，号令喧嚣而不一，此真败却也，可以力逐。法曰："凡从勿怠，敌人或止于路，则虑之[2]。"

【注释】

〔1〕《孙子·势篇》："纷纷纭纭，斗乱而不可乱也。"纷纷纭纭，原指旌旗杂乱之状，但在这里则是形容部队众多貌。
〔2〕兵法原文见《司马法·用众第五》。

【译文】

凡是追逐逃敌，必须弄清真假。假若旗帜、鼓声整齐一致，人多纷纭而不乱，虽是撤退，不是真败，必定埋伏奇兵，应当警惕。假若旗鼓混乱，号令呼叫不一，这才是真正的败退，可用全力追击。兵法说："凡是追击就不要间歇，如果敌人又在路上停留，那就应当特别警惕。"

【战例】

唐武德元年，太宗征薛仁杲[1]，其将宗罗睺拒之[2]，大破于浅水原[3]。太宗帅骑追之，直趋折墌围之。仁杲将多临阵来降，复还取马，太宗纵遣之。须臾，各乘马至。太宗具知仁杲虚实，乃进兵合围。纵辨士喻以祸福[4]，仁杲遂降。诸将皆贺，因问曰："大王破敌，乃舍步兵，又无攻具，径薄城下[5]，咸疑不克，而卒下之，何也？"太宗曰："此权道也[6]。且罗睺所将皆陇外人，吾虽破之，然斩获不多。若缓之，则皆入城，仁杲收而抚之，未易克也；迫之，则兵散陇外，折墌自虚，仁杲破胆，不暇为谋，所以惧而降也。"

【注释】

〔1〕太宗：即唐太宗李世民。薛仁杲：一作"薛仁果"，唐初割据势力薛举之子，勇力善射，性悍好杀，继父位称秦帝，占据陇西，兵败降唐，后被杀。

〔2〕宗罗睺：薛仁杲的部将。

〔3〕浅水原：地名，今陕西长武东北。

〔4〕辨士：能言善辩之士。辨，通"辩"。

〔5〕径薄：一直逼近。径，直接，一直。薄，逼近，靠近。

〔6〕权道：临机应变之法。

【译文】

唐朝武德元年（618），李世民进攻薛仁杲，薛部将宗罗睺抵抗唐军，被唐军击败于浅水原。李世民带领骑兵进行追击，一直追到折墌，并进行合围。薛仁杲的部分将领不少是在临战时投降的，他们表示要回去骑自己的战马，李世民把他们放回去。一会儿，他们又骑马返回。因而李世民对于敌情了若指掌，就下令进兵合围。他同时派能讲的人晓以利害关系，薛仁杲马上投降。唐将乘庆贺胜利时向李世民说："大王这次击败敌人，未用步兵，又无攻城器械，兵临城下，开始我们还怀疑坚城难克，可是在您的指挥下，竟然很快击败敌人，这是因为什么？"李世民说："这是临机应变之法。而且因为罗睺所率领的大部都是陇外人，我军虽然打败他们，但是打死和俘虏的却不多。假若不迅速进攻就会全都逃进城去，薛仁杲再加以安抚整顿，就难以攻破了。如果立刻进攻，他们就会向陇外逃去，这样折墌城内自然空虚。薛仁杲也吓破了胆，又来不及想出新的计谋，他们异常恐慌，就不得不来投降了。"

七十六、归 战

【原文】

凡与敌相攻，若敌无故退归，必须审察，果力疲粮竭，可选轻锐蹑之。若是归师，则不可遏也。法曰："归师勿遏[1]。"

【注释】

[1] 兵法原文见《孙子·军争篇》。

【译文】

凡是与敌作战，如果敌人无缘无故地撤退，就必须审慎察明撤退的原因。如果是因为力衰粮尽，就可以派轻装精锐部队跟踪它。如果是班师回国，就不要去拦截它。兵法说："班师回国的敌人，不要去拦击。"

【战例】

汉献帝建安三年，曹操围张绣于穰[1]。刘表遣兵救之[2]，绣到安众守险，以绝军后。操军不得进，前后受敌，夜乃凿险伪遁，伏兵以待。绣悉兵来追，操纵奇兵夹攻，大败之。谓荀彧曰："虏遏吾归师，而与吾死地战，吾是以胜矣。"

【注释】

[1] 张绣：东汉末武威祖厉（今甘肃靖远西南）人。董卓部将张济侄。济死，他继领其众，屯兵宛城（今河南南阳）。后降曹操，不久又反袭曹军。后又投降曹操，大败袁绍。最终死于征途。

[2] 刘表：东汉末山阳高平（今山东鱼台东北）人。字景升。远支皇族。任荆州刺史，后为荆州牧，封成武侯。在赤壁之战前病死。

【译文】

汉献帝建安三年（198），曹操围攻张绣于穰城。刘表派兵前来救援，张绣屯兵于安众县境，凭险固守，准备截断曹操的退路。曹军不得前进，腹背受敌，便乘夜凿地道伪装逃跑，但是暗中却埋伏了奇兵。张绣认为曹操突围逃跑，派出全部兵力追赶。曹操回军和奇兵前后夹击，大败张绣的军队。曹操对荀彧说："敌人想拦截我们的返回部队，而我军则是处于死地而作战，所以我军必胜。"

七十七、不 战

【原文】

凡战，若敌众我寡，敌强我弱，兵势不利，彼或远来，粮饷不绝，皆不可与战。宜坚壁持久以敝之，则敌可破。法曰："不战在我[1]。"

【注释】

[1] 兵法原文见《唐太宗李卫公问对》卷下。

【译文】

凡是作战，如果敌众我寡，敌强我弱，作战形势对我们非常不利，或是敌军远道而来，可是粮草却供应不绝，在这些情况下我军都不应同敌交战。我军应该长期固守营地，等敌军被拖垮之后，再一举歼灭他们。兵法说："不同敌军作战的主动权掌握在我军手中。"

【战例】

唐武德中，太宗帅兵渡河东

讨刘武周。江夏王李道宗时年十七[1]，从军，与太宗登柏壁城观贼阵[2]，顾谓道宗曰："贼恃其众，来邀我战，汝谓如何？"对曰："群贼锋不可当，易以计屈，难以力争。今深沟高垒，以挫其锋，乌合之徒，莫能持久，粮运将竭，当自离散，可不战而擒也。"太宗曰："汝见识与我相合。"后果食尽夜遁，追入介州，一战败之。

【注释】

[1] 江夏王李道宗：唐初大臣。字承范，唐高祖李渊堂侄。在建唐和破突厥战斗中均有战功。晚年被诬，在流放广西象州途中病故。

[2] 柏壁城：古城名，在今山西新绛西南，城周八里，四面临深谷。

【译文】

唐朝武德年间，李世民率兵渡过黄河，向东进攻刘武周。当时江夏王李道宗只有十七岁，也随军东征，同李世民一起登上柏壁城观察敌情。李世民回过头来对李道宗说："刘武周依仗实力强大，想同我们交战。你看怎么办呢？"李道宗回答："刘武周部队锋芒锐不可当，我们必须采用计谋打垮他们，很难从实力上与他们相争。目前只有用深沟高垒挫杀他们的锋芒。况且这群敌匪也不过是乌合之众，纪律涣散，不可能持久作战。等到粮草短缺，他们就会自行瓦解，那时不经战斗，就可擒敌了。"李世民说："你我看法完全一致！"后来敌军果然粮草耗尽，夜里仓皇而逃。李世民带兵追至介州，只用一次战斗，就把敌人彻底打败。

七十八、必 战

【原文】

凡兴师深入敌境，若彼坚壁不与我战，欲老我师，当攻其君主，捣其巢穴，截其归路，断其粮草，彼必不得已而须战，我以锐卒击之，可败。法曰："我欲战，敌虽深沟高垒，不得不与我战者，攻其所必救也[1]。"

【注释】

[1] 兵法原文见《孙子·虚实篇》。

攻其所必救也

【译文】

凡是出兵深入敌人境内，敌军如果坚壁防守，不与我交战，想拖垮我军，就应当分兵进攻敌军的国君，捣毁他的巢穴，切断他的退路，断绝他的粮草，这样，敌军就必然不得不与我交战。这时，我军用精锐兵士攻击，就可以打败敌军。兵法说："我军筹划决战，敌人虽然深沟高垒，也不得不与我交战，那是因为进攻敌人所必须救援的地方。"

【战例】

三国魏明帝景初二年，召司马懿于长安，使将兵往辽东讨公孙渊。帝曰："四千里征伐，虽云用奇，亦当任力，不当稍计役费。度渊以何计得策？"懿曰："弃城预走，上计也；拒大军，其次也；坐守襄平，此成擒耳。"曰："三者何出？"懿曰："唯明君能量彼我，预有所弃，此非渊所及也。"曰："往还几日？"对曰："往百日，还百日，攻百日，以六十日为休息，一年足矣。"遂进兵。渊遣将帅步骑数万屯辽隧，围堑二十余里。诸将欲击之，懿曰："此欲老吾兵，攻之正堕其计。此王邑所以耻过昆阳也。彼大众在此，巢穴空虚。直抵襄平，出其不意，破之必矣。"乃多张旗帜，欲出其南，贼尽锐赴之。懿潜济以出其北，弃贼直趋襄平；贼将战败，懿围襄平。诸将请攻之，懿不听。陈珪曰："昔攻上庸，旬日之半破坚城，斩孟达。今日远来，而更安缓，愚窃惑之。"懿曰："达众少而食支一年；吾将士四倍于达而粮不淹月[1]，以一月较一年，安可不速？以四击一，正令失半而克，犹当为之。是以不计死伤，而计粮也。况贼众我寡，贼饥我饱，而雨水乃尔，攻具不设，促之何为？自发京师，不忧贼攻，但忧贼走。今贼粮垂尽，而围落未合，掠其牛马，抄其樵采，此故驱之走也。夫兵者诡道，善因事变。贼凭恃其众，故虽饥困，不肯束手，当示无能以安之。若求小利而惊之，非计也。"既而雨霁[2]，造攻具攻之，矢石如雨，粮尽窘急，人相食，乃使其将王健、柳甫，请解围，当君臣面缚，懿皆斩之。渊突围而走，懿复追及梁水上杀之，辽地悉平。

【注释】

〔1〕淹月：滞留了一个月。

〔2〕霁：雨过天晴。

【译文】

三国时期，魏景初二年（238），明帝召司马懿到长安，派他率兵往辽东进攻公孙渊。明帝说："远出四千里路以外征战，虽说以奇兵取胜，但也要靠实力，不应当过于计较军费开支。你推测公孙渊会使用什么计策呢？"司马懿回答："公孙渊如果弃城先逃，这是上策；据守辽东，抗拒我大军，这是中策；坐着防守襄平城，他就会被我擒获。"明帝问："三种计策中，公孙渊会选哪一种呢？"司马懿回答："只有深通谋略的人才能知己知彼，并预先做出取舍，这不是公孙渊所能做到的。"明帝问："此次出征往返需要多长时间呢？"司马懿回答："去时一百天，回时一百天，作战一百天，用六十天休息，一年足够了。"于是司马懿率领大军出发了。公孙渊派大将率步兵和骑兵几万人，驻扎在辽隧，开挖堑壕二十多里长。魏军将领想进攻，司马懿说："敌人构筑坚固阵地防守，是想削弱和拖垮我军，攻他，就正好中了他的计。这正是王邑耻于过昆阳的原因。敌军大部分在这里，巢穴里必然空虚。我军现在直接奔襄平，出其不意，必然能攻破城池。"于是，魏军广张旗帜，做出要进攻辽隧以南的样子，敌精锐部队全都奔往那里。司马懿偷偷越过辽隧向北，甩开敌人，径直奔向襄平；城外敌将被打败后，司马懿便包围了襄平。各将领请求攻城，司马懿不听。陈珪说："过去您进攻上庸时，五天之内攻破城池，斩杀孟达。现在从这么远的地方来，反而却迟迟缓缓，在下愚笨，确实疑惑呢！"司马懿说："孟达兵少，而粮食可以支持一年；我们的将士是孟达的四倍，但粮食支持不了一个月。用有一个月粮食的部队攻打粮食能支持一年的敌人，怎么能不速战呢？如果是以四击一，即使现在损失一半而能战胜，我也会进攻的。这是不惜牺牲而与敌进行粮食竞赛啊！况且敌众我寡，敌饥我饱，而大雨不停，攻城器械未备，急忙进攻又有什么作为呢？自打从京城出发，我就不忧虑敌军防守，只忧虑敌军逃走。现在敌军粮食已尽，但我包围圈还未合上，如果抢夺他的牛马，拦截他的柴草，这就是故意驱使敌人逃走。用兵，是一种诡诈的道理，全凭善于根据具体事情而变化。敌军凭着兵卒众多，虽然饥饿困倦，但仍不会束手投降，所以，我军应表现出无能为力来麻痹他们。如果为了小利而惊动他们，就不是好计谋。"不久，雨停了，魏军打造攻城战具，攻城时，箭和石像雨一样飞向城里，公孙渊粮尽，陷入窘境，危急中出现人吃人的情况，公孙渊便派将军王建和柳甫去魏营请求投降，承诺如果解除围困，公孙渊君臣会自缚请罪。司马懿杀了这两个人。公孙渊突围而逃，魏军再追到梁水上游，将公孙渊杀死，终于平定了辽东。

七十九、避 战

【原文】

凡战，若敌强我弱，敌初来气锐，且当避之，伺其疲敝而击之，则胜。法曰："避其锐气，击其惰归[1]。"

【注释】

[1]兵法原文见《孙子·军争篇》："避其锐气，击其惰归。"

【译文】

凡是作战，假如敌强我弱，敌人初到，士气正盛，应当暂时避开，等待敌人疲惫之后进攻，就能胜利。兵法说："避开敌人的锐气，等其松懈或打算回归的时候才去进攻他。"

【战例】

汉灵帝中平五年，凉州贼王国围陈仓[1]，以皇甫嵩讨之。董卓请速进，嵩曰："百战百胜，不如不战而屈之。是以善用兵者，先为不可胜，以待敌之可胜。陈仓虽小，城守固备，未易拔。王国虽强，攻陈仓不下，其众必疲，疲而击之，全胜之道也。"国攻之终不拔，其众疲敝解去。嵩进兵追击之。卓曰："穷寇勿追，归众勿迫。"嵩曰："不然。"遂独追击而破之。卓由是有惭色。

【注释】

[1]凉州：今甘肃及宁夏、青海、陕西等部分地区。王国：汉末凉州军阀之一，自称合众将军。陈仓：县名，今陕西宝鸡金台区陈仓镇。

【译文】

汉灵帝中平五年（188），凉州叛乱者王国围攻陈仓，朝廷派皇甫嵩率军讨伐他。董卓要求迅速进军，皇甫嵩说："百战百胜，不如不战而使敌人投降。善于用兵的人，先造成不可战胜的条件，专门捕捉可能战胜敌人的战机。陈仓虽是一座小城，但城池坚固，防守严密，难以攻破。王国兵力虽强,假若强攻陈仓不下,他的部队必定疲惫,我军可乘其疲惫进行反击,这是争取全胜的计谋。"王国围攻陈仓,很长时间没能攻破,他的部队十分疲惫,便撤围而退。皇甫嵩率军从后追击。董卓说:"穷寇勿追,归众勿追。"皇甫嵩说:"不是这样的。"于是独自率军追击,消灭了王国部队。董卓因此面露惭愧之色。

八十、围　战

【原文】

凡围战之道[1],围其四面,须开一角,以示生路,使敌战不坚,则城可拔,军可破。法曰:"围师必缺[2]。"

【注释】

〔1〕围战:本篇所讲的"围战",从全文来看,是指围攻城邑之战,因之与《孙子兵法》所讲的"围师"不尽相同。
〔2〕兵法原文见《孙子·军争篇》。

【译文】

凡是对敌围困的法则,即使能够四面包围守城之敌,也要虚留一个缺口,以此向敌人显示有逃生之路,从而使敌人守城意志不坚,这样,既可占领城邑,敌军也可被消灭。兵法说:"包围敌军时要留有缺口。"

【战例】

汉末,曹操围壶关,攻之不拔。操曰:"城拔,皆坑之[1]。"连月不下。曹仁言于曹操曰:"围城必示活门,所以开其生路也。今公告之必死,使人人自为守。且城固而粮多,攻之则士卒伤,守之则延日久。今顿兵坚城下以攻必死之虏,非良策。"操从仁言,乃拔其城。

【注释】

〔1〕坑之:挖坑活埋俘虏。

【译文】

　　东汉末年,曹操围攻壶关,攻而不克。曹操说:"攻克之后,将他们全部活埋。"接连几个月都没有攻克。曹仁对曹操说:"围攻城邑一定要虚留活路,以示有逃生之路。如今您却公开告诉他们必死无疑,迫使他们人人拼死守城。况且他们城墙坚固、粮食充裕,强攻就会死伤士卒,围困就会旷日持久。现在陈兵于坚固的城墙之下,来进攻拼死守城的敌人,不是良策啊。"曹操采纳了曹仁的建议,于是攻克了壶关城。

第九卷

八十一、声 战

善攻者，敌不知其所守

【原文】

凡战，所谓声者，张虚声也。声东而击西，声彼而击此，使敌人不知其所备，则我所攻者，乃敌人所不守也。法曰："善攻者，敌不知其所守[1]。"

【注释】

[1]兵法原文见《孙子·虚实篇》。

【译文】

凡是作战，所谓"声战"，就是虚张声势迷惑敌军，扬言进攻东面而袭击西面，扬言要袭击这边暗中却攻打那边，迫使敌人无法防御，我方要进攻的，恰是敌军没有防备的地方。兵法说："善于进攻的，就能使敌军不知如何防守。"

【战例】

后汉建武五年，耿弇与张步相拒[1]，步使其弟蓝将精兵二万守西安[2]，诸郡太守合万余人守临淄，相去四十余里。弇进兵画中[3]，居二城之间。弇视西安城小而坚，且蓝兵又精；临淄虽大而易攻，乃敕诸将会，俟五日攻西安。蓝闻之，日夜为备。至期，弇敕诸将夜半皆蓐食，会明至临淄。护军荀梁等争之，以为宜速攻西安。弇曰："西安闻吾欲攻之，日夜备守；临淄出其不意，至必掠扰，攻之则一日可拔。拔临淄则西安孤，张蓝与步阻绝，必自亡去，所谓击一而得二者也。若攻西安，不卒下，顿兵坚城，死伤必多。纵能拔之，蓝帅兵奔还临淄，并兵合势，观人虚实。吾深入敌地，后无转输，旬日之间，不战而困。诸君之言，未见其宜。"遂攻临淄，半日拔之，入据其城。张蓝闻之，果将兵亡去。

【注释】

〔1〕张步：东汉初更始部将，兵败降汉。

〔2〕蓝：张蓝，更始部将，张步之弟。西安：山东旧县名，在今山东淄博临淄区。

〔3〕画中：邑名，故城在今山东淄博临淄区，有画水，因名。

【译文】

东汉建武五年（29），大将耿弇同割据青州的张步军队对峙，张步派弟弟张蓝率两万精兵坚守西安，并命令各郡太守汇集一万多人把守临淄，两城相距四十多里。耿弇把兵力驻扎在两城之间的画中。耿弇观察到西安城小但城壁坚厚，且有张蓝精锐队伍，相对来说，临淄城虽大但很易攻破，于是，耿弇召集将士，声言五天之后兵力会齐攻打西安。张蓝得知情报后，日夜加紧防守。到了第五天，耿弇命令全军半夜起床吃饭，天亮时分兵抵临淄城下。可护军荀梁等人却提出反对意见，要迅速攻打西安。耿弇说："西安的敌军听说我们要进攻他们，昼夜防范；而临淄缺乏防备，我们现在去袭击它，守军必定惊慌失措，只需一天便可拿下临淄。攻克临淄，西安守敌就成了孤军，张蓝与张步分割两地，孤军无援，必定放弃西安逃走，这是所谓的攻一得二啊！如果先攻西安，无法很快攻破，我军已暴露在坚城之下，必定死伤惨重。即使攻下西安，张蓝也会率兵逃到临淄，把兵力合在一起，观察我方虚实。我们已深入敌境，后方缺乏供应，十天之内，不战也会陷入困境。因此你们所说的，看不到可取之处。"于是，耿弇率军进攻临淄，半天即攻克，迅速占领城池。张蓝听说后，果然带兵弃城而逃。

八十二、和 战

【原文】

凡与敌战，必先遣使约和。敌虽许诺，言语不一。因其懈怠，选锐卒以击之，其军可败。法曰："无约而请和者，谋也[1]。"

【注释】

〔1〕兵法原文见《孙子·行军篇》。

【译文】

凡是对敌作战，必须先派遣使者议和。敌人虽然已口头答应，但是语言矛盾。可以乘敌人懈怠的时候，选派精锐兵卒攻击，敌军就可被击破。兵法说："不缔约而请求和议的，其中必有阴谋。"

【战例】

秦末，天下兵起，沛公西入武关，欲以二万人击峣关。张良曰[1]："秦兵尚强，未可轻。闻其将多屠贾子，易以利动。愿且留壁，使人先行，为五万人具食，且日益张旗帜为疑兵，而使郦生持重宝啖秦将。"秦将果欲连和。沛公欲听之。良曰："此独其将欲叛，恐士卒不从。不如因其懈怠击之。"沛公乃引兵出击秦军，大破之。

【注释】

〔1〕张良：汉初大臣。字子房，城父（今河南宝丰）人。祖与父皆为韩国相，后归附刘邦，为其出谋，多有建树。汉朝建立，封留侯。

【译文】

秦朝末年，各地义兵兴起，沛公刘邦向西进入武关，想以二万军队进攻峣关。张良说："秦军还很强大，不能轻视他们。听说其将领不少是屠夫、商人的后代，容易用利益打动他们。我建议您暂时留下坚守壁垒，可以派人先行一步，预备五万人的粮食，并广张旗帜作为疑兵，继而派遣郦生携带贵重宝物前往峣关收买秦将。"秦军将领果然想联合刘邦。刘邦于是想同意议和，张良说："这只是秦军将领单独反叛求和，士兵恐怕不会听从的。不如乘他们懈怠的时候发动攻击。"刘邦即领兵进攻，大败了秦军。

八十三、受 战

【原文】

凡战，若敌众我寡，暴来围我，须相察众寡虚实之形，不可轻易遁去，恐为尾击。当圆阵外向，受敌之围，虽有缺处，我自塞之，以坚士卒心。四面奋击，必获其利。法曰："敌若众，则相众而受敌[1]。"

【注释】

〔1〕兵法原文见《司马法·用众第五》。

【译文】

凡是作战，假若敌众我寡，敌军突然前来围攻我军，首先必须把双方实力的强弱虚实作统一分析，不可轻率撤走，恐怕被敌人尾随追击。应当布成圆阵，向外抗击敌人的围攻，即使有缺口，但我方可自行塞补，以坚定我军士卒的战斗决心，向四面奋力搏击，必定获得胜利。兵法说："敌人兵多，就要察明情况并准备在被围攻的情况下作战。"

【战例】

《北史》：魏普泰元年，高欢讨并州刺史尔朱兆[1]。孝武帝永熙元年春，拔邺[2]。尔朱光自长安[3]，兆自并州[4]，度律自洛阳[5]，仲远自东郡[6]，同会于邺，众二十万，挟洹水而军[7]。欢出顿紫陌[8]，马不满二千，步不满三万，乃于韩陵为圆阵[9]，连牛驴以塞归路，将士皆为死志，选精锐步骑从中出，四面击之，大破兆等。

【注释】

〔1〕尔朱兆：字万仁，北秀容（今山西朔州）人，南北朝时期北魏将领。

〔2〕邺：即邺城，在今河南安阳、河北临漳西一带。

〔3〕尔朱光：太原王尔朱荣堂侄，在攻邺作战中为高欢所杀。

〔4〕并州：州名，位于今山西太原西南。

〔5〕度律：即尔朱度律，尔朱荣的从弟。高欢率军进攻尔朱兆时，度律不战先退，为高欢所追杀。

〔6〕仲远：即尔朱仲远，尔朱荣的从弟。在尔朱兆进攻高欢作战中大败而逃往南朝梁，死于江南。东郡：郡名，在今河南滑县。

〔7〕洹水：又名"安阳河"，古称洹水，是安阳的母亲河。

〔8〕出顿：进驻。顿，住宿，驻屯。

〔9〕韩陵：即韩陵山，俗名七里冈，在今河南安阳东北。

【译文】

《北史》记载：南北朝时，北魏普泰元年（531），高欢征讨并州刺史尔朱兆。孝武帝永熙元年（532）春季，攻下邺城。尔朱光从长安，尔朱兆从并州，尔朱度律从洛阳，尔朱仲远从东郡，四路军马陆续聚集到邺，号称二十万大军，沿洹水两岸扎下大营。高欢也出兵屯扎在紫陌，骑兵不过两千人，步兵不满三万人，在韩陵山前摆好圆形防御阵地，同时把牛、驴用绳子拴在一起，用来堵塞退路。将士看见这种情况，认为非拼死决战不可。高欢又从部队挑选精锐步、骑兵从中央向外突破，四面出击，打垮了尔朱光、尔朱兆等军的包围。

八十四、降 战

【原文】

凡战，若敌人来降，必要察其真伪。远明斥候，日夜设备，不可息忽。严令偏裨[1]，整兵以待之，则胜；不然，则败。法曰："受降如受敌[2]。"

【注释】

［1］偏裨：偏将，裨将，皆为副将。
［2］兵法原文见《旧唐书·裴行俭传》。

【译文】

凡是作战，假如敌军来向我军投降，必须要查明真假，要向远处派遣斥候，昼夜加强防范，不要松懈大意。要严令副将布置好军队，做好一切战斗准备，这样才能取得胜利；否则，就会失败。兵法说："接受敌军投降，要像接受敌人进攻一样。"

【战例】

后汉建安二年，曹操讨张绣于宛，降之。既而悔恨复叛，袭击曹操军，杀曹操长子昂，操中流矢，师还舞阴。绣将骑来，操击破之。绣奔穰，与刘表合。操谓诸将曰："吾降绣，失在不便取质[1]，以致如此。诸将观之，自今以后不复败矣。"

【注释】

［1］质：质押，抵押；抵押物。此处指人质。

【译文】

东汉建安二年（197），曹操领兵进攻驻守宛城的张绣，张绣兵败被迫投降曹操。不久张绣又后悔起来，再次反叛曹军，他突然袭击曹操军队，杀死曹操的长子曹昂。曹操也中了暗箭，只好退兵到舞阴。张绣率骑兵袭击，结果曹军奋勇作战，打败了张绣。张绣率残兵败将逃至穰城，与刘表合兵一处。事后，曹操对部将说："我接受了张绣的投降，失误在于没有及时让他交人质抵押，招致了他的暗算，所以才落到这般地步。诸位请观察我吧，有了这次教训，从今以后再也不会有这样的失败了。"

八十五、天 战

【原文】

凡欲兴师动众，伐罪吊民，必在天时，非孤虚向背也。乃君暗政乱，兵骄民困，放逐贤人，诛杀无辜，旱蝗水雹，敌国有此，举兵攻之，无有不胜。法曰："顺天时而制征讨[1]。"

【注释】

[1] 兵法原文见《孙子·计篇》，另见《司马法·定爵》。

【译文】

凡是要出动军队，讨伐有罪的君主，解救受难的百姓，必须顺应天时，而不是依靠占卜推算日时的吉凶。敌国君主昏庸，政治混乱；军队骄横，百姓饥困；贤臣遭贬，无辜被杀；干旱蝗灾、水涝冰雹等天灾人祸接连不断。如果敌国有这些情况发生，就要出兵进攻它，没有不胜利的。兵法说："顺应天时而征讨叛逆。"

【战例】

北齐后主纬隆化元年[1]，擢用邪佞，陆令萱[2]、和士开[3]、高阿那肱、穆提婆、韩长鸾等宰制天下[4]，陈德信[5]、邓长颙、何洪珍参预机权[6]。各领亲党，升擢非次，官由财进，狱以赂成，乱政害人，使旱魃、水潦、寇盗并起；又猜嫌诸王，皆无罪受损，丞相斛律光及弟荆山公羡[7]，并无罪受诛。渐见伏弱之萌，俄观土崩之势。周武帝乘此一举而灭之。

【注释】

〔1〕后主纬：北齐国君高纬。
〔2〕陆令萱：北齐女官，利用裙带关系，操纵宫廷，愚弄皇帝，控制皇后和迫害大臣，最后自杀。
〔3〕和士开：北齐大臣。同陆令萱结党，诬陷大将祖珽，后被琅邪王高俨派人杀死。
〔4〕韩长鸾：北齐大臣。与陆令萱结党，诬陷大将祖珽，并制造冤狱。
〔5〕陈德信：北齐宦官。
〔6〕何洪珍：胡人。
〔7〕斛律光：北齐大臣。字明月，朔州（今山西朔州）人。为左丞相，清河郡公。因遭后主所忌，中反间计，被灭族。荆山公羡：斛律光之弟斛律羡，封荆山公。

【译文】

北齐后主高纬隆化元年（576），提拔重用了一批邪恶奸佞之徒，如陆令萱、和士开、高阿那肱、穆提婆、韩长鸾等人，他们控制朝政，发号施令，陈德信、邓长颙、何洪珍等人也参掌军国大政。他们各树党羽，不按照正常的次序提拔官员，官职爵位可以用金钱买到，用贿赂决定刑狱，扰乱朝政，残害百姓，不久致使旱涝蝗灾、土匪强盗一并出现；他们还猜忌仇恨各亲王大臣，致使他们都无罪而受到迫害，丞相斛律光和他的弟弟荆山公斛律羡，都是被无辜杀害的。王朝逐渐显示出伏弱成衰的迹象，很快便看到土崩瓦解的态势。北周武帝宇文邕趁此机会，一举灭亡了北齐。

八十六、人 战

【原文】

凡战，所谓人者，推人事而破妖祥也。行军之际，或枭集牙旗，或杯酒变血，或麾竿毁折，唯主将决之。若以顺讨逆，以直代曲，以贤击愚，皆无疑也。法曰："禁祥去疑，至死无所之[1]。"

【注释】

〔1〕兵法原文见《孙子·九地篇》。

【译文】

凡是作战，所谓"人战"，就是唯有人才能破除谣言和迷信。在部队行军过程中，或是遇到恶鸟群集主帅旗杆上，或是出现杯中水酒变血红色，或是发生旗杆突然折断等怪异现象时，唯有主将及时做出正确决断，才能稳定军心士气。倘若所进行的战争，是以正义攻讨叛逆，以理直征伐邪曲，以贤能进击愚顽，都应坚信必胜无疑。兵法说："要禁绝迷信，消除疑惑，即使战斗到死，战士也无所畏惧。"

【战例】

唐武德六年，辅公祏反[1]，诏赵郡王李孝恭等讨之[2]。将发，与将士晏集，命取水，水变为血，在座皆失色，孝恭自若曰："毋疑，诸君，此乃公祏授首之征也。"遂饮而尽之，众为安。先是，贼将拒险邀战，孝恭坚壁不出，以奇兵绝其粮道。贼饥，夜薄李孝恭，孝恭坚卧不动。明日，以羸兵扣贼营挑战，别选骑阵以待。俄而，羸兵却，贼追北且嚣，遇祖尚[3]，薄战遂败。赵郡王乘胜破其别阵，辅公祏穷走，追骑生擒之。

【注释】

〔1〕辅公祏：唐朝人，曾任淮南道行台仆射，叛唐后战败被杀。

〔2〕李孝恭：唐朝大臣。曾任襄州道行台仆射，曾与李靖共同击败叛军，擒获辅公祏。

〔3〕祖尚：即卢祖尚，字季良，光州乐安（今河南光山）人，隋末唐初将领。隋末追从王世充，降唐后拜光州刺史。

【译文】

唐朝武德六年（623），辅公祏叛乱。朝廷下诏派赵郡王李孝恭等前去讨伐。出发之前，将士们会餐，派人取水，水突然呈血红色，在座的人都大吃一惊。李孝恭仍如平常一样说："不要疑惑，诸位将军，这是公祏要掉脑袋的先兆。"说完就把水一饮而尽，这时大家也放了心。战斗开始，敌方据险顽抗，还不断进行袭击，李孝恭采取坚守营垒不出的应战对策，却暗中派出奇兵截断敌人粮道。敌人饥饿，夜晚偷袭，李孝恭还是安卧不动。第二天，李孝恭派老弱残兵到敌营挑战，另外挑选精锐骑兵严阵以待。不一会儿，弱兵败阵而回，敌人紧追不放，气焰嚣张，终于和卢祖尚遭遇，被打得大败。李孝恭乘胜又夺取敌方别的阵地，辅公祏走投无路，被李孝恭的骑兵活捉了。

八十七、难 战

【原文】

凡为将之道,要在甘苦共众。如遇危险之地,不可舍众而自全,不可临难而苟免,护卫周旋,同其生死。如此,则三军之士岂忘己哉?法曰:"见危难,毋忘其众[1]。"

【注释】

[1]兵法原文见《司马法·定爵第三》:"见危难,毋忘其众。"

【译文】

大凡为将之道,最重要的在于能和部众同甘共苦。在战争中处于危险境地,不能丢掉部众而独自逃生,不能临危难而乞求活命,要千方百计掩护士兵,与他们同生共死。如能这样,全军的官兵,又怎会忘记将领呢?兵法说:"遇到危难,千万不要忘记广大士兵。"

【战例】

魏曹操征孙权还,使张辽、乐进[1]、李典将七千余人屯合肥[2]。操征张鲁,教与护军薛悌书,题其函曰:"敌至乃发。"俄而,权帅众围合肥,乃发此教,曰:"若孙权至者,张、李将军出战,乐将军守城,护军勿与战。"诸将皆疑。辽曰:"公远征在外,比救至此,破我必矣,是以指教。及其未合逆击之,折其盛势,以安众心,然后可守也。胜负之机,在此一举,诸君何疑?"李典意与辽同。于是,辽夜募敢从之士,得八百人,椎牛享士[3],明日大战。平旦[4],辽披甲出战,先登陷阵,杀数十人,斩二将,大呼自名,冲击突至权麾下。权大惊,众不知所以,走登高冢[5]。权以长戟自守,辽叱权下战,权不敢动,乃聚兵围辽数重,辽左右麾围[6],直前急击,围解,辽将麾下数十人得出,余众呼号曰:"将军岂舍我耶?"辽复还入围,拔出余众,权军无敢当者。自旦至日中,吴人夺气[7]。辽还修守备,众心乃安,诸将悦服。权攻合肥旬日[8],城不得拔,乃退。辽率诸将追击,几复获权。

【注释】

〔1〕乐进：东汉末名将，阳平卫国（今河南清丰）人，字文谦。
〔2〕李典：东汉末名将，山阳巨野（今山东巨野）人，字曼成。
〔3〕享士：以酒食招待士卒。享，通"飨"，飨宴。
〔4〕平旦：清晨。
〔5〕高冢：高山顶。冢，山顶。
〔6〕麾围：指挥部队突围。麾，通"挥"，指挥。
〔7〕夺气：挫伤锐气，丧失士气。
〔8〕旬日：十天。

【译文】

魏国曹操进攻孙权返回时，命张辽、乐进、李典三人带七千多人驻扎合肥。曹操去征讨张鲁，临行前交给护军薛悌一封信，封面上题着："敌人来了才可拆开看。"不久，孙权率军包围合肥，张辽等打开信，只见上面写着："如果孙权来了，张、李将军出战，乐将军守城，护军薛悌不要出战。"诸将都很疑惑。张辽说："曹公在外远征，等到救兵来到这里，敌军必定已把我们打败了，所以留下教帖指示我们在两军没有接触以前，就迎面攻击他，挫煞他的锐气，以安定我军军心，然后才可以防守。胜负之机，全在此举，各位又有什么可疑惑的呢？"李典意见也和张辽相同。于是，张辽连夜招募敢死之士，共计八百人，杀牛慰劳他们，准备第二天大战。次日黎明，张辽披甲出战，率先冲入敌阵，杀死敌人几十人，斩敌两员大将，大声呼喊着自己的名字在敌阵中横冲直撞，直至孙权的指挥旗下。孙权大惊，将士们不知所措，纷纷奔赴一座高岭上。孙权手里拿着长戟自卫。张辽大声呵斥孙权下来应战，孙权不敢挪动，吴军聚兵把张辽包围了几圈，张辽左冲右突，一直向前猛攻，包围圈终于被冲破，张辽率部下几十人得以冲出。其余部众大声呼喊说："将军要丢掉我们吗？"张辽又杀入重围，救出其余部众，孙权军兵没有人敢阻挡。从早晨直杀到中午，吴军的士气趋向低落。张辽回营以后，修整城池，士兵情绪坚定，将领从内心佩服。孙权攻合肥，十天还没攻下，便撤退了。张辽带将追击，差一点捉住孙权。

八十八、易 战

【原文】

凡攻战之法，从易者始。敌若屯备数处，必有强弱众寡。我可远其强而攻其弱，避其众而击其寡，则无不胜。法曰："善战者，胜于易胜者也[1]。"

【注释】

[1] 兵法原文见《孙子·形篇》。

善战者，胜于易胜者也

【译文】

凡是进攻作战的法则，从敌人容易被战胜之处开始。假若敌兵驻守数处，其中必有强大与弱小、兵多与兵少之别，我军可以避开强大之敌而先消灭弱小敌人，避开众多之敌而先消灭寡少之敌，则没有不打胜仗的。兵法说："善于作战的人，总是战胜敌人容易战胜之处。"

【战例】

《北史》：周武帝伐齐之河阳，宇文弼曰[1]："河阳，要冲，精兵所聚，尽力攻围，恐难得志。彼汾之曲，城小山平，攻之易拔。"武帝不纳，终无成功。

【注释】

[1] 宇文弼：鲜卑族人。北周时任内史都上士，隋代周后，官至尚书左丞、礼部尚书等。

【译文】

《北史》记载：南北朝时，周武帝进攻齐国河阳，宇文弼说："河阳是齐国的军事要冲，驻扎了很多精锐部队，即便使用大军攻城，恐怕也很难攻破。

要是进攻汾曲，那里守城部队很少，山也不高，容易攻下。"周武帝不同意，此战果然最终劳而无功。

八十九、离 战

【原文】

凡与敌战，可密候邻国君臣交接有隙，乃遣谍者以间之。彼若猜贰，我以精兵乘之，必得所欲。法曰："亲而离之[1]。"

【注释】

〔1〕兵法原文见《孙子·计篇》。

【译文】

凡是对敌作战，可以密切注视敌国君臣矛盾，派遣间谍去离间他们；他们如果互相猜疑，就乘机用精锐部队去攻击。这样，一定能够得到我们所想得到的东西。兵法说："对于内部团结的敌人，要设法挑拨离间他们。"

【战例】

战国周赧王三十一年，燕王将乐毅并将秦、魏、韩、赵之师伐齐[1]，破之，湣王出奔于莒[2]。燕军闻齐王在莒，合兵攻之。楚将淖齿欲与燕将分齐地[3]，乃执湣王数其罪而诛之。复坚守莒城、即墨，以拒燕，数年不下。乐毅并围之。即墨大夫战死，城中推田单为将军[4]。顷之，昭王薨，惠王立。初，惠王为太子时，与毅有隙。田单闻之，乃纵反间，曰："乐毅与燕新王有隙，畏诛，欲连兵王齐，齐人未附，故且缓攻即墨，以待其事。齐人惟恐他将来，即墨残矣！"燕王以为然。乃使骑劫代毅[5]，毅遂奔赵。燕将士由是不和。单乃诈以卒为神师而出之，列火牛阵，大破燕军，复齐七十余城，迎襄王自莒入临淄[6]。

【注释】

〔1〕乐毅：战国时燕将。中山国灵寿（今河北灵寿西北）人。曾率五国联军伐齐，大胜，因功封为昌国君。后来，燕昭王中齐的离间计，乐毅逃到赵国，直到去世。

〔2〕湣王：即齐湣王田地（一作遂）。曾先后战胜楚、秦、燕三国，称东帝。后因五国联合攻齐，出走后不久被杀。

〔3〕淖齿：战国时楚人。曾任齐湣王国相，后杀湣王。

〔4〕田单：战国时齐将。临淄（今山东淄博东北）人。用火牛阵打败燕军，迎襄王复位，封安平君。

〔5〕骑劫：战国时燕将。燕惠王继位后命骑劫取代乐毅，后被田单打败，阵亡。

〔6〕襄王：即齐襄王，名法章，湣王之子。长期流落民间，湣王死后，被立为王。田单复齐，迎他回都城临淄。

【译文】

战国时期，周赧王三十一年（前284），燕国将领乐毅同时率领燕和秦、魏、韩、赵军队讨伐齐国，大破齐军，齐湣王出逃到莒。燕军听说齐王在莒，又聚兵攻莒。楚国将领淖齿想和燕将共分齐国土地，就捉住湣王历数他的罪行，将他杀了。齐国人坚守莒城和即墨，抵抗燕军，燕军攻打了数年都没攻下。乐毅便将莒和即墨包围起来。即墨大夫战死后，城中推荐田单做了将军。不久，燕昭王死了，燕惠王即位。当初惠王做太子的时候，与乐毅曾有怨仇。田单听说，便施反间计说："乐毅与燕国新王有怨仇，怕被杀死，想联合齐军，做齐国的国王，齐军还未归附，所以他缓攻即墨，等待齐国人慢慢归附于他。但是齐人只怕派别的将领前来，那样，即墨就完了。"燕惠王信以为真，就派骑劫替代乐毅为将领，乐毅便投奔了赵国。燕国将士因此不和睦了。田单诡诈地让一个卒子装成神师出世佐助他作战，布置了火牛阵，一举打垮燕军，收复了齐国城池七十多座，将齐襄王从莒城迎接至临淄。

九十、饵 战

【原文】

凡战，所谓饵者，非谓兵者置毒于饮食，但以利诱之，皆为饵兵也。如交锋之际，或弃牛马，或遗财物，或舍辎重，切不可取，取之必败。法曰："饵兵勿食[1]。"

【注释】

[1] 兵法原文见《孙子·军争篇》："饵兵勿食。"

【译文】

凡是作战，所谓"饵"，不是指在敌兵的饮食中放毒，而是用小利引他们上钩，这都属于饵兵一类。例如，在敌我双方交战中，敌人或者利用牛马相引诱，或者委弃财物相引诱，或者舍置辎重相引诱，切记都不可随意拾取，一旦拾取则必为敌人所乘而导致作战失败。兵法说："对于敌人的设饵引诱，千万别上当。"

【战例】

汉献帝建安五年，袁绍遣兵攻白马[1]，操击破之，斩其将颜良[2]。遂解白马之围，徙其民而西。绍渡河追之，军至延津南。操勒兵驻营南坡下，令骑解鞍放马。是时，白马辎重就道。诸将以为敌骑多，不如还保营。荀攸曰："此所谓饵兵，如之何去之？"绍骑将文丑与刘备将五六千骑前后至[3]。诸将曰："可上马。"操曰："未也。"有顷，骑至稍多，或分趣辎重。操曰："可矣。"乃皆上马。纵击，大破之。

【注释】

[1] 白马：在今河南滑县东北。
[2] 颜良：袁绍部下名将。
[3] 文丑：袁绍部下名将。

【译文】

汉献帝建安五年,袁绍派兵攻打白马,曹操率兵将其击破,斩杀其部将颜良。于是解了白马的围困,迁移当地百姓沿黄河西行。袁绍率军追击,军队追到津南安营扎寨。曹操的营地驻扎在南面的山坡下,他命令骑兵都卸下马鞍放开战马。此时白马曹军的辎重正在路上,将军们都认为袁绍骑兵众多,不如退还保卫营地。荀攸说:"这就是所说的饵兵,怎么可以撤走呢!"不久,袁绍骑将军文丑和刘备率领五六千骑兵先后赶到。众将说:"可以上马了。"曹操说:"不可以。"过了一会儿,骑兵稍微增多,有的已分散开去争抢曹操军队留在路上的辎重。曹操这时下达命令说:"现在可以上马迎战敌人了。"将领都上马出击,终于打败了敌军。

第十卷

九十一、疑 战

【原文】

凡与敌对垒，我欲袭敌，须丛聚草木，多张旗帜，以为人屯，使敌备东，而我击其西，则必胜。或我欲退，伪为虚阵，设留而遁，敌必不敢追我。法曰："众草多障者，疑也[1]。"

【注释】

[1]兵法原文见《孙子·行军篇》："众草多障者，疑也。"

【译文】

凡是同敌军对阵时，我方要突袭敌军，就必须选择草丛树林之地，插上许多旗帜，向敌军显示处处都有驻兵，使敌军在东边防守，我军就袭击西边，这样就必然得胜。如果我军打算撤兵，就要假设阵营，设置成留有驻军的样子迷惑敌军，我军就可安然撤退，敌军必定不敢追赶我军。兵法说："在草丛中设置许多障碍，是为了迷惑敌军。"

【战例】

《北史》：周武帝东讨，以宇文宪为前锋[1]，守雀鼠谷[2]。帝亲临围晋州，齐主闻晋州被围，亦自来救。时陈王纯屯千里径[3]，大将军永昌公椿屯鸡栖原[4]，大将军宇文盛守汾水关[5]，并受宪节度。密谓椿曰："兵者，诡道。汝今为营，不须张幕，可伐柏为庵，示有处所。兵去之后，贼犹致疑。"时齐主分兵万人向千里径，又遣众出汾水关，自帅大军与椿对。椿告齐兵急，宪自往救之。会椿被敕追还，率兵夜反。齐人果以柏庵为帐幕之备，遂不敢进。翌日始悟。

【注释】

[1]宇文宪：宇文泰第五子。因功封齐王，最后自杀。
[2]雀鼠谷：古地名、山谷名，位于今山西介休。
[3]陈王纯：即宇文纯，北周陈王，官至大将军。
[4]永昌公椿：即宇文椿，宇文泰之侄孙。鸡栖原：地名，在今山西霍

州东北。

〔5〕宇文盛：宇文泰之子。周武帝时任大将军，官至上柱国。汾水关：地名，在今山西灵石东南。

【译文】

《北史》记载：周武帝亲率大军东征，委任宇文宪为先锋，进驻雀鼠谷。周武帝亲临前线围攻晋州，北齐后主高纬获悉晋州被围，也亲自前来救援。当时，陈王宇文纯率兵驻守千里径，大将军永昌公宇文椿驻扎在鸡栖原，大将军宇文盛守卫汾水关，都受宇文宪的节制调遣。宇文宪秘密对宇文椿说："用兵打仗是个诡诈多变的行动。你现在设置营垒，不必张设军帐帐幕，可砍些柏树搭棚子，表示有人居住。等我军撤走后，敌军发现这些小屋仍会迷惑不定。"这时，齐王高纬分兵万人向千里径前进，另派一部分兵力进攻汾水关，他亲自率主力部队同在鸡栖原的宇文椿对垒。宇文椿把齐重兵压境的战情急忙报告给宇文宪，宇文宪便亲自率援兵解救宇文椿。恰遇宇文椿奉诏命退兵，率军连夜返回。齐军追兵看到北周军搭设的那些棚子，果然以为内有伏兵，于是不敢再向前追赶。到了第二天，才发现上了当。

九十二、穷 战

【原文】

凡战，如我众敌寡，彼必畏我军势，不战而遁，切勿追之，盖物极则反也。宜整兵缓追，则胜。法曰："穷寇勿迫[1]。"

【注释】

〔1〕兵法原文见《孙子·军争篇》。

【译文】

凡是作战，假若我众敌寡，敌方必然害怕我军声势，不战而逃，千万不可追击，因为事物达到极限会走向反面。应调整部署，徐徐追击，这样就会胜利。兵法说："对待垂死之敌，不要穷追猛赶。"

【战例】

汉赵充国讨先零羌。充国兵至羌虏所，虏久屯聚，懈弛，望见大军，弃辎重，渡湟水。道隘狭，充国徐行驱之。或曰："逐利行迟。"充国曰："此穷寇不可迫也[1]。缓之则走不顾，急之则还死战。"诸校曰："善。"虏赴水溺死者数百，余皆奔溃。

【注释】

[1] 穷寇：走投无路的敌人。

【译文】

汉代赵充国讨伐先零羌。军队到了羌人所驻的地方，发现羌兵因长期驻扎此地，军队松弛，远远望见汉军到来，便丢弃了辎重，渡过湟水逃跑。山路狭窄险隘，赵充国徐徐向前追赶。有人说："追逐逃敌，越快越好，这样太迟缓了。"充国说："这是穷寇，不能急追。缓一点追击，他们就会奔走逃命，惟恐落后；追急了，反而会促使他们反身与我军拼命死战。"各军校都说："讲得好。"羌兵在汉军的追击下争抢渡河，被淹死的有几百人，其余的都溃散逃命。

九十三、风 战

【原文】

凡与敌战，若遇风顺，致势而击之，或遇风逆，出不意而捣之，则无有不胜。法曰："风顺致呼而从之，风逆坚阵以待之[1]。"

【注释】

[1] 兵法原文见《吴子·治兵》。

【译文】

凡是对敌作战，假若遇到顺风，就可顺着风势进攻敌军，如果遇到逆风，就可出其不意去突袭他们，这样就没有不战胜的。兵法上说："如果是顺风，就乘势进攻敌军；如果是逆风，就坚守阵地以待来犯之敌。"

【战例】

《五代史》：晋北面行营都招讨使杜重威等与契丹战于阳城，为虏所围。而军中无水，穿井辄崩。又东北风大起，虏顺风纵火，扬尘以助其势。军士皆愤怒，大呼曰："都招讨何以用兵？令士卒枉死。"诸将请战。杜重威曰[1]："俟风少缓，徐观可否。"李守贞曰[2]："风沙之内，彼众我寡，莫测多少，惟力战者胜，此风力助我也。"呼曰："诸军齐击贼！"张彦泽召诸将问计，或曰："敌得风势，宜待风回。"彦泽亦以为然。右厢副使药元福曰："今军饥渴已甚，若待风回，吾属皆为敌有矣。且敌谓我军不能逆风以战，宜出其不意，急击之。此诡道也。"符彦卿等乃精骑[3]，击之，逐北二十余里，契丹主奚车走十余里，追兵击之，得一橐驼乘之遁去。晋军乃退保定州。

【注释】

[1] 杜重威：五代汉朔州（今朔县西南）人。晋将，累从征伐，积功拜成德军节度使，降汉后被杀。

[2] 李守贞：五代汉河阳（今河南孟州市）人。降契丹，为司徒。高祖入京师，拜太保、河中节度使，后因反叛而兵败自杀。

[3] 符彦卿：陈州宛丘（今河南淮阳）人。字冠侯，符存审第三子。有谋善战，多次大败辽兵，辽人甚惮之，称为符王。开宝初移凤翔节度使，被勒罢卒。

【译文】

《旧五代史》记载：后晋北面行营都招讨使杜重威等同契丹大战于阳城，被敌军围困。后晋部队缺少饮水，想挖井取水，可一挖就塌。当时又刮起东北风，敌军乘势放火，并且扬起尘沙助长火势。晋军见此情景很愤怒，大声呐喊："都招讨使是怎么指挥打仗的，竟让士卒白白送死？"各位将士都纷纷请战。都招讨使杜重威说："等风势缓和下来时，再观察是否能够出兵。"马步都监李守贞说："现在风沙弥漫，敌众我寡，敌军摸不清我军实力，谁奋力作战谁就胜利，大风恰好帮了我军的忙！"他随即对各位将士大声呼喊："各路将士齐心协力地出击敌人！"马军左厢都排阵使张彦泽召集各位将士一起商议作战计划。有人说："敌人风顺，我军应当等待风向变了再战。"张彦泽也认为这样稳妥。但右厢副使药元福反对说："目前我军饥渴难忍，如果等风向改变后，恐怕都已成了战俘。而且敌军此时认为我们不会逆风袭击，我们就应该乘其不备地急速去袭击它。这就是用兵作战的诡诈之处。"马步左右厢都排阵使符彦卿等将，率领精锐骑兵反击，把毫无防备的敌军打退二十多里，契丹首领坐着奚车逃了十几里，眼看晋军追兵冲来，慌得找来一头骆驼骑上逃跑了。后晋将士也停止追赶，撤军回到保定州。

九十四、雪 战

【原文】

凡与敌人相攻，若雨雪不止，觇敌无备，可潜兵击之，其势可破。法曰："攻其所不戒[1]。"

【注释】

[1]兵法原文见《孙子·九地篇》。

【译文】

凡是与敌作战，如果遇到雨雪下个不停的天气，通过侦察知道敌人没有戒备时，就可以悄悄地派兵去袭击它，敌军的阵势便可以打破。兵法说："攻击敌人要在他疏于戒备的时候。"

【战例】

唐遣唐邓节度使李愬讨吴元济[1]。先是，愬遣将将十余骑巡逻，遇贼将丁士良[2]，与战，擒之。士良，元济骁将，常为东边患，众请刳其心，愬许之。士良无惧色，遂命解其缚。士良请尽死以报其德，愬署为捉生将。士良言于愬曰："吴秀琳据文城栅，为贼左臂，官军不敢近者，有陈光洽为之主谋也[3]。然光洽勇而轻，好自出战，请为擒之，则秀琳自降矣。"铁文及光洽被执，秀琳果降。愬延秀琳问计，答曰："将军必欲破贼，非得李祐不可。"祐，贼健将也，有勇略，守兴桥栅，每战常轻官军，时祐率众割麦于野。愬遣史用诚以壮士三百伏林中，用诚擒之以归。将士争请杀之，愬独待以客礼，时复与语，诸将不悦。愬力不能独完，乃械祐送之京师，先密表曰："若杀祐，则无成功。"诏以祐还。见祐大喜，署为兵马使，令佩刀出入帐中，始定破蔡之计。令祐以突骑三千为前锋，李忠义副之[4]；愬与监军将三千为中军；李进诚以三千殿为后军。令曰："但东行。"六十里，夜，至张柴村，尽杀其戍卒。敕士少休，令士卒食干糇、整羁鞚、鞍铠、弓刃。时大雪，旌旆折裂，人马冻死者相望，人人自谓必死。诸校请所之，愬曰："入蔡州，取吴元济。"众皆失色，相泣曰："果落李祐奸计。"然畏愬，莫敢违。夜半，雪愈盛。分轻兵断贼朗山之援，又断洄曲及诸道桥梁。行七十里至悬瓠城。城傍皆鹅鹜池，愬令击之以乱声。初，蔡人拒命，官军凡三十余年不能至其城下，故蔡人皆不为备。祐等坎城先登，众从之。杀守门者，而留击柝者，纳其众城中。鸡鸣雪止，遂执元济，监送京师，而淮西悉平。

【注释】

〔1〕李愬：唐朝名将。字符直，洮州临潭（今甘肃临潭）人。曾率兵讨平吴元济的叛乱。吴元济：唐沧州清池（今河北沧州东南）人，淮西节度使吴少阳之子。因袭位不遂，举兵反叛，后兵败被杀。

〔2〕丁士良：吴元济部将，曾屡次击败唐军。

〔3〕陈光洽：吴秀琳之谋士，多谋善断，后被唐军擒获，迫使吴秀琳投降。

〔4〕李忠义：原名李宪，吴元济的部将，后为李愬所俘。

【译文】

唐朝朝廷派遣唐邓节度使李愬征讨吴元济。其初，李愬派部将率领十余名骑兵巡逻，遇到敌将丁士良，与之交战，将其擒获。丁士良，是吴元济帐下的一员猛将，经常率兵东进，成为朝廷的心腹大患，众将请求挖他的心，李愬答应了。丁士良却面无惧色，李愬随即命人为其松绑。丁士良表示愿意以死报答李愬的恩德，李愬任命他为捉生将。丁士良对李愬说："吴秀琳守文城栅，是吴元济的左臂，朝廷军队不敢靠近他，是因为有陈光洽为他出谋划策。然而陈光洽虽勇猛但很轻敌，喜欢孤军奋战，请让我为您擒来，这样吴秀琳就会不战而降。"铁文和陈光洽被活捉以后，吴秀琳果然投降。李愬请来吴秀琳询问征讨吴元济的计策，吴秀琳回答说："将军如果一定要打败吴元济，非得到李祐不可。"李祐，是吴元济的又一猛将，智勇双全，守兴桥栅，每次作战都轻视官军，当时，李祐正率兵众在田地割麦。李愬派部将史用诚带领三百名壮士埋伏在树林中，用诚将李祐活捉带回军营。将士争先恐后请求杀死李祐，唯独李愬以客礼款待他，同时反复和他交谈，将领都很不高兴。李愬觉得仅凭个人力量无法保全李祐，于是给李祐带上枷锁，派人押送至京城长安，事先密写奏表说："如果杀死李祐，那么征讨吴元济就不会成功。"皇帝下诏令将李祐送还给李愬。李愬见到李祐非常高兴，任命他为兵马使，并允许他可以带佩刀出入帐中，随后开始制订攻破蔡州的计策。命令李祐率领突击骑兵三千作为前锋，李忠义为副将；李愬与监军率兵三千作为中军；李进诚率兵三千殿后。李愬下令说："只管向东行进。"东行六十里，天色已黑，行至张柴村，全歼守军。命令将士少作休息，让士兵吃些干粮，整理马鞍、铠甲、弓箭、兵刃。当时，天正下着大雪，军旗被寒风撕裂，冻死的人马随处可见，人人都认为必死无疑。众将士请示行军方向，李愬说："直入蔡州，攻取吴元济。"众将都大惊失色，相对哭泣说："果然中了李祐的奸计。"但是因为害怕李愬，也不敢违抗命令。行至半夜，雪越下越大。李愬派遣轻装部队切断敌军在朗山的援兵，又截断洄曲和其他道路上的桥梁。军队又前行七十里到达悬瓠城。城墙旁边都是饲养鹅鸭的池塘，李愬命令士兵击打鹅鸭来掩盖部队前进的声响。最初，从蔡州抗拒朝廷命令以来，官军已有三十多年不曾到达蔡州城下，所以蔡州人都不加防备。李祐等人首先登上城墙，其他将士紧随其后。杀死守城门的敌军，只留下打更的人，然后打开城门让唐军全部入城。天亮时，雪也停了，唐军活捉吴元济，押往京师，淮西地区完全平定。

九十五、养　战

【原文】

凡与敌战，若我军曾经挫衄[1]，须审察士卒之气，气盛则激励再战，气衰则且养锐，待其可用而使之。法曰："谨养勿劳，并气积力[2]。"

【注释】

[1] 挫衄：损伤，挫败。
[2] 兵法原文见《孙子·九地篇》："谨养而勿劳，并气积力。"

【译文】

凡是对敌作战，假如我军曾经遭到挫败，那就必须细心观察部队士气状况。士气旺盛就激励他们与敌人再战，士气衰落应暂且休整，等到士气旺盛时再使他们对敌作战。兵法说："慎重保养，不使过于疲劳，提高士气并积蓄力量。"

【战例】

秦始皇问李信曰[1]："吾欲取荆，度用几何人？"对曰："不过二十万人。"及问王翦，曰："非六十万人不可。"王曰："将军老矣，何怯也？"乃命信及蒙恬将二十万人伐荆[2]。翦因不用，遂谢病归频阳[3]。信与蒙恬攻楚，大破之。乃引兵西，与蒙恬会城父[4]。荆人因随之，三日不顿舍，大败信军，入两壁，杀七都尉，信奔还。王怒，自至频阳见王翦，强起之。对曰："老臣悖乱[5]，大王必不得已用臣，非六十万人不可。"王从之。翦遂将兵，王送至灞上[6]。荆人闻之，悉兵以御翦。翦坚壁不战，日休士卒洗沐，而善饮食抚循之，与士卒同甘苦。久之，问："军中戏乎？"对曰："方投石超距。"翦曰："可用矣。"荆人既不得战，乃引而东。翦追击大破之。至蕲南[7]，杀其将军项燕[8]，荆兵遂败走，翦乘胜略定城邑。

【注释】

〔1〕秦始皇：嬴姓，赵氏，名政，又名赵政，于公元前221年称皇帝。
〔2〕蒙恬：秦国名将，祖籍齐国（今山东蒙阴）人。
〔3〕谢病：托病引退。频阳：古县名，在今陕西富平美原镇。
〔4〕城父：邑名，属颍川郡，在今河南宝丰东。
〔5〕悖乱：不清醒。
〔6〕灞上：地名。一作"霸上"。在今陕西西安东。
〔7〕蕲：地名，今安徽宿州。
〔8〕项燕：战国时期楚国将领，为秦将王翦所杀。

【译文】

秦始皇问李信说："我要取得楚国，估计要用多少兵力？"李信回答："不过二十万兵力。"又问王翦，王翦回答："非六十万兵力不可。"秦始皇听了说："将军您老了，为什么那样胆小？"于是派李信和蒙恬率二十万兵力进攻楚国。王翦不被重用，就托病回到频阳。李信和蒙恬进攻楚地，他们打败楚军，取得了很大胜利。李信又带兵向西，同蒙恬会师于城父。但是楚军尾随秦军，伺机进攻，三个昼夜没有休息，把李信的军队击败，进入了两个兵营，杀死了七个都尉，李信大败而回。秦始皇很生气，立刻亲自到频阳看望王翦，强令他带兵出战。王翦回答："臣年老固执又糊涂，大王要是一定起用我，那还是非六十万兵力不可。"秦始皇答应了。王翦带兵出征，秦始皇亲自到灞上设宴送行。楚国人听说王翦带兵前来，就把全部兵力调来抵御王翦。王翦坚守营垒，并不出战，每天休整练兵，让士兵洗澡，并给士兵改善伙食，亲自与士兵接触，和士兵同甘共苦。时间长了，王翦问旁边人说："现在士兵们在营里是否在操练？"旁边人回答："他们正在练投掷石块和跳远哩！"王翦说："很好，这样的士兵可以用来打仗了。"楚军寻求作战而找不到机会，就调兵向东撤退。王翦乘机带兵从后追击，打败了楚军。大军到达蕲南，在战斗中斩杀了楚军将领项燕，楚兵大败而逃。王翦乘胜前进，占领了不少城邑。

九十六、畏 战

【原文】

凡与敌战，军中有畏怯者，鼓之不进，未闻金先退，须择而杀之，以戒其众。若三军之士，人人皆惧，不可加诛戮；须假之以颜色，示以不畏，说之以利害，喻以不死，则众心自安。法曰："执戮禁畏，太畏则勿杀戮；示之以颜色，告之以所生[1]。"

【注释】

[1]兵法原文见《司马法·严位第四》。

【译文】

凡是与敌作战，军中如果有畏敌怯战的人，击鼓时不前进，还没听到鸣锣就先撤退，必须挑选出来杀掉，以此来警戒其余将士。倘若全军将士，人人都畏敌怯战，那就不可以用杀戮的办法了；必须用神色向士卒表明无所畏惧，向他们讲明利害关系，告诉他们不死的方法，这样军心自然安定。兵法说："用杀戮的方法禁止畏敌逃跑的人，如果畏敌怯战的人太多就不可以用杀戮之法；而应和颜悦色地做他们的思想工作，告诉他们求生的方法。"

【战例】

《南史》：陈武帝讨王僧辩，先召文帝与谋[1]。时僧辩婿杜龛据吴兴[2]，兵甚众。武帝密令文帝速还长城，立栅备之。龛遣将杜泰乘虚掩至[3]。将士相视失色，帝言笑自若，部分益明，于是众心乃定。

【注释】

〔1〕文帝：即陈蒨（qiàn，520—566），字子华，陈武帝陈霸先之侄，南北朝时期陈朝第二位皇帝。

〔2〕杜龛：梁将王僧辩的女婿，任震州刺史。

〔3〕乘虚掩至：乘敌人没有调集兵力严密布设，发动突然袭击。

【译文】

《南史》记载：武帝陈霸先讨伐王僧辩，事先召见他的侄子陈蒨商议计划。当时王僧辩的女婿杜龛镇守吴兴，兵将众多。陈霸先悄悄命令侄子陈蒨火速回到长城县，构筑营栅提前做好防御。杜龛派将军杜泰趁陈蒨尚未布防突然发动袭击。将士们都大惊失色，但陈蒨却谈笑自若，部署安排更加明确，因此众将士的情绪迅速安定下来。

九十七、书　战

【原文】

凡与敌对垒，不可令军士通家书，亲戚往来，恐言语不一，众心疑惑。法曰："信通问，则心有所恐；亲戚往来，则心有所恋[1]。"

【注释】

〔1〕兵法原文见《司马法·用众》。

【译文】

凡是与敌军作战对阵时，不可让官兵通家信，也不能让他们和亲戚往来，这是怕家人和亲戚说法不一，引起军心猜疑。兵法说："写信问事，心里就往往有所担心；和亲戚朋友往来，心里就会有所牵挂。"

【战例】

蜀将关羽屯江陵，吴以吕蒙代鲁肃屯陆口。蒙初至，外倍修恩德，与羽厚结好。后蒙袭收公安、南郡，而蜀将皆降于蒙。蒙入据城，得羽及将士家属，皆抚慰，令军卒不得干历人家[1]，有所取求。蒙麾下士，与蒙同

关羽

汝南人，取民一笠[2]，以覆官铠，虽公，蒙犹以为犯军令，不可以乡里故废法，乃泣而斩之。于是，军中震栗，道不拾遗。蒙旦暮使亲近存恤耆老[3]，问所不足，疾病者给医药，饥寒者与衣粮。羽还，在道路，每使人相问，蒙辄厚遇之，周游城中，家家致问。羽人还，私相参问，咸贺家门无恙，相待过于平时，故羽士卒无斗志。会权又至，羽西走漳乡，众皆降，羽被杀。

【注释】

[1] 干历：骚扰、侵害。
[2] 笠：即笠盖，用竹篾编成，用来遮雨。
[3] 存恤耆老：救济老人。

【译文】

蜀汉将领关羽驻扎在江陵，吴国用吕蒙代替鲁肃为将，驻扎在陆口。吕蒙刚到，对外加倍布施恩德，与关羽结为厚友。后来吕蒙袭取了公安、南郡等地。蜀将全部投降了吕蒙。吕蒙进入城池，俘获关羽及其部将家属，都进行抚慰，命令官兵不得干扰民家，勒索东西。吕蒙帐下有一士卒，与吕蒙同为汝南人，在老百姓家里拿了一个帽笠，用来遮盖公家的铠甲，这虽是公事，但吕蒙还是认为违犯了军令，不能因为是同乡就废除法律，便含泪将他斩首。于是军队内部都很震动，路上谁丢了东西，也无人敢捡。吕蒙早晚还派亲近的人抚恤老人，询问缺少什么，对有疾病的送医送药，对饥寒的送衣送粮。关羽还在途中时，曾派人前去探听消息，吕蒙都用厚礼对待，让他们在城内周游，到家家户户去问候。派来的人回去以后，士兵都私下相互询问，互相传递消息，都道贺家中安然无恙，吕蒙待他们比往时更好，因此关羽的士兵都没有了斗志。恰逢孙权又来夹攻，关羽向西逃至漳乡，部众都投降了吴军，关羽被杀。

九十八、变 战

【原文】

凡兵家之法,要在应变[1],好在知兵。举动必先料敌,敌无变动,则待之,乘其有变,随而应之,乃利。法曰:"能因敌变化而取胜者,谓之神[2]。"

【注释】

〔1〕应变:适应形势而变化。《荀子·王制》:"举措应变而不穷。"《新唐书·李勣传》:"其用兵多筹算,料敌应变,皆契事机。"
〔2〕兵法原文见《孙子·虚实篇》。

【译文】

大凡兵家的法则,最重要的是根据形势的变化而采用不同的战术,最可贵的是能够准确掌握部队将士的情况。采取行动前,必须事先探明敌情,如果敌情没有变化,就要善于等待,如果有所变化,就要随其变动而有所反应,这样才能占据有利形势。兵法说:"能够根据敌情变化采取相应的策略而战胜敌军,就称得上是用兵如神。"

【战例】

五代梁末,魏博兵乱[1],贺德伦降晋[2],庄宗入魏。梁将刘鄩乃军于莘县[3],增垒浚池,自莘及河筑甬道输饷。梁帝诏鄩出战[4]。曰:"晋将未易击,候进取,苟得机便,岂敢坐滋患害。"帝又遣使问决胜之策。对曰:"臣无奇谋,但人给十斛粮,尽皆破敌。"帝怒曰:"将军留米将疗饥耶?"又遣使督战。鄩谓诸校曰:"大将专征,君命有所不受。临敌制变,安可预谋?今揣彼自气盛,难可轻克,诸将以为如何?"众皆欲战,鄩默然。乃复召诸将列军门,人给河水一杯,因命饮之。众未测其意,或饮或辞。鄩曰:"一杯之难若是,滔滔河流可尽乎?"众皆失色。时庄宗兵压鄩营,亦不出。帝又数遣人促之,鄩以万人薄其营,俘获甚众。少顷,晋兵既至,鄩退。复战于故元城[5],庄宗与李嗣源、李存审夹击[6],梁兵大败。

【注释】

〔1〕魏博：唐时方镇之一，治所在魏州（今河北大名东北）。

〔2〕贺德伦：原为后梁武将，后投降后晋。

〔3〕刘鄩：后梁将军。英勇善战，用兵之长在于奇袭，短处在于决战。

〔4〕梁帝：后梁末帝朱友贞，改名瑱。

〔5〕故元城：旧县名，汉置，因战国时为魏公子元食邑得名，治所在今河北大名东，其后屡有迁移。

〔6〕李存审：后唐武将。在此战役后，任安国节度使，镇幽州。

【译文】

五代时期的后梁末年，魏博地区驻军叛乱，胁迫节度使贺德伦并投降了后晋，后唐庄宗李存勖进驻魏州城。后梁大将刘鄩率兵在莘县布下防线，增修营垒，加固城防，并且疏浚河池，从莘县到黄河边修筑了一条通道，专门输送粮饷。梁末帝催促刘鄩进攻李存勖。刘鄩说："晋军并不容易攻打，我等待敌情变化再进攻，一旦有了时机，我怎么敢坐失良机而养患贻害呢？"梁末帝于是又派人询问刘鄩作战方针。刘鄩回答："我并没有什么奇特策略，只要能给我的部下每人十斛粮食，就可以打败敌人。"末帝闻之大怒，说："刘鄩是用粮食来治疗饥饿病的吧。"又派特使来监督作战。刘鄩对部下说："大将远征在外领兵作战，即使是皇上的旨意有时也可不接受。同敌军交战中，要随机应变，哪能事先决定作战的方法呢？从目前情况看，敌方已经做了充分准备，不是轻易可以击败的，诸位将军以为如何？"各位将领要求出战，刘鄩默默不答。有一次，刘鄩把各位将领召集到帐前，每人发给一碗水，让他们喝下。大家迷惑不解，有的喝了，有的借故没有喝。刘鄩说："喝一碗水都这样困难，那滔滔不尽的河水又怎能一下喝完呢？"各位将领听了，大惊失色。当时正碰上李存勖率兵进逼刘鄩的营地，刘鄩仍按兵不动。末帝又屡次派人责成刘鄩作战，他这才亲率万名将士突然袭击魏州，抓的俘虏和缴获的物品很多。不一会儿，李存勖的援兵赶到，刘鄩退兵。又在故元城交战，刘鄩因被李存勖和李嗣源、李存审夹击，梁军大败。

九十九、好 战

【原文】

夫兵者,凶器也;战者,逆德也,实不获已而用之。不可以国之大、民之众,尽锐征伐,争战不止,终致败亡,悔无所追。然兵犹火也,弗戢,将有自焚之患;黩武穷兵,祸不旋踵[1]。法曰:"国虽大,好战必亡[2]。"

【注释】

[1]祸不旋踵:祸患产生于来不及转身的瞬间。
[2]兵法原文见《司马法·仁本第一》:"国虽大,好战必亡。"

【译文】

兵器,是杀人致死的凶险器具;战争,是违背道德的野蛮活动,只有在迫不得已的时候才使用它。因此,不能以国家大、人口多,就倾尽全力进行征伐,使战争无休无止,终有一天非失败灭亡不可,那时后悔也来不及了。发动战争如同玩火,如果不加收敛,将有自焚的危险。所以,恃强好战,用兵不止,祸患的到来将在来不及转身的瞬间。兵法说:"国家虽然强大,连年战争不停,就非灭亡不可。"

【战例】

隋之炀帝[1],国非不大,民非不众,嗜武好战,日寻干戈[2],征伐不休,及事变兵败辽城[3],祸起萧墙,岂不为后世笑乎?吁,为人君者,可不慎哉!

【注释】

[1]炀帝:即隋炀帝杨广,隋文帝杨坚第二子。仁寿四年(604),杨广阴谋杀父,夺得帝位后,大兴土木,横征暴敛,兵役苛重,以致最终被部下杀死。
[2]干戈:干和戈,借指战争。
[3]兵败辽城:隋炀帝杨广连续三次大规模进攻高句丽,皆大败而归。因高句丽地处辽东方向,故称"兵败辽城"。

【译文】

隋炀帝统治时期，国土并非不辽阔，他所统治的人民也并非不多，只因他穷兵黩武，嗜好战争，连年用兵，征战不停，一旦发生突然事变，在辽城军事失利，然后引起朝廷内部分崩离析，这样的悲惨结局岂不为后世人所耻笑吗？唉！身为国君，怎能不慎重呢！

一百、忘 战

【原文】

凡安不忘危，治不忘乱，圣人之深戒也。天下无事，不可废武，虑有弗庭[1]，无以捍御[2]。必须内修文德，外严武备，怀柔远人，戒不虞也。四时讲武之礼，所以示国不忘战。不忘战者，教民不离乎习兵也。法曰："天下虽平，忘战必危[3]。"

【注释】

[1] 弗庭：尚未归顺朝廷。
[2] 捍御：保卫国家，抗击敌人。
[3] 兵法原文见《司马法·仁本第一》。

【译文】

凡是国家太平而不忘记危难，治世不可忘记战乱，这是明智的人所深以为戒的。天下安定的时候，不能废弃武备，考虑到周边还有尚未归顺的势力，有事时就没有防御能力。所以，对内必须修明政治，对外必须严整武备，用笼络手段使远方的人来朝，警惕意外事件。一年四季讲习武备的礼节，是为了表示国家没有忘记战争。不忘记战争，还表现在教导百姓不停止军事训练上。兵法说："天下虽然安定，忘记战争就必定遭受危险。"

【战例】

唐玄宗时，承平日久，毁戈牧马，罢将休兵，国不知备，民不知战。及安史之乱[1]，仓卒变生于不图[2]，文士不足以为将，市人不足以为战，而神器几危[3]，旧物几失[4]。吁，战岂可忘乎哉！

【注释】

　　〔1〕安史之乱：即唐朝时历时七年的由安禄山、史思明所发动的叛乱。
　　〔2〕不图：一点准备都没有。
　　〔3〕神器：帝王的印玺，借指帝位、政权。
　　〔4〕旧物：先代遗物，代指江山、国家。

【译文】

　　唐玄宗时，天下长期安定。毁坏刀枪，放牧战马；罢免武将，削减军队；国家不懂武备，百姓不懂战争。等到安史之乱，事变突起，人们毫无思想准备，读书人不会为将带兵，百姓不会临阵作战，以致社稷几乎危亡，原有的江山几乎失守。啊！军事作战，这样重大的问题，怎么可以随意忘掉呢！